2023/24

世界经济运行报告

SHIJIE JINGJI
YUNXING BAOGAO

国家统计局国际统计信息中心 编

中国统计出版社
China Statistics Press

图书在版编目(CIP)数据

世界经济运行报告. 2023/24 / 国家统计局国际统计信息中心编. -- 北京：中国统计出版社，2024.5
ISBN 978-7-5230-0422-7

Ⅰ．①世… Ⅱ．①国… Ⅲ．①世界经济-统计资料-研究报告-2023-2024 Ⅳ．①F11-66

中国国家版本馆 CIP 数据核字(2024)第 091734 号

世界经济运行报告 2023/24

作　　者/国家统计局国际统计信息中心
责任编辑/郭　栋
封面设计/李雪燕
版式设计/张　冰
出版发行/中国统计出版社有限公司
通信地址/北京市丰台区西三环南路甲 6 号　邮政编码/100073
发行电话/邮购(010)63376909　书店(010)68783171
网　　址/http：//www.zgtjcbs.com
印　　刷/河北鑫兆源印刷有限公司
经　　销/新华书店
开　　本/787×1092mm　1/16
字　　数/340 千字
印　　张/19.5
版　　别/2024 年 5 月第 1 版
版　　次/2024 年 5 月第 1 次印刷
定　　价/65.00 元

版权所有，侵权必究。
如有印装差错，请与发行部联系退换。

《世界经济运行报告2023/24》编委会

顾　　问：康　义　阮健弘

主　　编：刘爱华　付凌晖

副 主 编：王青萍　鲁志贤　石庆焱　石　婷

编辑人员：（以姓氏笔画为序）

王欣宇　王猛猛　朱　祎　朱原则

李海阳　李婧婧　杨家亮　张　伟

张　旭　陈　虹　赵宇欣　郝　悦

高　析　郭义民　黄佩佩　薛　睿

编者的话

2023年,在全球紧货币政策背景下,世界经济增长持续放缓,市场需求疲软导致全球贸易及制造业活动延续低迷态势,但受跨境旅游业恢复等带动,服务业活动较为活跃,同时高利率助推国际大宗商品价格及全球通胀水平明显回落。主要经济体表现有所分化,美国经济表现出较强韧性,欧元区经济依然疲弱,日本及主要新兴经济体经济缓慢修复。展望2024年,在通胀稳步下降、货币政策环境有望放宽以及部分经济体经济较快复苏提振下,世界经济将继续表现出一定韧性,但经济扩张步伐仍然缓慢,全球贸易及投资恢复乏力、核心通胀依然顽固、部分经济体债务及衍生风险高位积累、地缘政治紧张局势加剧,这些风险的发展演化均将损害世界经济增长动力,我国经济面临的外部环境依旧复杂严峻。

在此背景下,密切关注世界经济运行状况、研判世界经济发展趋势尤显重要。国际统计信息中心作为国家统计局对外开展国际统计业务交流与合作的窗口,负有监测分析世界经济形势运行的重要职责。在康义局长和阮健弘副局长的悉心指导和大力支持下,国际统计信息中心立足专业特长和资源优势,积极开发和利用大量翔实的国际统计数据,系统描述世界经济最新进展、及时捕捉热点和焦点、对世界经济形势做出研判和预测,并以国际视角定期开展更加深入、系统的专题分析和中外对比研究。《世界经济运行报告 2023/24》汇集了国际统计信息中心一年来分析研究的主要成果，内容包括世界经济运行监测分析、世界经济形势回顾与展望、国际比较研究、国际热点问题研究和统计数据五大部分。

需要说明的是，本书使用的数据均来自国际组织、有关国家政府统计部门及研究咨询机构。由于数据来源、汇总方法和发布时间不同，加之数据修订等原因，同一指标在不同的出处可能不一致，敬请读者注意。有关国际组织公布的中国统计数据可能与我国官方统计数据有出入，我们在数据表中均注明了数据来源，以便读者正确理解和使用。

受水平所限，书中难免存在不足，恳请批评指正。

编 者

2024 年 4 月

《世界经济运行报告2023/24》 目 录

一、世界经济运行监测分析

美联储加息步伐放缓　世界经济下行态势略有缓解
　　——2023年1月份世界经济形势分析 ·········· 3

世界经济边际改善　滞胀风险短期难消
　　——2023年2月份世界经济形势分析 ·········· 9

世界经济复苏基础脆弱　下行压力仍然较大
　　——2023年3月份世界经济形势分析 ·········· 15

世界经济恢复乏力　多重下行风险积聚
　　——2023年4月份世界经济形势分析 ·········· 21

世界经济延续疲弱恢复态势　政策分歧加大复苏不确定性
　　——2023年5月份世界经济形势分析 ·········· 27

世界经济下行趋势有所放缓　复苏前景仍然面临多重困境
　　——2023年6月份世界经济形势分析 ·········· 33

世界经济展现短期韧性　复苏前景面临持续挑战
　　——2023年7月份世界经济形势分析 ·········· 39

世界经济衰退风险有所下降　利率高企导致下行压力不减
　　——2023年8月份世界经济形势分析 ·········· 45

美联储紧缩预期再度升温　世界经济下行趋势依然明显
　　——2023年9月份世界经济形势分析 ·········· 51

货币紧缩效应逐步显现　世界经济下行压力明显加大
　　——2023年10月份世界经济形势分析 ·········· 57

主要经济体增长动能不足　世界经济前景依然低迷
　　——2023年11月份世界经济形势分析 ·········· 63

世界经济增速持续放缓　复苏前景面临多重挑战
　　——2023年12月份世界经济形势分析 ·········· 69

二、世界经济形势回顾与展望

全球经济蹒跚前行　复苏前景仍面临多重风险挑战
　　——2023年世界经济形势回顾及2024年展望 ········· 77
经济强劲增长　软着陆预期增强
　　——2023年美国经济形势回顾及2024年展望 ········· 92
经济表现低迷　增长前景有望缓慢改善
　　——2023年欧元区经济形势回顾及2024年展望 ······· 101
经济温和复苏　增长前景谨慎乐观
　　——2023年日本经济形势回顾及2024年展望 ········ 110
经济持续恢复　前景仍存隐忧
　　——2023年新兴经济体经济形势回顾及2024年展望 ··· 120
国际大宗商品价格显著回落　未来仍存下行压力
　　——2023年国际大宗商品价格走势分析及2024年展望 ·· 129

三、国际比较研究

2023年我国世界500强企业数量继续位居第一 ············ 145
2022年我国货物贸易进出口总额继续稳居世界首位 ········ 148
2023年全球人才竞争力指数我国排名第40位 ············· 151
联合国可持续发展目标数据缺口情况比较 ··············· 153
国外现代化发展模式比较研究 ························· 158
中国基本实现社会主义现代化进程国际比较及启示 ······· 173

四、国际热点问题研究

主要经济体激发民间投资活力的经验启示 ··············· 187
国际大宗商品价格下行趋势凸显 ······················· 193
国际组织警示世界经济长期低增长风险增大 ············· 200
下半年国际大宗商品价格下行压力仍存　但多重因素加大价格不确定性 ··· 204
美国经济运行风险隐患对我国的影响研判及政策建议 ····· 208
2024年世界经济形势研判及对我国影响和对策建议 ······· 215
多重因素致我国对东盟出口下滑　东盟对我国出口支撑作用
　　或将继续减弱 ································· 222
中美经济周期交替分析及对我国的影响和政策建议 ······· 227
发达经济体推进产业数字化的经验做法及对我启示 ······· 234

五、统计数据

1. 世界经济和国际市场
- 1.01 全球消费者价格涨跌率 ······ 249
- 1.02 世界工业生产同比增速 ······ 250
- 1.03 国际市场初级产品价格指数 ······ 251
- 1.04 国际市场初级产品年平均价格预测 ······ 252
- 1.05 国际市场初级产品价格指数预测 ······ 255
- 1.06 国际市场石油平均价格 ······ 256
- 1.07 国际市场石油供应与需求 ······ 257
- 1.08 OECD国家能源库存情况 ······ 259
- 1.09 全球主要股票指数 ······ 260
- 1.10 全球主要汇率 ······ 261

2. 国别经济
- 2.1.01 美国国内生产总值及其构成增长率(环比折年率) ······ 262
- 2.1.02 美国国内生产总值及其构成增长率(同比) ······ 263
- 2.1.03 美国国内生产总值构成对经济增长的拉动 ······ 264
- 2.1.04 美国工业生产指数和工业生产能力利用率 ······ 265
- 2.1.05 美国劳动生产率变化 ······ 266
- 2.1.06 美国就业率和失业率 ······ 267
- 2.1.07 美国价格涨跌率 ······ 268
- 2.1.08 美国进出口贸易 ······ 269
- 2.1.09 美国外国直接投资 ······ 270
- 2.1.10 美国预警指标和景气指标 ······ 271
- 2.1.11 美国财政指标 ······ 272
- 2.1.12 美国联邦基金利率和贴现率 ······ 273
- 2.2.01 欧元区国内生产总值及其构成增长率(环比) ······ 274
- 2.2.02 欧元区国内生产总值及其构成增长率(同比) ······ 275
- 2.2.03 欧元区国内生产总值及其构成对经济增长的拉动 ······ 276
- 2.2.04 欧元区工业生产指标 ······ 277
- 2.2.05 欧元区劳动力市场 ······ 278
- 2.2.06 欧元区价格涨跌率 ······ 279
- 2.2.07 欧元区进出口贸易 ······ 280
- 2.2.08 欧元区外国直接投资 ······ 281
- 2.2.09 欧元区预警指标和景气指标 ······ 282

2.2.10	欧元区货币供应量增长速度	283
2.2.11	欧洲央行利率	284
2.3.01	日本国内生产总值及其构成增长率(环比)	285
2.3.02	日本国内生产总值及其构成增长率(同比)	286
2.3.03	日本国内生产总值构成对经济增长的拉动	287
2.3.04	日本工业生产指标	288
2.3.05	日本就业人数和失业率	289
2.3.06	日本价格涨跌率	290
2.3.07	日本进出口贸易和外国直接投资	291
2.3.08	日本预警指标和景气指标	292
2.3.09	日本利率	293
2.4.01	其他主要国家和地区国内生产总值同比增长率	294
2.4.02	其他主要国家和地区居民消费价格同比涨跌率	295
2.4.03	其他主要国家和地区失业率	296
2.4.04	其他主要国家和地区进出口额	297

专栏

越南经济增速有望回升　复苏前景面临多重压力	138
国际比较项目与购买力平价	198
我国创新发展蹄疾步稳　国际竞争力不断增强	240

一 世界经济运行监测分析

美联储加息步伐放缓 世界经济下行态势略有缓解

——2023年1月份世界经济形势分析

近期,全球贸易活动持续低迷,但制造业服务业活动有所好转,随着全球通胀逐渐回落,主要经济体货币紧缩步伐放缓,全球经济金融环境有所改善,世界经济下行态势略有缓解。1月30日IMF发布《世界经济展望》报告指出,2023年世界经济增长预期为2.9%,较2022年10月预测值上调0.2个百分点,但全球货币紧缩、俄乌冲突以及贸易环境恶化仍为影响经济运行的重要风险因素。

一、世界经济主要领域运行情况

(一) 从需求端看,全球贸易活动整体低迷

IMF估计,2022年全球货物与服务贸易量增长5.4%,增速较上年回落5.0个百分点,其中,发达经济体贸易量增长6.6%,新兴和发展中经济体增长3.4%,增速分别回落2.8和8.7个百分点。**先行指标边际改善**。1月份,S&P Global全球制造业PMI新出口订单指数为47.5%,较上月回升1.3个百分点,为近6个月最高,但仍连续11个月低于荣枯线。**货运需求持续走低**。2月8日,波罗的海干散货指数(BDI)为603,较年初下跌51.8%,其中2月7日创下2020年6月以来新低。2月3日当周,上海出口集装箱运价指数(SCFI)为1006.9,创2020年7月以来新低,较年初下跌9.1%,延续了2022年以来的下降趋势。

(二) 从供给端看,主要行业活动低迷态势有所改善

1月份,S&P Global **全球制造业PMI**为49.1%,较上月上升0.4个百分点,虽连续5个月低于荣枯线,但为近11个月首次止跌回升;**全球服务**

业PMI为50.1%,上升2.0个百分点,为近4个月首次回到荣枯线上。

(三)从金融市场看,风险偏好提升

全球股市普遍上涨。受重要经济数据超预期改善、通胀持续缓和叠加美联储加息放缓影响,截至2月10日,明晟全球股票指数较上年末累计上涨6.67%,其中2月2日创2022年8月以来最高;明晟新兴市场股指上涨5.64%。**债市收益率高位波动**。截至2月10日,美国十年期国债收益率较上年末累计下跌14.0个基点,但仍为2008年以来较高水平;德国、英国十年期国债收益率分别下跌20.0、27.5个基点,日本上涨6.0个基点。**美元指数小幅波动**。截至2月10日,美元指数较上年末小幅上涨0.08%,其中2月1日收于101.15,为2022年4月以来最低收盘价。主要货币兑美元中,欧元、英镑、日元较上年末分别贬值0.24%、0.29%、0.21%,人民币升值2.60%。

(四)从商品市场看,大宗商品价格涨跌互现

根据世行数据,1月份,国际能源价格指数为119.3(2010年=100),为2022年以来最低,环比下跌8.9%;非能源价格指数为117.3,上涨1.7%。其中,农产品环比上涨0.5%,原材料上涨1.0%,金属和矿产上涨6.0%,化肥下跌6.2%。**国际油价近期小幅震荡**。2月6日,OPEC一揽子油价跌至78.20美元/桶,较上年末下跌3.8%,此后震荡回升,2月9日升至82.78美元/桶,较上年末上涨1.8%,但仍为2022年以来低位。

(五)从政策环境看,美联储加息步伐放缓

美联储在2022年12月放缓加息幅度至50个基点后,2023年2月1日再度放缓加息幅度至25个基点,为2022年3月以来最小加息幅度,基准利率区间为4.50%—4.75%,达2007年以来最高利率水平。2月15日芝加哥商品交易所"美联储观察"工具显示,3月份仍大概率加息25个基点。1月25日,加拿大放缓加息幅度至25个基点,为全球最早放缓加息的主要经济体。2月2日,欧元区、英国并未跟随美联储同步放缓加息,均再度加息50个基点,基准利率分别升至3.0%和4.0%。

二、主要经济体经济运行情况

(一)美国经济温和下行

经济增速回落但仍具韧性。2022年四季度,美国GDP环比折年率增速为2.9%,好于预期的2.6%;同比增长1.0%,为2021年以来最低增速。全年增速为2.1%,较上年回落3.8个百分点。**工业生产活动略显低迷**。12月份,工业生产环比下降0.7%,连续两个月负增长,同比增长2.2%,为2021年3月以来最低增速;制造业生产环比下降1.3%,为2021年2月以来最大降幅,同比下降0.2%,为2021年3月以来首次转负;工业产能利用率为78.8%,较上月回落0.6个百分点,为年内最低。2022年,工业生产和制造业生产增速为3.9%和3.2%,较上年分别回落1.0和2.6个百分点。**国内消费继续降温**。12月份,零售额环比下降1.2%,为年内最大降幅,连续两个月负增长;同比增长5.3%,增速较上月回落0.9个百分点,创2021年2月以来新低。2022年,零售额增速为9.2%,较上年回落10.4个百分点。**贸易增速回落**。12月份,货物和服务出口额为2501.5亿美元,环比下降0.9%,同比增长7.6%;进口额为3175.7亿美元,环比增长1.3%,同比增长2.0%;贸易逆差较上月扩大64.0亿美元至674.2亿美元。2022年,出口额、进口额增速为17.7%和16.3%,较上年分别回落0.7和4.6个百分点。**通胀压力趋于缓解**。2023年1月,CPI同比上涨6.4%,涨幅较上月回落0.1个百分点,创2021年10月以来新低;核心CPI上涨5.6%,回落0.1个百分点,为2022年以来最低。12月份,PPI上涨6.2%,回落1.1个百分点,为2021年3月以来最低;2022年上涨9.5%,为2011年有记录以来最高。**劳动力市场依然紧张**。2023年1月,失业率较上月回落0.1个百分点至3.4%,为1953年10月以来最低;新增非农就业人口为51.7万人,为2022年2月以来最大增幅。

(二)欧元区经济好于预期

经济增速好于预期。2022年四季度,欧元区GDP环比增长0.1%,同比增长1.9%,增速较上季度分别回落0.2和0.4个百分点,好于欧洲央行预计的-0.2%和1.3%;全年增长3.5%,较上年回落1.8个百分点。**制造业服务业活动保持恢复态势**。2023年1月,欧元区制造业PMI较上月回升1.0个百分点至48.8%,为近5个月最高,但仍连续7个月低于荣枯线;服务业PMI回升1.0个百分点至50.8%,为近6个月首次回到荣枯线以上。**消费需求继续回落**。12月份,零售量同比下降2.8%,降幅较上月扩大0.3个百分点,为近6个月最大降幅;2022年增长0.7%,较上年回落4.3个百分点,为2012年以来次低。**货物贸易持续逆差**。11月份,货物出口额同比增长17.2%,进口额增长20.3%;贸易逆差为116.6亿欧元,连续13个月逆差。**核心通胀压力仍存**。2023年1月,CPI同比上涨8.5%,涨幅较上月回落0.7个百分点,为近8个月最低;核心CPI上涨5.2%,涨幅与上月持平,保持记录最高。12月份,PPI上涨24.6%,涨幅回落2.4个百分点,为2021年11月以来最低;2022年上涨34.4%,为有记录以来最高。**劳动力市场供给紧张**。12月份,失业率连续3个月持平于6.6%,失业人数与上月基本持平,为有记录以来低位。

(三)日本经济表现疲软

经济低速增长。2022年四季度,日本GDP环比增长0.2%,增速较上季度由负转正,同比增长0.6%,回落0.9个百分点;全年增长1.1%,较上年回落1.0个百分点。**工业生产继续走弱**。12月份,日本工业生产环比下降0.1%,同比下降2.8%,为近7个月最大降幅;2022年下降0.1%,较上年5.6%的增速由正转负。**消费需求持续复苏**。12月份,零售额同比增长3.8%,增速较上月扩大1.3个百分点;2022年已恢复至疫情前水平,2.6%的增速为1991年以来最高。**贸易逆差急剧扩大**。12月份,货物出口额同比增长11.5%,进口额增长20.7%;贸易逆差达1.5万亿日元,连续8个月突破万亿日元。2022年,由于进口价格高企叠加日元贬值,贸易逆差较上年扩大18.2万亿日元至20.0万亿日元,为历史最高。**物价再创新高**。12月份,CPI同比上涨4.0%,涨幅较上月扩大0.2个百分点,创1990年11月以来新高;PPI上涨10.5%,涨幅扩大0.7个百分点,创1980年11月以来新高。2022年,CPI、PPI涨幅分别为2.5%和9.7%,为2014年和1980年以来最高。**就业形势明显改善**。12月份,失业率较上月回落0.1个百分点至2.3%,为2020年以来最低;求人倍率连续3个月持平于1.35,保持2020年3月以来最高。2022年,失业率较上年回落0.2个百分点至2.6%,为近3年最低;求人倍率为1.28,为近3年最高。

(四)新兴经济体经济增长分化

制造业PMI整体偏弱。2023年1月,墨西哥(48.9%)制造业PMI较上月回落2.4个百分点,为近5个月首次回到收缩区间;越南(47.4%)、巴西(47.5%)分别回升1.0、3.3个百分点,均连续3个月处于收缩区间;

印度(55.4%)、俄罗斯(52.6%)分别回落2.4、0.4个百分点,均为近3个月新低。**对外贸易降幅扩大**。2023年1月,韩国进出口贸易总额同比增速(-9.3%)连续3个月负增长,其中,出口额下降16.6%,创2020年5月以来最大降幅;出口方面,越南(-20.4%)、泰国(-13.2%,2022年12月)降幅快速扩大。**通胀水平有所上升**。2023年1月,越南CPI同比涨幅(4.9%)较上月扩大0.3个百分点,为2020年3月以来最高;韩国(5.2%)、印度(6.5%)、菲律宾(8.7%)分别扩大0.2、0.8和0.6个百分点。少数经济体持续恶性通胀,土耳其(57.7%)大幅回落6.6个百分点,为近10个月最低,但仍连续12个月超过50.0%。**就业市场总体健康**。12月份,韩国失业率(3.3%)较上月上升0.4个百分点,为近11个月最高;印度(7.1%,1月)下降1.2个百分点;墨西哥(2.8%)、俄罗斯(3.7%)与上月持平,分别为2003年和1992年有记录以来最低,中国香港(3.5%)下降0.2个百分点,为2020年1月以来最低。

三、IMF对世界经济的最新判断

2023年1月30日,IMF发布最新《世界经济展望》表示,新冠肺炎疫情反复、俄乌冲突、供需失衡对全球经济运行产生深刻影响,2022年世界经济增速较上年回落2.8个百分点至3.4%。2023年,因全球金融环境的改善和各国防疫限制措施放开等有利因素叠加,经济复苏前景略有改善,但全球货币紧缩及俄乌冲突仍将继续影响经济活动,世界经济增速预期较2022年10月预测值上调0.2个百分点至2.9%。**发达经济体增长放缓明显**。约90%的发达经济体或将遭遇经济减速,2023年发达经济体经济增长预期为1.2%,较上年大幅回落1.5个百分点,但较2022年10月预测值上调0.1个百分点。**新兴和发展中经济体触底反弹**。受中国和印度增长拉动,2023年新兴和发展中经济体增长预期为4.0%,较上年加快0.1个百分点,较2022年10月预测值上调0.3个百分点。**通胀风险或将降低**。全球通胀水平或将从2022年的8.8%回落至2023年的6.6%和2024年的4.3%,但即使到2024年,超过80%的国家年通胀水平和核心通胀仍将高于疫情前水平。

表 世界及部分经济体2023—2024年GDP增速预期(%)

经济体	2022年GDP估计值	2023年GDP增速 1月份预测值	2023年GDP增速 较2022年10月变化	2024年GDP增速 1月份预测值	2024年GDP增速 较2022年10月变化
世界	3.4	2.9	+0.2	3.1	-0.1
发达经济体	2.7	1.2	+0.1	1.4	-0.2
美国	2.0	1.4	+0.4	1.0	-0.2
欧元区	3.5	0.7	+0.2	1.6	-0.2
日本	1.4	1.8	+0.2	0.9	-0.4
英国	4.1	-0.6	-0.9	0.9	+0.3
新兴和发展中经济体	3.9	4.0	+0.3	4.2	-0.1
中国	3.0	5.2	+0.8	4.5	—
印度	6.8	6.1	—	6.8	—
俄罗斯	-2.2	0.3	+2.6	2.1	+0.6
巴西	3.1	1.2	+0.2	1.5	-0.4
南非	2.6	1.2	+0.1	1.3	—

数据来源:IMF《世界经济展望》(2023年1月30日)。

(执笔:释经组[1];成文于2023年2月)

---

[1] 成员:刘爱华、石庆焱、石婷、李婧婧、黄佩佩、郝悦、朱祎、王庭锡。

世界经济边际改善 滞胀风险短期难消

——2023年2月份世界经济形势分析

近期,中国经济复苏和全球供应链改善等提振世界经济恢复信心,全球制造业活动重回荣枯线,服务业活动恢复加快。从主要经济体看,美国经济仍具韧性,欧元区经济略有改善。随着经济复苏的不利因素有所减弱,国际机构上调2023年全球经济增长预期。但是,全球通胀仍处高位且仍具粘性,主要发达经济体货币紧缩政策仍将延续,在全球贸易需求不振、供应链尚不稳固、债务风险增大以及地缘政治局势紧张等多重消极因素影响下,全球经济仍然疲软乏力,滞胀乃至衰退的风险依然存在。

一、世界经济主要领域运行情况

(一)从需求端看,全球贸易仍然疲弱

3月1日,WTO发布最新一期货物贸易晴雨表指数为92.2,较上年11月下降4.0点,WTO预测一季度全球贸易继续保持疲软态势。**先行指标继续修复**。2月份,S&P Global全球制造业PMI新出口订单指数为48.3%,较上月回升0.8个百分点,仍低于荣枯线,但连续两个月回升。**货运需求小幅回暖**。3月3日,波罗的海干散货指数(BDI)为1211,较2月16日低点回升681点,结束了年初以来的下跌趋势。**供应链条件恢复正常**。纽约联储数据显示,2月份,受中国交货时间缩短和欧元区积压订单减少影响,全球供应链压力指数下降至-0.3,为2019年8月以来首次由正转负。

(二)从供给端看,主要行业活动有所改善

2月份,S&P Global**全球制造业PMI**为50.0%,较上月上升0.9个百分点，为近 6 个月首次回到荣枯线。供应链改善和中国防疫措施放开是推动全球制造业 PMI 恢复增长的重要原因。**全球服务业 PMI 为 52.6%**，上升 2.6 个百分点，创 2022 年 3 月以来新高。其中，全球新商业活动指数加速扩张至近 7 个月高点，带动服务业就业强劲增长，并显著提振服务商信心。

(三) 从金融市场看, 避险情绪再度升温

股市震荡下行。3 月 8 日, 明晟全球股票指数较 1 月末下降 1.3%, 明晟新兴市场股指下降 3.4%。**债市收益率普遍上涨**。3 月 8 日, 美国十年期国债收益率较 1 月末上涨 46.0 个基点, 德国、英国、日本十年期国债收益率分别上涨 39.0、30.7、1.8 个基点。**美元指数小幅走高**。美元指数在美国近期强劲的经济数据支撑下震荡上行, 3 月 8 日, 美元指数较 1 月末上涨 3.5%。主要货币兑美元中, 欧元、英镑、日元、人民币较 1 月末分别贬值 2.9%、3.9%、5.3%、2.8%。

(四) 从商品市场看, 大宗商品价格走低

根据世行数据, 2 月份, 国际能源价格指数为 110.6 (2010 年 = 100), 创 2021 年 9 月以来新低, 环比下跌 7.3%; 非能源价格指数为 117.2, 下跌 0.1%, 为 2022 年 1 月以来首次超过能源价格。其中, 除农产品价格环比上涨 1.2% 外, 原材料、金属和矿产、化肥分别下跌 0.9%、1.7%、5.6%。**国际油价窄幅震荡**。2023 年以来, OPEC 一揽子油价在 75—85 美元/桶区间窄幅震荡。3 月 10 日回落至 80.72 美元/桶, 较 1 月末下跌 1.5%, 创 2 月 23 日以来新低。

(五) 从政策环境看, 主要发达经济体继续加息

美联储继续加息。2 月 1 日, 美联储放缓加息步伐, 如期加息 25 个基点。3 月 7 日, 美联储主席鲍威尔表示, 由于最新的经济数据好于预期, 且核心通胀仍具粘性, 美联储可能加快加息步伐。3 月 8 日芝加哥商品交易所"美联储观察"工具显示, 3 月份加息 50 个基点的概率为 73.5%; 此后, 受硅谷银行爆发流动性危机影响, 扩大加息的预期有所降温, 3 月 15 日芝加哥商品交易所"美联储观察"工具显示, 3 月份加息 25 个基点的概率为 79.7%。**欧元区继续维持紧缩政策**。3 月 3 日, 欧洲央行表示, 由于欧元区经济韧性好于预期, 将继续维持加息 50 个基点的幅度, 未来或将基准利率提高至 4% 的高位。同时, 央行将于 3 月如期开启缩表计划,3月至6月每月缩减150亿欧元债券投资组合。

二、主要经济体经济运行情况

(一)美国经济仍具韧性

工业生产低速增长。1月份,工业生产环比持平,此前连续两个月负增长,同比增长0.6%,为2021年2月以来最低;但受需求走强提振,制造业生产环比增长0.9%,为连续两个月负增长后转正,同比增长0.3%,为2021年2月以来次低;工业产能利用率为78.3%,较上月回落0.1个百分点,为2021年9月以来最低。**国内消费超预期回升**。1月份,零售额环比增长3.0%,为2021年3月以来最高,远超市场预期的2.0%;同比增长6.7%,增速较上月加快1.6个百分点;经价格调整的实际个人消费支出环比增长1.1%,为2021年3月以来最高;实际可支配收入环比增长2.8%,为2021年3月以来次高增速;2月份,密歇根大学消费者信心指数为67.0,较上月上升2.1点,为近12个月最高。**贸易增速反弹**。1月份,货物和服务出口额为2575.0亿美元,环比增长3.4%,同比增长13.3%;进口额为3257.9亿美元,环比增长3.0%,同比增长3.5%;贸易逆差较上月扩大10.8亿美元至682.9亿美元,为近3个月最高。**房地产投资继续降温**。1月份,新房开工许可折年率为133.9万套,为2020年5月以来次低,环比增长0.1%,同比下降27.3%。**整体通胀有所回落,但核心通胀依然顽固**。2月份,CPI同比上涨6.0%,涨幅较上月回落0.4个百分点,创2021年9月以来新低;核心CPI上涨5.5%,回落0.1个百分点,创2021年12月以来新低,但仍远超2.0%的通胀目标。1月份,PPI上涨6.0%,回落0.5个百分点,为2021年3月以来最低。**劳动力供应略有改善**。2月份,失业率较上月上升0.2个百分点至3.6%,但仍为1966年以来较低水平;劳动参与率为62.5%,较上月上升0.1个百分点,创2020年3月以来新高;新增非农就业人口为31.1万人,连续11个月超预期,为1998年以来的最长连涨纪录。

(二)欧元区经济略有改善

经济预期小幅上调。2月13日,欧盟委员会发布《冬季经济展望》,预计2023年一季度GDP环比零增长,较2022年11月预测值上调0.1个百分点。**制造业活动再度转弱,服务业活动持续恢复**。2月份,制造业

PMI较上月下降0.3个百分点至48.5%,在连续3个月回升后再度下降,连续8个月处于收缩区间;服务业PMI较上月回升1.9个百分点至52.7%,创2022年6月以来新高。**消费需求仍显疲弱,消费者信心继续回升**。1月份,零售量同比下降2.3%,降幅较上月收窄0.5个百分点,仍为2021年以来低位;2月份,消费者信心指数为-19.0,较上月回升1.7点,连续5个月改善。**贸易逆差有所收窄**。2022年12月,受高基数效应影响,货物出口额同比增长9.1%,增速较上月回落8.1个百分点,创2021年10月以来新低;进口额增长8.7%,回落11.7个百分点,创2021年2月以来新低;贸易逆差为88亿欧元,较上月收窄29亿欧元,连续4个月收窄。**核心通胀再创历史新高**。2月份,CPI同比上涨8.5%,涨幅较上月回落0.1个百分点,为2022年5月以来最低;核心CPI上涨5.6%,涨幅扩大0.3个百分点,再创有记录以来新高。1月份,PPI上涨15.0%,涨幅回落9.5个百分点,创2021年8月以来新低。**劳动力供给持续紧张**。1月份,失业率为6.6%,较上月回落0.1个百分点,为1998年有记录以来最低;失业人数较上月减少4.8万人至1124.4万人,为有记录以来低位。

(三)日本经济温和回升

经济景气有所回升。2月份,经济观察家现况指数为51.0,较上月上升3.5点,为近4个月最高水平。**工业生产表现疲弱**。1月份,工业生产环比下降4.6%,为近8个月以来最大降幅,同比下降2.3%,连续3个月负增长。**消费需求有所提振**。1月份,零售额同比增长6.3%,创2021年5月以来新高,增速较上月加快2.5个百分点。**货物贸易持续逆差**。1月份,货物出口额同比增长3.5%,进口额增长17.8%;贸易逆差达3.5万亿日元,创有记录以来最大单月逆差。**物价走势分化**。1月份,CPI同比上涨4.3%,涨幅较上月扩大0.3个百分点,创1982年以来新高;PPI上涨9.5%,涨幅回落1.0个百分点,创近7个月新低。**就业继续改善**。1月份,失业率较上月回落0.1个百分点至2.4%,为2020年3月以来最低;求人倍率为1.35,较上月下降0.01点,仍为2020年3月以来次高。

(四)新兴经济体经济缓慢复苏

制造业PMI整体呈扩张态势。2月份,越南制造业PMI(51.2%)较上月大幅上升3.8个百分点,为2022年10月以来首次回到扩张区间;俄罗斯(53.6%)上升1.0个百分点,创2017年1月以来新高;印度(55.3%)微幅回落0.1个百分点,但仍连续20个月保持扩张态势。**部分经济体对外贸易萎缩**。2月份,韩国进出口总额同比增速(-1.4%)连续4个月负增长,其中,出口额下降7.5%,连续5个月萎缩;巴西(-9.7%)、印度(-3.3%,1月)进出口总额不同程度下降,中国台湾(-19.1%,1月)创1982年有记录以来最大降幅。**通胀压力有所缓解**。2月份,韩国CPI同比涨幅(4.8%)较上月回落0.4个百分点,为2022年3月以来最低水平,俄罗斯(11.0%)、巴西(5.6%)回落0.8和0.2个百分点,分别创2022年2月和2021年2月以来新低;少数经济体持续恶性通胀,土耳其(57.7%)大幅回落6.6个百分点,为近10个月最低,但仍连续13个月超过50.0%。**失业率平稳回落**。1月份,俄罗斯失业率(3.6%)较上月下降0.1个百分点,创有记录以来新低,印度(7.1%)、韩国(2.9%)和中国香港(3.4%)分别下降1.2、0.2和0.1个百分点。

三、国际机构对世界经济的最新判断

2月13日,英国共识公司发布《国际经济调查与预测》显示,世界经济预期稍有好转。2023年世界经济增速预期为1.9%,较1月份预测值上调0.3个百分点。其中,美国预计增长0.7%,较1月份预测值上调0.4个百分点。市场需求逐步反弹带动美国2023年增长预期有所好转,但陡峭的加息路径对中长期增长预期产生负面影响。欧元区预计增长0.4%,较1月份预测值上调0.4个百分点。对能源批发成本的控制和财政政策的支持短暂抵消了欧元区高利率和实际收入下降的负面影响。2023年,全球通胀率预计回落至5.2%,其中,美国(3.9%)、欧元区(5.5%)、英国(6.7%)等主要经济体通胀率仍远超目标水平。

表 世界及部分经济体2023—2024年GDP增速预期(%)

经济体	2022年GDP增速	2023年GDP增速 2月份预测值	2023年GDP增速 较1月份预测值变化	2024年GDP增速 2月份预测值	2024年GDP增速 较1月份预测值变化
世 界	2.9	1.9	+0.3	2.4	-0.1
美 国	2.1	0.7	+0.4	1.1	0.0
中 国	3.0	5.2	+0.6	5.1	-0.2
欧元区	3.5	0.4	+0.4	1.2	0.0
德 国	1.8	-0.1	+0.4	1.4	0.0
法 国	2.6	0.4	+0.4	1.2	0.0
意大利	3.9	0.4	+0.2	1.0	-0.1
日 本	1.0	1.1	-0.1	1.1	0.0
英 国	4.0	-0.8	+0.2	0.7	+0.1
印 度	6.7	5.8	+0.1	6.2	-0.1
俄罗斯	-2.1	-2.1	+0.5	1.3	+0.1
巴 西	2.9	1.0	0.0	1.8	0.0
南 非	2.0	1.5	-0.1	2.0	-0.1

数据来源:2022年世界经济增速来自世界银行《全球经济展望》(2023年1月),各经济体GDP增速来自官方统计网站;2023年、2024年GDP增速预测值来自英国共识公司《国际经济调查与预测》(2023年2月)。

(执笔:释经组①;成文于2023年3月)

---

① 成员:刘爱华、石庆焱、石婷、李婧婧、黄佩佩、郝悦、朱祎、王庭锡。

世界经济复苏基础脆弱 下行压力仍然较大

——2023年3月份世界经济形势分析

近期,全球通胀水平有所回落、服务业加快恢复,但在紧货币政策下,全球贸易低迷,制造业活动萎缩,同时美欧银行业危机令金融市场震荡加剧,世界经济复苏基础仍较为脆弱。4月11日,IMF发布《世界经济展望》指出,当前主要经济体普遍面临着降通胀、保障经济增长和金融稳定的艰难平衡,在需求疲软、潜在价格压力较大、劳动力紧张、流动性风险上升及地缘局势动荡等负面因素影响下,预计2023年世界经济增速将进一步放缓至2.8%,处于历史相对低位。

一、世界经济主要领域运行情况

(一)从需求端看,全球贸易延续疲软态势

4月5日,WTO发布《全球贸易展望和统计》预测,在中国经济快速复苏的提振下,2023年全球货物贸易量将增长1.7%,较上年10月预测值上调0.7个百分点,但仍低于2010—2022年平均增速2.6%。**国际贸易流量持续萎缩**。3月份,S&P Global全球制造业PMI新出口订单指数为47.7%,较上月下降0.6个百分点,连续13个月位于收缩区间。**运价及供应数据维持低位**。4月12日,波罗的海干散货指数(BDI)为1463,较2月末回升473点,仍处于相对低位;3月份,全球供应链压力指数降至-1.1,为2009年8月以来新低。

(二)从供给端看,主要行业活动走势有所分化

3月份,S&P Global **全球制造业PMI为49.6%**,较上月回落0.3个百分点,在连续2个月改善后再度下降,连续7个月低于50%荣枯线;**全球**

服务业 PMI 为 54.4%,较上月回升 1.8 个百分点,创 2021 年 12 月以来新高。

(三)从金融市场看,避险情绪持续高涨

全球股市宽幅震荡。受美欧银行业危机影响,市场避险情绪持续升温,3 月 13 日明晟全球股票指数跌至 737.75,创 1 月 5 日以来最低,当周下跌 4.4%;随着美联储及瑞士央行介入以防危机蔓延,股市震荡回升,4 月 12 日,明晟全球股票指数较 2 月末上涨 2.2%,明晟新兴市场股指上涨 2.4%。**债市收益率普遍下行。**4 月 12 日,美国十年期国债收益率较 2 月末下跌 51.0 个基点,德国、英国、日本十年期国债收益率分别下跌 32.0、29.2、5.5 个基点。**美元指数震荡走弱。**4 月 12 日,美元指数较 2 月末下跌 3.3%。非美元货币普遍升值,欧元、英镑、日元、人民币较 2 月末分别升值 3.9%、3.8%、2.3%、1.0%。

(四)从商品市场看,大宗商品价格普遍回落

根据世行数据,3 月份,国际能源价格指数为 103.6(2010 年 = 100),为 2021 年 8 月以来新低,环比下跌 6.3%;非能源价格指数为 114.6,为近 4 个月新低,下跌 2.2%。其中,农产品、原材料、化肥、金属和矿产分别下跌 1.6%、1.0%、3.6%、3.2%。**国际油价超跌反弹。**3 月 20 日,OPEC 一揽子油价跌至 70.77 美元/桶,创 2021 年 12 月以来新低,此后有所反弹,4 月 11 日涨至 85.41 美元/桶,较 2 月末上涨 4.3%。

(五)从政策环境看,主要经济体加息步伐分化

美联储加息进程尚未结束。3 月 22 日,美联储保持加息 25 个基点的幅度,联邦基金利率目标区间为 4.75%—5.00%,为 2007 年 9 月以来最高。随着近期美欧银行业危机缓解,叠加美国劳动力市场仍具韧性,4 月 13 日芝加哥商品交易所"美联储观察"工具显示,5 月份加息 25 个基点的概率为 65.9%。但欧元区、瑞士、新西兰等经济体仍维持较快加息步伐,3—4 月,均保持 50 个基点的加息幅度,基准利率均升至 2008 年以来最高。

二、主要经济体经济运行情况

(一)美国经济趋于降温

经济预期保持增长。4 月 10 日,亚特兰大联储预计美国一季度 GDP

环比折年率增速为2.2%。据此推算,一季度GDP环比增长0.5%,同比增长1.8%。**工业生产增速回落**。需求减弱令生产活动放缓,2月份,工业生产同比增长0.3%,增速较上月回落0.5个百分点,为2021年2月以来最低;制造业生产同比持平,为2021年2月以来次低;工业产能利用率为79.1%,为2021年10月以来次低。**国内消费动能减弱**。高利率、高通胀令消费者被迫缩减开支,2月份,零售额环比下降0.4%,低于市场预期的-0.2%;同比增长5.6%,增速较上月回落2.5个百分点。3月份,密歇根大学消费者信心指数为62.0,较上月下降5.0点,为历史较低水平。**贸易逆差再次扩大**。2月份,由于工业用品、汽车及零部件、天然气等出口减少,美国货物和服务出口额环比下降2.7%,同比增长8.1%;由于汽车及零部件、消费品进口减少,进口额环比下降1.5%,同比增长0.7%;贸易逆差较上月扩大18.8亿美元至705.4亿美元,为近4个月最高。**核心通胀依然坚挺**。3月份,CPI同比上涨5.0%,涨幅较上月回落1.0个百分点,为2021年4月以来最低;核心CPI上涨5.6%,涨幅扩大0.1个百分点。PPI上涨2.7%,涨幅回落2.2个百分点,为2021年1月以来新低。**劳动力市场有所降温但仍具韧性**。3月份,失业率较上月回落0.1个百分点至3.5%,为1969年以来次低;新增非农就业人口较上月减少9万人至23.6万人,为2021年以来最小增幅。

(二)欧元区经济弱势修复

经济预期有所改善。英国共识公司3月份预测,欧元区一季度GDP同比增长1.2%,较上年12月预测值上调0.9个百分点;欧洲央行3月份预测,一季度GDP环比增长0.1%,较上年12月预测值(-0.1%)由负转正。**制造业、服务业活动走势分化**。3月份,制造业PMI较上月回落1.2个百分点至47.3%,为近4个月新低;服务业PMI回升2.3个百分点至55.0%,创2022年5月以来新高。**消费需求依然疲弱**。2月份,零售量同比下降3.0%,降幅较上月扩大1.2个百分点,为2021年1月以来新低。3月份,消费者信心指数回落0.1点至-19.2,仍为2020年5月以来低位。**贸易逆差再度扩大**。1月份,货物出口额同比增长11.0%,进口额增长9.7%,均为2021年2月以来相对低位;贸易逆差较上月扩大203亿欧元至306亿欧元,为近4个月新高。**核心通胀依然强劲**。3月份,CPI同比上涨6.9%,涨幅较上月回落1.6个百分点,为2022年2月以来新低。

2月份,PPI上涨13.2%,涨幅回落1.9个百分点,为2021年7月以来新低。**劳动力供给紧张**。2月份,失业率持平于6.6%,失业人数较上月减少5.9万人至1114.2万人,均为1998年有记录以来最低。

(三)日本经济缓慢改善

经济低速增长。英国共识公司3月份预测,日本一季度GDP环比增长0.4%,较上年12月预测值上调0.2个百分点;由于投资及个人消费仍相对低迷,GDP同比增长1.4%,较上年12月预测值下调0.5个百分点。**工业生产修复停滞**。2月份,工业生产同比下降0.6%,连续4个月负增长。**消费需求有所提振**。受境外旅游全面开放政策拉动,2月份,零售额同比增长6.6%,增速较上月加快1.6个百分点,创2021年5月以来新高。3月份,消费者信心指数上升3.1点至34.0,创2022年2月以来新高。**贸易逆差显著收窄**。2月份,货物出口额同比增长6.5%,增速较上月加快3.0个百分点;进口额增长8.3%,增速回落9.3个百分点;贸易逆差达8981亿日元,较上月大幅收窄26083亿日元,为2022年4月以来最小逆差。**物价涨幅回落**。2月份,CPI同比上涨3.3%,涨幅较上月回落1.0个百分点,为近5个月新低。3月份,PPI同比上涨7.2%,涨幅回落1.1个百分点,为2021年9月以来新低。**就业市场稳步恢复**。2月份,失业率较上月上升0.2个百分点至2.6%,仍为2020年5月以来低位;求人倍率为1.34,保持在2020年4月以来相对高位。

(四)新兴经济体经济增长放缓

经济增速普遍回落。一季度,越南GDP同比增速(3.3%)较上季度回落2.6个百分点,创2021年三季度以来新低。据英国共识公司3月份预测,一季度,韩国GDP同比增速(1.0%)较上季度回落0.3个百分点,创2020年四季度以来新低;印度(4.2%)、印尼(4.4%)分别回落0.2、0.6个百分点。**制造业活动再度走弱**。3月份,俄罗斯制造业PMI(53.2%)较上月回落0.4个百分点,但仍为2017年1月以来次高;南非(48.1%)、巴西(47.0%)、韩国(47.6%)分别连续2个月、5个月、9个月收缩;但印度(56.4%)回升1.1个百分点,为近3个月新高。**对外贸易持续低迷**。3月份,由于经济放缓、高基数效应和半导体行业出口持续暴跌,韩国进出口贸易总额同比增速(-10.0%)连续5个月为负,且创2020年8月以来最大降幅;印度(-6.3%)、越南(-12.3%)均继续收缩;巴西

(7.7%)由负转正，但仍处较低水平。**通胀水平继续回落**。3月份，韩国(4.2%)CPI同比涨幅较上月回落0.6个百分点，为2022年3月以来新低；越南(3.4%)、印度(5.7%)、印尼(5.0%)分别回落0.9、0.7、0.5个百分点，通胀压力均有所缓解。**劳动力市场持续改善**。2月份，俄罗斯失业率(3.5%)较上月下降0.1个百分点，再创有记录以来新低；韩国(2.6%)、墨西哥(2.7%)均下降0.3个百分点，分别创2022年8月和2003年2月以来新低；印度(7.5%)上升0.4个百分点，仍为2022年9月以来次低。

三、IMF对世界经济的最新判断

4月11日，IMF发布《世界经济展望》预测，2023年世界经济增速预期为2.8%，较1月份预测值下调0.1个百分点，当前地缘政治动荡、高通胀和流动性收紧等负面因素依旧占据主导地位，全球经济硬着陆风险加大。**发达经济体经济增长显著放缓**。2023年发达经济体经济增长预期为1.3%，较1月份预测值上调0.1个百分点，经济预期的小幅上调并不意味着疲弱的前景将有根本性改善，约90%的发达经济体经济将较上年进一步放缓。**新兴和发展中经济体经济增长相对强劲，但地区差异加大**。2023年新兴和发展中经济体经济增长预期为3.9%，较1月份预测值下调0.1个百分点。得益于中国经济的较快复苏，亚洲新兴和发展中经济体经济增速将加快至5.3%，但欧洲(1.2%)、拉美及加勒比海地区(1.6%)、中东和中亚地区(2.9%)经济均将进一步走弱。**全球通胀有所缓和，但粘性较强**。受益于能源和粮食价格逐步回落，2023年全球通胀预期为7.0%，较2022年8.7%的水平有所降低，但较1月份预测值上调0.4个百分点。由于主要经济体核心通胀尚未见顶，表明通胀仍具粘性，预计短期内通胀改善较为有限。**金融市场脆弱性加大全球经济下行压力**。近期美欧银行业危机暴露出全球金融市场的脆弱性，IMF预测，若金融环境持续紧缩，2023年世界经济增速将进一步下降0.3个百分点至2.5%，为2001年以来(除2009年全球金融危机和2020年新冠肺炎疫情冲击)最低。

表 世界及部分经济体2023—2024年GDP增速预期(%)

经济体	2022年GDP增速	2023年GDP增速 4月份预测值	2023年GDP增速 较1月份预测值变化	2024年GDP增速 4月份预测值	2024年GDP增速 较1月份预测值变化
世界	3.4	2.8	-0.1	3.0	-0.1
发达经济体	2.7	1.3	+0.1	1.4	—
美国	2.1	1.6	+0.2	1.1	+0.1
欧元区	3.5	0.8	+0.1	1.4	-0.2
日本	1.1	1.3	-0.5	1.0	+0.1
英国	4.0	-0.3	+0.3	1.0	+0.1
新兴和发展中经济体	4.0	3.9	-0.1	4.2	—
中国	3.0	5.2	—	4.5	—
印度	6.8	5.9	-0.2	6.3	-0.5
俄罗斯	-2.1	0.7	+0.4	1.3	-0.8
巴西	2.9	0.9	-0.3	1.5	—
南非	2.0	0.1	-1.1	1.8	+0.5

数据来源:IMF《世界经济展望》(2023年4月11日)。

(执笔:释经组[①];成文于2023年4月)

[①] 成员:刘爱华、石庆焱、石婷、李靖婧、黄佩佩、郝悦、朱祎、王庭锡。

世界经济恢复乏力 多重下行风险积聚

——2023年4月份世界经济形势分析

近期,世界经济延续疲弱态势,弱需求、高通胀令全球贸易及制造业活动持续萎缩,紧货币政策以及美欧银行业危机对经济金融的不利影响逐渐显现,美欧日经济增长不同程度放缓、新兴经济体增长不均衡凸显。4月12日,联合国贸发会议(UNCTAD)发布《贸易和发展报告》表示,当前世界经济增长在通胀高企、金融市场动荡加剧以及地缘冲突等多重风险中逐渐减速,预计2023年世界经济增速为2.1%,远低于2010—2019年3.0%左右的水平。

一、世界经济主要领域运行情况

(一)从需求端看,全球贸易持续疲弱

4月12日,UNCTAD发布《贸易和发展报告》预测,2023年全球货物贸易额增速将从2022年的2.7%降至2.1%。**国际贸易流量持续低迷**。4月份,S&P Global全球制造业PMI新出口订单指数为48.4%,较上月回升0.7个百分点,连续14个月处于收缩区间。**货运指数低位波动**。5月12日,波罗的海干散货指数(BDI)为1558,较3月末上升169点,仍处相对低位;4月份,全球供应链压力指数降至-1.3,连续3个月为负。

(二)从供给端看,主要行业活动延续分化走势

4月份,S&P Global **全球制造业PMI**持平于49.6%,连续8个月低于50%荣枯线;**全球服务业PMI**为55.4%,较上月上升1.0个百分点,创2021年11月以来新高。

(三)从金融市场看,风险偏好下行

全球股市持续震荡。4月份,由于美欧对银行业危机采取短期救助措施,全球股市短暂回升,4月18日明晟全球股票指数升至785.24,为2月以来相对高位,但5月初美国银行业危机再度扩散,市场恐慌情绪高涨,多家区域性银行股价相继暴跌,5月12日,明晟全球股票指数较3月末微幅上涨0.47%,明晟新兴市场股指下跌1.21%。**债市收益率低位波动**。5月12日,美国十年期国债收益率较3月末下跌2.0个基点,德国、英国(5月10日)、日本十年期国债收益率分别下跌12.0、26.5、1.0个基点。**美元指数维持低位**。由于资金流入美元市场避险,5月12日,美元指数较5月3日的近期低点上涨1.4%,与3月末基本持平,但仍为年内相对低位;欧元、英镑较3月末分别升值0.1%、1.0%,日元、人民币分别贬值2.1%、1.1%。

(四)从商品市场看,大宗商品价格小幅反弹

根据世界银行数据,4月份,国际能源价格指数为109.4(2010年=100),为2021年9月以来次低,环比上涨5.7%;非能源价格指数为115.8,为2022年12月以来次低,环比上涨1.1%。其中,农产品、原材料环比上涨2.2%、1.0%,化肥、金属和矿产下跌1.3%、0.9%,均处相对低位。**国际油价先涨后跌**。4月13日,OPEC一揽子油价涨至87.77美元/桶,创2022年11月以来新高,此后震荡下行,5月11日跌至76.69美元/桶,较3月末下跌1.8%。

(五)从政策环境看,主要经济体加息进程放缓

美联储加息进程或将暂停。5月3日,美联储加息25个基点,为疫情以来第10次加息,基准利率区间升至5.00%—5.25%,创2007年9月以来最高。议息会议声明中删去了"进一步加息是适宜的"表述,反映本轮加息或近尾声。5月11日芝加哥商品交易所"美联储观察"工具显示,6月份暂停加息的概率为92.8%。**其他主要经济体暂缓加息步伐**。5月4日,欧洲央行加息幅度由50个基点降至25个基点,基准利率升至3.75%,达2008年以来最高利率;此外,加拿大、韩国、巴西、印度等均维持前期利率水平不变。

二、主要经济体经济运行情况

(一)美国经济呈放缓态势

经济增长低于预期。一季度,美国GDP环比折年率增速为1.1%,增速较上季度回落 1.5 个百分点,低于市场预期的 2.0%;同比增长 1.6%,较上季度加快 0.7 个百分点,为 2021 年一季度以来次低。**工业生产增速回落**。3 月份,工业生产同比增长 0.6%,增速较上月放缓 0.3 个百分点,为 2021 年 2 月以来新低;由于资本品订单和消费支出走弱,制造业生产同比下降 0.9%,为近 3 个月最低。**零售消费有所降温**。3 月份,零售额同比增长 2.5%,增速较上月回落 2.9 个百分点,为 2021 年 2 月以来最低;4 月 29 日当周,红皮书商业零售额同比增长 1.3%,为 2020 年 9 月以来次低。4 月份,密歇根大学消费者信心指数较上月回升 1.5 点至 63.5,仍为历史较低水平。**进口萎缩,贸易逆差收窄**。3 月份,由于能源产品出口增加,美国货物和服务出口额环比增长 2.1%,同比增长 5.0%;因能源产品、半导体及电气设备进口减少,进口额环比下降 0.3%,同比下降 8.6%;贸易逆差收窄 64.2 亿美元至 642.3 亿美元,为近 4 个月最低。**核心通胀压力仍存**。4 月份,CPI 同比上涨 4.9%,核心 CPI 上涨 5.5%,涨幅均较上月回落 0.1 个百分点,分别为 2021 年 4 月和 2021 年 11 月以来最低。PPI 上涨 2.3%,涨幅回落 0.4 个百分点,为 2021 年 1 月以来新低。**劳动力市场仍具韧性,但就业稍有降温**。4 月份,失业率较上月回落 0.1 个百分点至 3.4%,为 1953 年 10 月以来最低;新增非农就业人口为 25.3 万人,为近 3 个月最大增幅。3 月份,非农职位空缺数降至 959 万人,为 2021 年 4 月以来最低。

(二)欧元区经济增长动能不足

经济低速增长。一季度,欧元区 GDP 同比增长为 1.3%,增速较上季度回落 0.5 个百分点,连续 4 个季度回落;环比增长 0.1%,为 2021 年一季度以来次低。**制造业、服务业活动继续分化**。4 月份,制造业 PMI 较上月回落 1.5 个百分点至 45.8%,为 2020 年 5 月以来新低;服务业 PMI 上升 1.2 个百分点至 56.2%,创 2022 年 4 月以来新高。**消费需求低迷,信心低位回升**。3 月份,零售量同比下降 3.8%,降幅较上月扩大 1.4 个百分点,为 2021 年 1 月以来新低。4 月份,消费者信心指数回升 1.6 点至 -17.5,为 2022 年 2 月以来新高。**对外贸易恢复顺差**。2 月份,货物出口额同比增长 7.7%,进口额增长 1.1%,均为 2021 年 2 月以来低位;贸易顺差 46 亿欧元,为 2021 年 9 月以来首次顺差。**通胀保持高位**。4 月份,CPI 同比上涨 7.0%,涨幅较上月回升 0.1 个百分点,时隔 5 个月再度攀升;核心 CPI 上涨 5.6%,为有记录以来次高。3 月份,PPI 上涨 5.9%,涨幅回落 7.4 个百分点,为 2021 年 3 月以来新低。**劳动力供给短缺**。3 月份,失业率较上月回落 0.1 个百分点至 6.5%,失业人数减少 12.1 万人至 1101.0 万人,均为 1998 年有记录以来新低。

(三)日本经济恢复步伐放慢

工业生产持续萎缩。受海外需求萎缩影响,3 月份,日本工业生产同比下降 0.7%,连续 5 个月负增长。**消费需求有所提振**。3 月份,零售额同比增长 7.2%,为 2021 年 5 月以来次高。4 月份,消费者信心指数较上月上升 1.0 点至 35.0,为 2022 年 3 月以来新高。**对外贸易延续逆差**。3 月份,货物出口额同比增长 4.3%,增速较上月回落 2.2 个百分点,为 2021 年 2 月以来次低;进口额增长 7.3%,增速回落 1.2 个百分点,为 2021 年 3 月以来新低;贸易逆差收窄至 7551 亿日元,连续 20 个月逆差。**物价涨幅回落**。3 月份,CPI 同比上涨 3.2%,涨幅较上月回落 0.1 个百分点,为近 6 个月新低。4 月份,PPI 同比上涨 5.8%,涨幅回落 1.6 个百分点,为 2021 年 8 月以来新低。**就业现转弱迹象**。3 月份,失业率较上月上升 0.2 个百分点至 2.8%,为 2021 年 6 月以来最高;求人倍率为 1.32,为近 8 个月最低。

(四)新兴经济体经济增长不均衡

经济增速走势分化。一季度,墨西哥 GDP 同比增速(3.9%)较上季度加快 0.3 个百分点,为 2021 年三季度以来次高;印尼(5.03%)连续 6 个季度保持 5.0%以上增速;中国香港(2.7%)在连续 4 个季度负增长后首次转正;韩国(0.8%)、新加坡(0.1%)分别回落 0.5 和 2.0 个百分点,均创 2020 年四季度以来新低;中国台湾(-3.0%)降幅扩大 2.6 个百分点,为 2009 年二季度以来最低。**制造业活动有所改善**。4 月份,印度制造业 PMI(57.2%)较上月上升 0.8 个百分点,为近 4 个月新高;泰国(60.4%)大幅回升 7.3 个百分点,创有记录以来新高;因海外需求疲弱,俄罗斯(52.6%)、越南(46.7%)和巴西(44.3%)分别回落 0.6、1.0 和 2.7 个百分点。**对外贸易萎缩加剧**。4 月份,受需求低迷和高基数效应影响,韩国进出口贸易总额同比增速(-13.8%)连续 6 个月为负,且创 2020 年 5 月以来最大降幅;巴西(-6.5%)、越南(-18.6%)均不同程度收缩。**通胀显著回落**。4 月份,俄罗斯(2.3%)CPI 同比涨幅较上月回落 1.2 个百分点,创 2020 年 2 月以来新低;韩国(3.7%)、印度(4.7%)分别降至 2022 年 1 月以来最低和 2021 年 10 月以来新低;印尼(4.3%)、越南(2.8%)和泰国(2.7%)分别回落 0.7、0.6 和 0.1 个百分点,均为 2022 年以来相对低位。**失业率有所上升**。3 月份,印度失业率(7.8%)较上月上升 0.3 个百分点,为近 3 个月新高;韩国(2.7%)和巴西(8.8%)分别上升 0.1 和 0.2 个百分点;俄罗斯(3.5%)、中国台湾(3.6%)均与上月持平。

三、国际组织对世界经济的最新判断

世界经济增长前景趋弱。4 月 12 日,UNCTAD 发布《贸易和发展报告》预测,2023 年世界经济增速为 2.1%,远低于 2010—2019 年 3.0% 左右的水平。其中,发达经济体经济预计增长 0.9%,较上年 10 月份预测值下调 0.1 个百分点,发展中经济体经济预计增长 3.9%,与上年 10 月份预测值持平,均远低于金融危机复苏阶段(2010—2014 年)的 1.7% 和 5.8%。

多重下行风险正在积聚。UNCTAD 表示,美欧银行业危机令全球金融压力显著增加,叠加全球高通胀难消、地缘政治冲突持续,世界经济下行风险依然占据主导地位。**一是通胀改善缓慢**。IMF《世界经济展望》预测,2023 年全球通胀将达 7.0%,核心通胀将达 6.2%,均继续维持在较高水平,全球价格上涨压力依旧显著。**二是全球金融风险迅速上升**。IMF《全球金融稳定报告》指出,若当前金融市场压力未能消退,或将导致全球风险承担水平下降,加剧金融市场波动。近期,被 IMF 列为金融高风险或债务困扰的发展中经济体高达 37 个,其中约 12 个已处于危机边缘。**三是地缘政治紧张局势推高金融及债务风险**。IMF 报告指出,随着全球地缘摩擦及冲突增多,资本流动受限,全球证券和债权双边配置规模自 2016 年以来减少了约 16%,这将导致新兴市场和资本充足率较低的企业更难获得融资支持,发生金融风险的可能性较大。此外,UNCTAD 报告指出,受全球价值链重构和部分经济体产业回流影响,发展中经济体特别是依赖加工出口的经济体财政收入不稳定性显著上升,面临的财政困难及债务压力或将加剧。**四是经济衰退风险上升**。IMF 预测,在全球金融和货币政策不稳定的条件下,世界经济增速放缓至 1% 的极端事件发生的可能性从上年 10 月份预测的 10% 提高至 15%。

表 世界及部分经济体GDP增速与预测(%)

地区和经济体	2010—2014年	2015—2019年	2022年	2023年预测值	较上年10月份预测值变动
世　界	**3.2**	**3.0**	**3.1**	**2.1**	**−0.1**
发达经济体	**1.7**	**2.1**	**2.5**	**0.9**	**−0.1**
美　国	2.1	2.3	2.1	0.9	—
欧元区	0.6	2.0	3.4	0.7	+0.1
日　本	1.4	0.9	1.6	1.6	−0.2
英　国	1.8	2.1	4.1	0.0	+0.9
发展中经济体	**5.8**	**4.4**	**3.8**	**3.9**	—
中　国	8.6	6.8	3.0	4.8	−0.5
印　度	6.6	7.0	6.6	6.0	+1.3
俄罗斯	3.1	1.2	−2.1	−1.3	−2.6
巴　西	3.2	−0.4	2.9	0.9	+0.3
南　非	2.5	1.0	2.0	−0.3	−1.6

数据来源:UNCTAD《贸易和发展报告》(2023年4月12日)。

(执笔:释经组[1];成文于2023年5月)

---

[1] 成员:刘爱华、石庆焱、石婷、李婧婧、黄佩佩、郝悦、朱祎、王庭锡。

世界经济延续疲弱恢复态势 政策分歧加大复苏不确定性

——2023年5月份世界经济形势分析

近期,世界经济延续疲弱恢复态势,尽管经济景气度有所回升,服务业活动保持较快复苏,但制造业活动持续低迷,全球贸易不确定性增加。虽然美欧银行业危机总体缓解,但金融条件仍在收紧,叠加美联储政策走向充满不确定性,全球经济金融稳定性承压。6月6日,世界银行发布《全球经济展望》报告表示,在利率上升背景下,全球消费支出和企业投资将显著放缓,经济韧性逐渐减弱,世界经济增速大幅回落无法避免,预计2023年增速为2.1%,较2022年回落1.0个百分点。

一、世界经济主要领域运行情况

(一)从需求端看,全球贸易不确定性增强

5月31日,WTO发布最新一期货物贸易晴雨表指数为95.6,较3月份回升3.4点,表明全球货物贸易疲弱趋势略有修复。**先行指标继续走弱。**5月份,S&P Global全球制造业PMI新出口订单指数为47.3%,较上月回落1.1个百分点,为近5个月最低,且连续15个月低于荣枯线。**贸易需求仍较疲弱。**5月31日,波罗的海干散货指数(BDI)跌破1000点至977,为2月24日以来新低,较4月末下跌38.0%。6月2日当周,上海出口集装箱运价指数(SCFI)为1028.7,重回1000点上方,较4月末上涨2.9%。5月份,全球供应链压力指数降至-1.7,创1997年有记录以来新低,显示供应链已低于正常水平。

(二)从供给端看,主要行业活动保持分化

5月份,S&P Global **全球制造业PMI**连续3个月持平于49.6%,连续

9个月低于荣枯线;**全球服务业 PMI** 为 55.5%,较上月微升 0.1 个百分点,创 2021 年 11 月以来新高。

(三)从金融市场看,国际金融市场持续波动

全球股市波动上涨。美国部分经济数据好于预期,强化了市场乐观情绪,叠加部分科技股上涨推动,截至 6 月 9 日,明晟全球股票指数较 4 月末上涨 2.20%,明晟新兴市场股指上涨 2.41%,分别创 4 月 21 日和 2 月 20 日以来最高收盘价。**债市收益率小幅走高**。截至 6 月 9 日,美国十年期国债收益率较 4 月末累计上涨 31.0 个基点,其中 5 月 25 日达 3.83%,为 3 月 9 日以来最高;德国、英国、日本十年期国债收益率分别上涨 7.0、52.2、4.8 个基点。**美元指数上涨**。美联储加息进程尚未结束,美元保持强势,截至 6 月 9 日,美元指数较 4 月末上涨 1.86%,其中 5 月 29 日收于 104.29,创 3 月 16 日以来最高收盘价。主要货币兑美元中,英镑较 4 月末微幅升值 0.11%,欧元、日元、人民币分别贬值 2.46%、2.19%、2.64%。

(四)从商品市场看,大宗商品价格显著回落

根据世行数据,5 月份,国际大宗商品价格指数为 101.8(2010 年 = 100),创 2021 年 6 月以来新低,环比下跌 8.6%;能源价格指数为 97.0,创 2021 年 8 月以来新低,下跌 11.3%;非能源价格指数为 111.6,创 2021 年 4 月以来新低,下跌 3.6%。其中,农产品、化肥、金属和矿产环比分别下跌 2.5%、2.2%、6.4%,创 2021 年 12 月、2021 年 6 月、2022 年 10 月以来新低。**国际油价震荡下行**。6 月 1 日,OPEC 一揽子油价跌至 72.8 美元/桶,创 3 月 20 日以来新低,较 4 月末下跌 9.0%。

(五)从政策环境看,美联储政策不确定性加大

美联储未来是否继续加息的分歧仍存。6 月 14 日,美联储议息会议宣布暂停一次加息,维持联邦基金利率区间为 5.00%—5.25% 不变,符合市场预期。美联储声明,将继续评估更多信息及其对政策的影响,并为调整适当的货币政策立场做好准备。6 月 14 日,芝加哥商品交易所"美联储观察"工具显示,7 月份暂停加息的概率为 34.3%,加息 25 个基点的概率为 65.7%。**其他经济体加息步伐分化**。6 月 1 日,欧洲央行表示将继续加息以使通胀尽快恢复至 2% 的中期目标,央行成员目前普遍支持加息 25 个基点。5—6 月,冰岛加息幅度由 100 个基点升至 125 个基点;加

拿大、澳大利亚、新西兰、以色列、英国、泰国均保持25个基点的加息幅度；阿根廷由上月加息1000个基点放缓至加息600个基点。

二、主要经济体经济运行情况

(一)美国经济继续承压

工业生产略有改善。4月份，美国工业生产环比增长0.5%，超出市场预期的零增长，为2022年3月以来次高增速，同比增长0.8%，增速较上月加快0.7个百分点；主要受机动车及零部件生产带动，制造业环比增长1.0%，较上月由负转正，同比持平，结束此前连续两个月的负增长；工业产能利用率为79.7%，较上月上升0.3个百分点，为近5个月最高水平。**零售消费仍显疲软**。4月份，零售额环比增长0.4%，但连续3个月未达市场预期；同比增长0.2%，增速较上月回落2.4个百分点，为2020年5月以来最低。5月份，密歇根大学消费者信心指数较上月下降4.3点至59.2，为近6个月最低。**出口萎缩进口增长，贸易逆差扩大**。4月份，由于货物出口特别是能源产品出口减少，货物和服务出口额为2490.2亿美元，环比下降3.6%，同比下降1.5%；由于机动车产品及手机等消费品进口增加，进口额为3235.7亿美元，环比增长1.5%，同比下降4.5%；贸易逆差较上月扩大139.6亿美元至745.5亿美元，为近半年最高。**核心通胀压力仍存**。5月份，CPI同比上涨4.0%，涨幅较上月回落0.9个百分点，为2021年3月以来最低，但仍远高于美联储2%的通胀目标；核心CPI上涨5.3%，回落0.2个百分点，创2021年11月以来新低；PPI上涨1.1%，涨幅回落1.2个百分点，创2021年以来新低。**供需缺口支撑就业市场韧性**。5月份，失业率较上月上升0.3个百分点至3.7%，为2022年2月以来最高水平，但仍处历史低位；新增非农就业人口为33.9万人，远超市场预期的19.5万人，为近4个月最大增幅。4月份，非农职位空缺数增至1010.3万人，空缺率升至6.1%，均为近3个月最高，供需缺口驱动非农就业持续增长。

(二)欧元区经济缓慢恢复

制造业、服务业PMI不同程度回落。5月份，欧元区制造业PMI较上月回落1.0个百分点至44.8%，连续11个月低于荣枯线，再创2020年5月以来新低；服务业PMI回落1.1个百分点至55.1%，为2022年5月以来次高。**消费需求低迷,信心仍处低位。** 4 月份,零售量同比下降 2.6%,连续 7 个月负增长,为 2021 年 1 月以来低位。5 月份,消费者信心指数微升 0.1 点至-17.4,仍为 2022 年以来相对低位。**对外贸易顺差扩大。** 3 月份,货物出口额同比增长 7.5%,增速与上月持平;进口额下降 9.9%,为 2021 年 2 月以来首次负增长;贸易顺差较上月扩大 219 亿欧元至 256 亿欧元,为 2021 年以来最高。**通胀压力有所减弱。** 5 月份,CPI 同比上涨 6.1%,涨幅较上月回落 0.9 个百分点,为 2022 年 2 月以来新低;核心 CPI 上涨 5.3%,回落 0.3 个百分点,为近 5 个月最低。4 月份,PPI 上涨 1.0%,回落 4.5 个百分点,为 2021 年 1 月以来最低。**劳动力供给更趋紧张。** 4 月份,失业率较上月回落 0.1 个百分点至 6.5%,失业人数减少 3.3 万人至 1108.8 万人,均创 1998 年有记录以来新低。

(三) 日本经济温和增长

工业生产降幅收窄。 4 月份,日本工业生产同比下降 0.3%,降幅较上月收窄 0.3 个百分点,但仍连续 6 个月负增长。**消费需求继续恢复。** 4 月份,零售额同比增长 5.0%,增速较上月回落 1.9 个百分点,但仍为 2021 年 5 月以来相对高位,且连续 14 个月正增长。5 月份,消费者信心指数较上月上升 1.2 点至 36.2,连续 3 个月回升,为 2022 年 1 月以来最高。**对外贸易增速回落。** 4 月份,货物出口额同比增长 2.6%,增速较上月回落 1.7 个百分点,创 2021 年 2 月以来新低;进口额下降 2.3%,为 2021 年 1 月以来首次负增长;贸易逆差收窄至 4323 亿日元,连续 21 个月逆差。**物价涨幅再度攀升。** 4 月份,CPI 同比上涨 3.5%,涨幅较上月扩大 0.3 个百分点,为近 3 个月最高;PPI 上涨 5.8%,回落 1.6 个百分点,为 2021 年 8 月以来新低。**就业市场有所好转。** 4 月份,失业率较上月下降 0.2 个百分点至 2.6%,为近 3 个月首次下降;求人倍率持平于 1.32,为近 8 个月最低。

(四) 外需不足掣肘新兴经济体经济增长

制造业活动继续小幅改善。 5 月份,印度制造业 PMI(58.7%)较上月上升 1.5 个百分点,连续 3 个月上升,创 2020 年 10 月以来新高;俄罗斯(53.5%)上升 0.9 个百分点,创 2017 年 1 月以来次高;巴西(47.1%)和韩国(48.4%)分别回升 2.8 和 0.3 个百分点,但连续 7 个月和 10 个月处于收缩区间。**进、出口同步萎缩。** 5 月份,由于需求下降和芯片价格下跌,韩国进出口贸易总额同比增速(-14.6%)连续7个月为负,再创2020年5月以来最大降幅,其中,出口额同比下降15.2%,为近4个月最大降幅,进口额下降14.0%,创2020年8月以来最大降幅;印尼(-26.4%,4月)、印度(-15.9%,4月)、越南(-12.1%)、中国台湾(-16.5%,4月)进出口贸易总额均持续萎缩,且进口额和出口额跌幅均超过10.0%,内外需同步收缩。**通胀水平回落至近年低位**。5月份,韩国CPI同比涨幅(3.3%)较上月回落0.4个百分点,连续4个月回落,创2021年10月以来新低;印度(4.3%)回落0.4个百分点,连续3个月处于目标区间内,创2021年4月以来新低;巴西(3.9%)和越南(2.4%)分别回落0.3和0.4个百分点,创2020年10月和2022年3月以来新低。**失业率稳定改善**。4月份,韩国失业率(2.6%)较上月回落0.1个百分点,为2022年8月以来最低水平;俄罗斯(3.3%)回落0.2个百分点,创有记录以来新低;巴西(8.5%)回落0.3个百分点,处于2015年以来相对低位;马来西亚(3.5%)和中国台湾(3.6%)与上月持平。

三、世界银行对世界经济的最新判断

6月6日,世界银行发布最新《全球经济展望》报告表示,各国经济形势相较于年初略有好转,但在全球利率上升的背景下,世界经济增速大幅放缓无法避免。报告预测,2023年世界经济将增长2.1%,较1月份预测值上调0.4个百分点,但远低于2022年3.1%的增速。其中,发达经济体经济预计增长0.7%,较1月份预测值上调0.2个百分点,家庭支出和就业保持弹性,短期经济前景略有改善,但大幅加息的负面影响仍将持续较长时间;新兴市场和发展中经济体经济预计增长4.0%,较1月份预测值上调0.6个百分点,虽然不可持续的高债务水平、不断增加的国际收支压力、日益扩大的融资缺口和有限的财政空间导致多数发展中经济体的短期增长空间不足,但中国经济复苏的溢出效应将略微缓解发展中经济体的增长困境。

表 世界及部分经济体2023—2024年GDP增速预期(%)

经济体	2022年GDP增速	2023年GDP增速 6月份预测值	2023年GDP增速 较1月份变化	2024年GDP增速 6月份预测值	2024年GDP增速 较1月份变化
世　界	**3.1**	**2.1**	**+0.4**	**2.4**	**-0.3**
发达经济体	**2.6**	**0.7**	**+0.2**	**1.2**	**-0.4**
美　国	2.1	1.1	+0.6	0.8	-0.8
欧元区	3.5	0.4	+0.4	1.3	-0.3
日　本	1.0	0.8	-0.2	0.7	—
新兴和发展中经济体	**3.7**	**4.0**	**+0.6**	**3.9**	**-0.2**
中　国	3.0	5.6	+1.3	4.6	-0.4
印　度	7.2	6.3	-0.3	6.4	+0.3
俄罗斯	-2.1	-0.2	+3.1	1.2	-0.4
巴　西	2.9	1.2	+0.4	1.4	-0.6
南　非	2.0	0.3	-1.1	1.5	-0.3

数据来源:世界银行《全球经济展望》(2023年6月6日)。

(执笔:释经组[①];成文于2023年6月)

[①] 成员:刘爱华、石庆焱、石婷、李婧婧、郝悦、朱祎、王庭锡。

世界经济下行趋势有所放缓 复苏前景仍然面临多重困境

——2023年6月份世界经济形势分析

近期,由于全球服务业持续恢复,美国及欧元区等主要经济体经济恢复好于预期,世界经济下行势头有所放缓。但是,先行指标显示服务业活动扩张势头开始减弱,全球贸易前景不佳。尽管主要经济体价格涨幅回落,但通胀率仍明显高于政策目标,预计美欧央行加息尚未结束,且高利率的政策环境仍将持续一段时间,对全球投资、贸易和经济增长带来较大影响,世界经济下行趋势难以改变。6月7日,OECD发布《经济展望》报告表示,在高通胀高利率等负面冲击叠加的情况下,预计2023年增速将较上年回落0.6个百分点至2.7%,为金融危机以来除疫情期间外的最低增速。

一、世界经济主要领域运行情况

(一)从需求端看,全球贸易前景趋弱

6月21日,联合国贸发会议(UNCTAD)发布《全球贸易最新动态》预计,二季度全球服务贸易额同比增长1.0%,增速较一季度回落1.9个百分点,货物贸易额下降0.4%,增速由正转负,下半年全球贸易前景不佳。**先行指标继续恶化**。6月份,S&P Global全球制造业PMI新出口订单指数为47.1%,较上月回落0.2个百分点,为近6个月最低,且连续16个月低于荣枯线。**货运需求不佳**。7月5日,波罗的海干散货指数(BDI)为994,较5月末上涨1.7%,处于历史较低水平。6月30日当周,上海出口集装箱运价指数(SCFI)为953.6,较5月末下降3.0%。

(二)从供给端看,主要行业活动整体走弱

全球制造业活动收缩加剧。6月份,S&P Global全球制造业PMI较上月回落0.8个百分点至48.8%,为近6个月最低,连续10个月低于荣枯线。**服务业扩张势头放缓**。6月份,全球服务业PMI回落1.5个百分点至54.0%,为近4个月最低。

(三)从金融市场看,风险情绪上升

全球股市波动上行。美国债务上限谈判取得积极进展,银行业危机化解,叠加6月份美联储议息会议暂停加息,市场风险偏好逐渐回升,截至7月5日,明晟全球股票指数较5月末上涨5.2%,其中7月3日创2022年4月20日以来最高收盘价,明晟新兴市场股指上涨3.9%。**债市收益率走高**。6月下旬以来,美国经济数据展现出较强韧性,美联储7月份加息预期升温,截至7月5日,美国十年期国债收益率较5月末上涨31.0个基点,为3月8日以来最高;德国、英国十年期国债收益率分别上涨14.0、31.6个基点,日本下跌6.4个基点。**美元指数下跌**。截至7月5日,美元指数较5月末下跌0.8%。主要货币兑美元中,欧元、英镑较5月末升值1.5%和2.1%,日元、人民币分别贬值3.7%和1.6%,其中人民币6月30日一度跌破7.28,创2022年11月10日以来新低。

(四)从商品市场看,大宗商品价格持续走低

根据世行数据,6月份,国际大宗商品价格指数为99.9(2010年=100),创2021年5月以来新低,环比下跌1.8%;能源价格指数为95.2,创2021年6月以来新低,下跌1.8%;非能源价格指数为109.5,再创2021年4月以来新低,下跌1.9%。其中,农产品、化肥价格环比分别下跌2.4%、9.3%,创2021年10月和2021年6月以来新低,金属和矿产价格上涨0.7%,为2022年11月以来次低。**国际油价窄幅波动**。6月份以来,OPEC一揽子油价持续在70—80美元/桶区间震荡,7月5日升至76.6美元/桶,较5月末上涨4.8%。

(五)从政策环境看,美欧央行加息尚未结束

美联储紧缩预期再度升温。6月份美联储议息会议纪要表示,政策利率仍有进一步上行空间,点阵图显示美联储年内将加息两次。尽管6月份美国物价涨幅回落,但通胀率仍明显高于政策目标。7月14日,芝加哥商品交易所"美联储观察"工具显示,7月份加息25个基点的概率为94.9%。**欧元区保持加息步伐**。6月15日,欧洲央行如期加息25个基点至4.00%,为2008年10月以来最高利率,疫情以来累计加息8次,共加息 400 个基点。欧洲央行表示,预计 7 月将会继续加息以应对居高不下的通胀率。**其他经济体加息步伐分化**。6—7 月,英国、挪威加快加息步伐,幅度由 25 个基点升至 50 个基点;土耳其在连续降息 5 次后加息 650 个基点,创 2018 年 7 月以来最大加息幅度;瑞士、瑞典加息步伐由 50 个基点放缓至 25 个基点;澳大利亚、巴西、菲律宾、印尼、墨西哥、阿根廷、智利等维持前期利率水平不变。

二、主要经济体经济运行情况

(一)美国经济仍具韧性

GDP 稳定增长。7 月 10 日,亚特兰大联储预计美国二季度 GDP 环比折年率增速为 2.3%。据此推算,二季度 GDP 环比增长 0.6%;同比增长 2.5%,增速较一季度加快 0.7 个百分点,为 2022 年一季度以来最快增速。上半年 GDP 累计同比增速约为 2.2%。**工业生产活动降温**。5 月份,工业生产环比下降 0.2%,时隔 4 个月再度转负,同比增长 0.1%,增速较上月回落 0.8 个百分点,为 2021 年 2 月以来最低;制造业生产环比增长 0.1%,增速回落 0.8 个百分点,同比下降 0.4%,较上月由正转负,为近 5 个月次低;工业产能利用率为 79.6%,较上月回落 0.2 个百分点,为近 5 个月次高。**国内消费好于预期**。5 月份,主要由汽车和零部件销售增长拉动,零售额环比增长 0.3%,好于市场预期的 -0.2%;同比增长 2.8%,较上月由负转正。6 月份,密歇根大学消费者信心指数较上月上升 5.2 点至 64.4,仍为历史较低水平。**进出口均现萎缩,贸易逆差收窄**。5 月份,主要由于食品、大豆、能源等出口减少,货物和服务出口额为 2471.0 亿美元,环比下降 0.8%,同比下降 3.2%;由于药品制剂、手机、工业用品等进口减少,进口额为 3160.8 亿美元,环比下降 2.3%,同比下降 6.8%;贸易逆差较上月收窄 54.6 亿美元至 689.8 亿美元,为近半年次低。**物价涨幅较快回落,但核心通胀仍然较高**。6 月份,CPI 同比上涨 3.0%,涨幅较上月回落 1.0 个百分点,创 2021 年 3 月以来新低,但仍高于美联储 2% 的通胀目标;核心 CPI 上涨 4.8%,回落 0.5 个百分点,为 2021 年 10 月以来最低;PPI 上涨 0.1%,涨幅回落 0.8 个百分点,为 2020 年 8 月以来最低。**劳动力市场依然强劲**。6 月份,失业率较上月回落 0.1 个百分点至 3.6%,为 2022 年 2 月以来次高水平,但仍处历史低位;新增非农就业人数为20.9万人,仍为较大增幅。

(二)欧元区经济表现低迷

经济有望恢复低速增长。6月份,英国共识公司预测,欧元区二季度GDP同比增速为0.5%,与3月份预测值持平,为2021年一季度以来最低增速;欧洲央行预计环比增速为0.3%,将摆脱"技术性衰退"。**制造业、服务业PMI继续回落**。6月份,制造业PMI较上月回落1.4个百分点至43.4%,连续12个月低于荣枯线,再创2020年5月以来新低;服务业PMI回落3.1个百分点至52.0%,为今年以来次低。**消费需求不振,但信心小幅改善**。5月份,零售量同比下降2.9%,连续8个月负增长,为2021年1月以来次低。6月份,消费者信心指数上升1.3点至-16.1,维持改善态势。**对外贸易下行压力加大**。4月份,货物出口额同比下降3.6%,较上月由正转负,创2021年1月以来新低;进口额下降11.9%,创2021年1月以来新低,降幅扩大2.4个百分点。**核心通胀居高不下**。6月份,CPI同比上涨5.5%,涨幅较上月回落0.6个百分点,创2022年1月以来新低;核心CPI上涨5.4%,涨幅扩大0.1个百分点。5月份,PPI同比下降1.5%,为2021年以来首次下降。**劳动力供给仍然紧张**。5月份,失业率为6.5%,与上月持平,保持1998年有记录以来最低;失业人数减少5.7万人至1101.4万人,再创记录新低。

(三)日本经济修复力度趋弱

经济预期现负增长。日本经济研究中心6月份最新预测,日本二季度GDP环比增速为-0.1%,较一季度由正转负;同比增速为0.3%,回落1.6个百分点。**工业生产仍显低迷**。5月份,工业生产环比下降1.6%,较上月由正转负;同比增长4.7%。**消费市场稳步恢复**。5月份,零售额同比增长5.7%,增速较上月加快0.6个百分点,为2021年5月以来相对高位。6月份,消费者信心指数上升0.6点至36.8,连续4个月回升。**对外贸易逆差再度扩大**。5月份,货物出口额同比增长0.6%,增速较上月回落2.0个百分点,再创2021年2月以来新低;进口额下降9.8%,降幅扩大7.5个百分点;贸易逆差扩大9455亿日元至13819亿日元,连续22个月逆差。**通胀水平维持高位**。5月份,CPI同比上涨3.2%,涨幅较上月回落0.3个百分点,保持2014年8月以来相对高位;PPI上涨5.1%,回落0.8个百分点,为2021年6月以来最低。**企业用人需求下滑**。5月份,失业率为2.6%,与上月持平;求人倍率下降0.01至1.31,为近10个月最低。

(四)新兴经济体经济增长动能减弱

GDP走势分化。二季度,越南GDP同比增速(4.1%)较一季度加快0.8个百分点;据英国共识公司预测,俄罗斯(3.1%)在连续4个季度负增长后有望转正,新加坡(1.4%)、菲律宾(6.7%)增速分别加快1.0、0.3个百分点;韩国(0.8%)、印度(5.3%)、巴西(1.8%)分别回落0.1、0.8和2.2个百分点,南非(-0.6%)为2021年一季度以来首现负增长。**制造业活动扩张放缓**。6月份,印度(57.8%)和俄罗斯(52.6%)制造业PMI均较上月回落0.9个百分点,仍处近期高位;菲律宾(50.9%)回落1.3个百分点,创2022年7月以来新低;巴西(46.6%)和南非(47.6%)分别回落0.5和1.6个百分点,分别连续8个月和5个月处于收缩区间。**对外贸易持续收缩**。6月份,韩国进出口贸易总额同比增速(-9.0%)连续8个月为负,但降幅较上月收窄5.6个百分点;越南(-14.1%)和中国台湾(-26.5%)降幅分别扩大2.0和8.9个百分点;巴西(-12.3%)由正转负。**通胀水平延续回落态势**。6月份,韩国CPI同比涨幅(2.7%)较上月回落0.6个百分点,连续5个月回落,创2021年10月以来新低;越南(2.0%)回落0.4个百分点,连续5个月走低;墨西哥(5.1%)回落0.7个百分点,创2021年3月以来新低。**失业率降至相对低位**。5月份,韩国(2.5%)和俄罗斯(3.2%)失业率均较上月回落0.1个百分点,创有记录以来新低;巴西(8.3%)回落0.2个百分点,创2022年11月以来新低;印度(7.7%)回落0.4个百分点,为近3个月新低;中国香港(3.0%)与上月持平。

三、国际组织机构对世界经济的最新判断

6月7日,OECD更新《经济展望》报告表示,虽然全球经济显示出改善迹象,但核心通胀持续较高,高利率的负面影响愈发显著,世界经济依旧脆弱,预计2023年世界经济增速为2.7%,较3月份预测值上调0.1个百分点,较2022年回落0.6个百分点。

表　世界及部分经济体2023年GDP同比增速预期(%)

经济体	OECD 全年 6月份预测值	OECD 全年 较3月份变化	英国共识公司 一季度 实际值	英国共识公司 二季度 6月份预测值	英国共识公司 二季度 较3月份变化	英国共识公司 三季度 6月份预测值	英国共识公司 三季度 较3月份变化	英国共识公司 四季度 6月份预测值	英国共识公司 四季度 较3月份变化
全球	**2.7**	**+0.1**							
美　国	1.6	+0.1	1.8	2.0	+0.3	1.2	+0.4	0.4	+0.3
中　国	5.4	+0.1	4.5	7.9	+0.7	5.2	+0.2	5.5	-0.5
欧元区	0.9	+0.1	1.0	0.5	—	0.2	-0.1	0.4	-0.1
日　本	1.3	-0.1	1.9	0.7	+0.2	1.2	+0.1	1.4	+0.2
印　度	6.0	+0.1	6.1	5.3	+0.2	6.0	+0.9	6.2	+0.1

数据来源：OECD《经济展望》报告(2023年6月)；英国共识公司《国际经济调查与预测》(2023年6月)。

(执笔：释经组[1]；成文于2023年7月)

---

[1]　成员：刘爱华、石庆焱、石婷、李婧婧、郝悦、朱祎、王猛猛、赵宇欣、王庭锡。

世界经济展现短期韧性 复苏前景面临持续挑战

——2023年7月份世界经济形势分析

近期,随着全球通胀回落,在低失业率与收入增长背景下,主要经济体居民消费与市场信心有所回升,全球经济整体保持韧性。但全球制造业活动持续萎缩,服务业扩张势头进一步放缓,全球贸易持续下滑,核心通胀仍处于高位,经济复苏步伐仍在放缓。7月25日,IMF发布《世界经济展望》报告,将2023年全球经济增速预期较4月份上调0.2个百分点至3.0%,但仍远低于3.8%的历史平均水平。IMF指出,在通胀持续、金融市场动荡、债务压力攀升、地缘局势紧张加剧等多重负面因素影响下,世界经济仍将持续面临挑战。

一、世界经济主要领域运行情况

(一)从需求端看,全球贸易持续下滑

7月25日,IMF发布《世界经济展望》指出,由于美元快速升值以及全球贸易壁垒上升,2023年全球贸易量增速预计为2.0%,较2022年大幅放缓3.2个百分点,也远低于2000—2019年4.9%的平均水平。**先行指标进一步恶化。**7月份,S&P Global全球制造业PMI新出口订单指数为46.4%,较上月回落0.7个百分点,为近7个月最低,且连续17个月低于荣枯线。**货运价格低位震荡。**8月2日,波罗的海干散货指数(BDI)为1123,较6月末上涨2.9%,仍处于历史较低水平。7月28日当周,上海出口集装箱运价指数(SCFI)为1029.2,时隔7周重回1000点以上,较6月末上涨7.9%,但仍为疫情以来较低水平。

(二)从供给端看,主要行业活动继续走弱

全球制造业活动延续收缩态势。7月份,S&P Global全球制造业

PMI 为48.8%,与上月持平,连续11个月低于荣枯线。**服务业活动扩张进一步放缓。**7月份,全球服务业 PMI 较上月回落1.2个百分点至52.7%,为近5个月最低。

(三)从金融市场看,风险情绪总体升温

全球股市整体走高。全球整体通胀形势明显回落,部分国家加息进程接近尾声,市场风险偏好继续上升,截至8月7日,明晟全球股票指数较6月末上涨1.2%,其中7月31日创2022年4月以来最高收盘价;明晟新兴市场股指上涨2.9%。**债市收益率继续走高。**由于惠誉下调美国主权信用评级引发市场对美国财政前景的担忧,叠加日本央行7月份议息会议调整YCC收益率曲线控制政策,市场预计资金从美欧回流日本的风险加剧,美债价格承压,截至8月7日,美国十年期国债收益率较6月末上涨28.0个基点,其中8月3日创2022年11月以来新高;德国、英国、日本十年期国债收益率分别上涨15.0、2.3和19.9个基点。**美元指数触底反弹。**7月份以来,随着美国通胀数据回落,市场预计美联储加息接近尾声,美元指数7月13日跌至99.75,为2022年4月13日以来最低,较月初高点大跌3.5%,此后因市场对美国财政前景担忧加剧以及日本央行调整YCC政策,导致美债收益率走高,美元指数快速反弹,截至8月7日,美元指数较6月末下跌1.3%;主要货币兑美元中,欧元、英镑、日元较6月末升值0.8%、0.7%和1.3%,人民币升值1.2%。

(四)从商品市场看,大宗商品价格止跌回升

根据世行数据,7月份,国际大宗商品价格指数为104.0(2010年=100),为近三个月最高,环比上涨4.0%;能源价格指数为100.8,为近三个月最高,上涨5.9%;非能源价格指数为110.3,为2021年4月以来次低,上涨0.7%。其中,农产品、化肥价格环比分别上涨0.5%、5.3%,为2021年10月和2021年6月以来次低,金属和矿产价格上涨0.4%,为近三个月最高。**国际油价较快上涨。**7月份以来,OPEC一揽子油价持续上涨,8月1日升至86.6美元/桶,较6月末上涨13.7%。

(五)从政策环境看,货币紧缩政策尚未结束

美联储如期加息。7月份,美联储如期加息25个基点,为2022年3月以来第11次加息,联邦基金利率目标区间升至5.25%—5.50%,达到2001年以来最高水平。由于议息会议表示当前利率水平已具备限制性,

以及美国就业数据边际降温、通胀数据不及预期,市场预期美联储加息基本见顶。8月10日,芝加哥商品交易所"美联储观察"工具显示,9月份不加息的概率为89.0%,11月份不加息的概率为69.8%。**欧元区继续加息**。7月27日,欧洲央行加息25个基点至4.25%,为2001年10月以来最高利率,疫情以来累计加息9次共425个基点。欧洲央行表示,由于通胀仍高于2%的目标水平,将继续加息以使利率达到足够高的限制水平,促进通胀较快回落。**其他经济体加息延续分化**。7—8月,俄罗斯在连续降息6次后加息100个基点至8.5%;中国香港连续两次暂停加息后,重启加息25个基点;加拿大、丹麦、沙特、中国澳门保持25个基点的加息幅度不变;英国、尼日利亚放缓加息步伐,幅度由50个基点降至25个基点;韩国、澳大利亚、印尼、南非等维持前期利率水平不变。

二、主要经济体经济运行情况

(一) 美国经济"软着陆"预期升温

GDP增长加快。二季度,美国GDP环比折年率增速为2.4%,较上季度加快0.4个百分点,远超市场预期的1.8%;同比增速为2.6%,加快0.8个百分点。**工业生产活动继续降温**。6月份,工业生产环比下降0.5%,降幅与上月持平,同比下降0.4%,降幅扩大0.3个百分点,创2021年2月以来新低;制造业生产环比下降0.3%,降幅扩大0.2个百分点,同比下降0.4%,降幅收窄0.1个百分点;工业产能利用率为78.9%,较上月回落0.5个百分点,为2021年10月以来最低。**国内消费保持弹性**。6月份,零售额环比增长0.2%,连续3个月增长;受高基数效应影响,同比增长1.7%,增速回落1.5个百分点。7月份,密歇根大学消费者信心指数较上月上升7.2点至71.6,为2021年10月以来最高水平。**对外贸易继续萎缩**。6月份,货物和服务出口额为2474.8亿美元,环比下降0.1%,同比下降4.3%,均连续三个月下降;进口额为3129.8亿美元,环比下降1.0%,同比下降7.8%;贸易逆差较上月收窄27.9亿美元至655.0亿美元,为近7个月次低。**通胀涨幅略有提升但低于市场预期**。7月份,CPI同比上涨3.2%,涨幅较上月扩大0.2个百分点,为2022年6月以来首次扩大,但仍为2021年3月以来次低,且低于市场预期的3.3%;核心CPI上涨4.7%,回落0.1个百分点,创2021年10月以来新低;PPI上涨

0.8%,涨幅扩大0.6个百分点,为2020年9月以来次低。**劳动力市场仍然偏紧**。7月份,失业率较上月回落0.1个百分点至3.5%,为1969年以来次低水平;新增非农就业人数为18.7万人,较上月增加0.2万人,低于市场预期的20.0万人,为2021年以来次低增幅。

(二)欧元区经济表现疲软

经济增长低速徘徊。二季度,欧元区GDP同比增长0.6%,增速较上季度回落0.5个百分点;环比增长0.3%,加快0.3个百分点。**制造业活动持续收缩,服务业活动扩张接近停滞**。7月份,制造业PMI较上月回落0.7个百分点至42.7%,连续13个月低于荣枯线,再创2020年5月以来新低;服务业PMI回落1.1个百分点至50.9%,为今年以来次低。**消费需求收缩放缓**。6月份,零售量同比下降1.4%,降幅收窄1.0个百分点,为近9个月最小降幅。7月份,消费者信心指数上升1.0点至-15.1,维持改善态势。**对外贸易仍显乏力**。5月份,货物出口额同比下降2.3%,降幅较上月收窄1.8个百分点;进口额下降12.9%,降幅扩大0.6个百分点,再创2021年1月以来新低。**通胀继续降温**。7月份,CPI同比上涨5.3%,涨幅较上月回落0.2个百分点,再创2022年1月以来新低;核心CPI上涨5.5%,与上月持平。6月份,PPI同比下降3.4%,降幅较上月扩大1.8个百分点,创2020年6月以来新低。**劳动力市场持续紧张**。6月份,失业率为6.4%,与上月持平,保持1998年有记录以来最低;失业人数减少6.2万人至1081.4万人,再创记录新低。

(三)日本经济温和修复

工业生产现恢复迹象。6月份,日本工业生产环比增长2.0%,位近4个月最高;同比下降0.4%,为年内最小降幅。**消费市场继续改善**。6月份,零售额同比增长5.9%,增速较上月加快0.1个百分点,为2021年4月以来相对高位。7月份,消费者信心指数上升0.3点至37.1,连续5个月回升,为2021年12月以来最高。**对外贸易两年来首现顺差**。6月份,货物出口额同比增长1.5%,增速较上月加快1.9个百分点,仍为2021年2月以来次低;进口额下降12.9%,降幅扩大3.1个百分点;贸易逆差转为顺差431亿日元,为2021年7月以来首现顺差。**通胀水平再度抬升**。6月份,CPI同比上涨3.3%,涨幅较上月扩大0.1个百分点,仍为2014年8月以来相对高位;PPI上涨4.1%,回落1.1个百分点,为2021年4月以来最低。**劳动力市场再度趋紧**。6月份，失业率较上月回落0.1个百分点至2.5%，为2020年以来次低；求人倍率下降0.01至1.30，为近11个月最低。

(四)新兴经济体经济承压前行

GDP保持增长。二季度，韩国(0.9%)和墨西哥(3.7%)GDP同比增速均与上季度持平；中国台湾(1.5%)由负转正，增速超过0.5%的市场预期；新加坡(0.7%)、越南(4.1%)和印尼(5.2%)分别加快0.3、0.8和0.2个百分点；中国香港(1.5%)和菲律宾(4.3%)分别回落1.4和2.1个百分点。**制造业活动水平整体较低**。7月份，印度制造业PMI(57.7%)较上月回落0.1个百分点，仍处于较高水平；俄罗斯(52.1%)回落0.5个百分点，为近9个月最低；土耳其(49.9%)回落1.6个百分点，重回收缩区间；越南(48.7%)回升2.5个百分点，收缩趋势放缓。**对外贸易继续收缩**。7月份，韩国进出口贸易总额同比增速(-21.1%)连续9个月为负，降幅较上月扩大12.2个百分点，其中出口降幅(-16.5%)扩大10.5个百分点，创2020年5月以来最大降幅，进口降幅(-25.4%)扩大13.7个百分点；巴西(-9.7%)和越南(-6.4%)降幅分别收窄2.7和8.0个百分点。**通胀水平略有回升**。7月份，韩国CPI同比涨幅(2.3%)较上月回落0.4个百分点，连续6个月回落，创2021年3月以来新低；越南(2.1%)回升0.1个百分点，但仍处于相对低位；俄罗斯(4.3%)回升1.0个百分点，为3月份以来最高；土耳其(47.8%)回升9.6个百分点，结束近8个月的回落态势，为近4个月最高。**失业率低位波动**。6月份，印度失业率(8.5%)回升0.8个百分点，创2021年6月以来新高；韩国(2.6%)回升0.1个百分点，处于相对低位；俄罗斯(3.1%)回落0.1个百分点，连续3个月回落，创历史新低；巴西(8.0%)回落0.3个百分点，连续3个月回落，创2022年12月以来新低。

三、IMF对世界经济的最新判断

世界经济下行趋势有所放缓。7月25日，IMF发布《世界经济展望》指出，受服务业较快复苏驱动，全球经济表现出了一定韧性，金融动荡局面基本缓解，预计2023年世界经济增速为3.0%，较4月份预测值上调0.2个百分点，但较上年增速回落0.5个百分点，且明显低于2000—2019

年 3.8% 的平均增速,经济前景依然不容乐观。其中,发达经济体经济增长预期为 1.5%,较 4 月份预测值上调 0.2 个百分点,增速较上年回落 2.2 个百分点;新兴和发展中经济体经济增长预期为 4.0%,较 4 月份预测值上调 0.1 个百分点,但国家间增长趋势进一步分化。

表　世界及部分经济体 2023—2024 年 GDP 增速预期(%)

经济体	2022 年 GDP 估计值	2023 年 GDP 增速 7 月份预测值	较 4 月份预测值变化	2024 年 GDP 增速 7 月份预测值	较 4 月份预测值变化
世界	**3.5**	**3.0**	**+0.2**	**3.0**	—
发达经济体	**2.7**	**1.5**	**+0.2**	**1.4**	—
美　国	2.1	1.8	+0.2	1.0	-0.1
欧元区	3.5	0.9	+0.1	1.5	+0.1
日　本	1.0	1.4	+0.1	1.0	—
英　国	4.1	0.4	+0.7	1.0	—
新兴和发展中经济体	**4.0**	**4.0**	**+0.1**	**4.1**	**-0.1**
中　国	3.0	5.2	—	4.5	—
印　度	7.2	6.1	+0.2	6.3	—
俄罗斯	-2.1	1.5	+0.9	1.3	—
巴　西	2.9	2.1	+1.2	1.2	-0.3
南　非	1.9	0.3	+0.2	1.7	-0.1

数据来源:IMF《世界经济展望》(2023 年 7 月 25 日)。

(执笔:释经组①;成文于 2023 年 8 月)

---

① 成员:王青萍、石庆焱、石婷、李婧婧、郝悦、朱祎、王猛猛、赵宇欣、王庭锡。

世界经济衰退风险有所下降 利率高企导致下行压力不减

——2023年8月份世界经济形势分析

近期,全球经济、贸易景气度均有所回升,部分主要经济体在全球高利率环境下展现出一定韧性,世界经济衰退风险有所下降。由于通胀仍处高位,尽管全球利率正接近峰值,但短期内难以大幅下降。利率高企加大了全球尤其是发展中国家的债务负担、融资成本及金融市场风险,全球经济仍然面临较大的下行压力,经济增速正在放缓。英国共识公司8月份报告预计,2023年世界经济增速为2.4%,较上月预测值上调0.1个百分点,比2022年回落0.5个百分点,2024年将进一步回落至2.1%。

一、世界经济主要领域运行情况

(一)从景气度看,世界经济景气度升至趋势线上

8月份,OECD监测的G20领先指标为100.03,较上月回升0.14点,连续10个月回升,为2022年4月以来首次位于长期趋势线100以上。

(二)从需求端看,全球贸易动能略有回升

8月24日,WTO发布最新一期货物贸易晴雨表指数为99.1,较5月份回升3.5点,表明三季度全球货物贸易趋势略有修复,但仍低于100趋势线。**先行指标收缩放缓**。8月份,S&P Global全球制造业PMI新出口订单指数为47.0%,较上月回升0.6个百分点,但仍连续18个月低于荣枯线。**货运价格低位波动**。9月8日,波罗的海干散货指数(BDI)为1186,较7月末上涨5.2%,仍处于历史较低水平。9月2日当周,上海出口集装箱运价指数(SCFI)为1033.7,较7月末上涨0.4%,仍为疫情以来较低水平。

（三）从供给端看，服务业活动持续降温

全球制造业活动收缩放缓。 8月份，S&P Global 全球制造业 PMI 较上月回升 0.4 个百分点至 49.0%，收缩略有放缓，但仍连续 12 个月低于荣枯线。**服务业活动持续降温。** 8月份，全球服务业 PMI 较上月回落 1.6 个百分点至 51.1%，连续 3 个月回落，为近 7 个月最低。

（三）从金融市场看，避险情绪上升

全球股市下跌。 截至 9 月 8 日，明晟全球股票指数较 7 月末下跌 3.0%，其中 8 月 16 日创 6 月份以来最低收盘价；明晟新兴市场股指下跌 5.0%。**债市收益率小幅走高。** 由于美国债务上限问题暂时解决，美联储发债规模速度明显加快，以及评级机构穆迪、惠誉下调美国银行的信用评级，美债继续承压，截至 9 月 8 日，美国十年期国债收益率较 7 月末上涨 29.0 个基点，其中 8 月 21 日升至 4.34%，创 2007 年 11 月以来新高；德国、英国、日本十年期国债收益率分别上涨 8.0、15.8 和 5.3 个基点。**美元指数继续上涨。** 受美国经济数据仍有韧性、美国与其他国家经济货币政策分化有所加剧，以及油价上涨等因素推动，截至 9 月 8 日，美元指数较 7 月末上涨 3.1%，创 3 月份以来最高收盘价；主要货币兑美元中，欧元、英镑、日元较 7 月末分别贬值 2.7%、2.8% 和 3.8%；由于中美利差扩大，人民币贬值 1.2%。

（四）从商品市场看，大宗商品价格走势分化

根据世行数据，8 月份，国际大宗商品价格指数为 108.8（2010 年=100），为近 4 个月最高，环比上涨 4.7%；能源价格指数为 108.7，为近 4 个月最高，上涨 7.8%；非能源价格指数为 109.1，创 2021 年 4 月以来新低，下跌 1.2%。其中，农产品、金属和矿产价格环比分别下跌 1.5%、1.9%，创 2021 年 9 月和 2022 年 10 月以来新低，化肥价格上涨 8.2%，为近 5 个月最高。**国际油价震荡上行。** 9 月 4 日 OPEC 一揽子油价升至 91.3 美元/桶，为 2022 年 11 月以来首次突破 90 美元/桶，较 7 月末上涨 5.6%。

（五）从政策环境看，美联储政策利率居高难下

美联储年内仍有加息可能。 美联储 7 月会议纪要提示通胀上行风险，多位美联储官员强调通胀水平较高，美联储紧缩周期或将持续更久。9 月 7 日，芝加哥商品交易所"美联储观察"工具显示，9 月份不加息的概

率升至93.0%,11月份不加息的概率降至54.2%。**欧元区加息尚未结束**。欧洲央行表示,欧元区已处于货币紧缩周期的微调阶段,但通胀仍远高于目标水平。将有可能进一步加息。**日本央行或将维持宽松货币政策**。日本央行表示,日本通胀仍然低于目标,在当前时点继续实施宽松货币政策是合适的,若明年1—3月实现通胀目标,或有可能考虑结束负利率。

二、主要经济体经济运行情况

(一)美国经济韧性仍然较强

工业生产增速超预期。7月份,美国工业生产环比增长1.0%,创近6个月最快增速,远高于市场预期的0.3%,同比下降0.3%,降幅收窄0.4个百分点,为2021年2月以来次低;制造业生产环比增长0.5%,为近3个月首次增长,同比下降1.0%,降幅与上月持平;工业产能利用率为79.3%,较上月回升0.7个百分点,为近6个月次低。**国内消费仍较强劲**。7月份,零售额环比增长0.7%,较上月加快0.4个百分点,连续4个月增长且为近6个月最快增速;同比增长2.5%,增速加快0.7个百分点。8月份,密歇根大学消费者信心指数较上月下降2.1点至69.5,为2022年1月以来次高水平。**对外贸易略有恢复**。7月份,货物和服务出口额为2516.6亿美元,环比增长1.6%,同比下降3.5%;进口额为3166.8亿美元,环比增长1.7%,同比下降4.7%;贸易逆差较上月扩大13.1亿美元至650.2亿美元,为近4个月次低。**通胀有所回升**。8月份,CPI同比上涨3.7%,涨幅较上月扩大0.5个百分点,连续两个月扩大,但仍为2021年3月以来低位;核心CPI上涨4.3%,回落0.4个百分点,创2021年9月以来新低;PPI上涨1.6%,涨幅扩大0.8个百分点,连续两个月扩大,为近4个月最高。**劳动力市场有所降温,供需缺口继续收窄**。8月份,失业率较上月回升0.3个百分点至3.8%,为2022年1月以来最高水平;新增非农就业人数为18.7万人,较上月增加3.0万人,连续3个月低于20.0万人。7月份,非农职位空缺数较上月减少33.8万人至882.7万人,空缺率下降0.2个百分点至5.3%,分别为2021年3月和2021年2月以来最低水平。

(二)欧元区经济前景恶化

制造业增长动能不足,服务业活动陷入收缩。 8月份,欧元区制造业PMI较上月回升0.8个百分点至43.5%,连续14个月低于荣枯线;服务业PMI回落3.0个百分点至47.9%,为2021年2月以来最低。**消费需求持续低迷。** 7月份,零售量同比下降1.0%,降幅与上月持平。8月份,消费者信心指数下降0.9点至-16.0,为2022年2月以来次高。**进出口走势分化。** 6月份,货物出口额同比增长0.3%,较上月由负转正;进口额下降17.7%,降幅扩大4.6个百分点,创2020年5月以来新低。**通胀回落不及预期。** 8月份,CPI同比上涨5.3%,涨幅与上月持平,为2022年1月以来最低,但高于市场预期的5.1%;核心CPI上涨5.3%,回落0.2个百分点,为今年以来最低。7月份,PPI同比下降7.6%,降幅扩大4.2个百分点,为2009年7月以来最低。**失业人数有所上升。** 7月份,失业率为6.4%,与上月持平,保持1998年有记录以来最低;失业人数较上月增加7.3万人至1094.4万人,为记录次低。

(三)日本经济复苏势头有所减弱

工业生产再度转弱。 7月份,日本工业生产环比下降2.0%,同比下降2.5%,均较上月由正转负,同比降幅创近6个月新低。**消费保持较快增长。** 7月份,零售额同比增长6.8%,增速较上月加快1.2个百分点,仍为2021年4月以来相对高位。8月份,消费者信心指数回落1.0点至36.1,为2022年以来相对高位。**对外贸易再现逆差。** 7月份,货物出口额同比下降0.3%,为2021年2月以来首次负增长;进口额下降13.6%,降幅扩大0.7个百分点,为2020年9月以来新低,连续4个月负增长;贸易转为逆差663亿日元。**通胀压力依然较大。** 7月份,CPI同比上涨3.3%,涨幅与上月持平,保持2014年8月以来相对高位;PPI上涨3.4%,回落0.7个百分点,为2021年3月以来最低。**劳动力市场有所恶化。** 7月份,失业率较上月上升0.2个百分点至2.7%,为近4个月最高;求人倍率下降0.01至1.29,为近12个月最低。

(四)新兴经济体经济复苏乏力

制造业活动温和扩张。 8月份,印度制造业PMI(58.6%)较上月回升0.9个百分点,为2020年11月以来次高;俄罗斯(52.7%)和印尼(53.9%)均回升0.6个百分点,扩张加快;墨西哥(51.2%)回落2.0个百分点,但仍为年内次高;巴西(50.1%)由枯转荣,结束此前连续9个月的收缩态势。**对外贸易表现疲软**。8月份,韩国进出口贸易总额同比增速(-16.1%)连续10个月为负,降幅较上月收窄5.0个百分点,其中出口降幅(-8.4%)收窄8.1个百分点,进口降幅(-22.8%)收窄2.6个百分点;中国台湾(-14.8%)降幅收窄0.5个百分点,连续10个月负增长;巴西(-8.3%)收窄1.6个百分点,连续3个月负增长;土耳其(-3.2%)再次由正转负;越南(-7.7%)降幅扩大1.0个百分点。**通胀压力再显**。8月份,韩国CPI同比涨幅(3.4%)较上月回升1.1个百分点,此前连续6个月回落;越南(3.0%)回升0.9个百分点,为近5个月新高;俄罗斯(5.2%)回升0.9个百分点,连续4个月回升;泰国(0.9%)和菲律宾(5.3%)分别回升0.5和0.9个百分点;土耳其(58.9%)回升11.1个百分点,连续2个月回升,为近8个月新高。**失业率持续低位**。7月份,印度失业率(8.0%)回落0.5个百分点,仍处于相对高位;俄罗斯(3.0%)回落0.1个百分点,连续4个月下降,再创历史新低;巴西(7.9%)回落0.1个百分点,连续4个月下降;韩国(2.8%)回升0.2个百分点,仍为历史低位。

三、国际机构对世界经济的最新判断

世界经济仍然面临较大下行压力。8月份,英国共识公司发布《国际经济调查预测》报告指出,全球经济前景随美联储停止加息的预期增强而略有改善,但由于全球借贷成本上升对GDP前景产生的负面影响,预计2023年世界经济增速从2022年的2.9%回落至2.4%,2024年将进一步下滑至2.1%。此外,预计2023年全球通胀水平从2022年的7.4%回落至5.2%。

表 世界及部分经济体2023—2024年GDP增速预期(%)

经济体	2022年GDP增速	2023年GDP增速 8月份预测值	较7月份预测值变化	2024年GDP增速 8月份预测值	较7月份预测值变化
世界	2.9	2.4	+0.1	2.1	—
美国	2.1	1.9	+0.3	0.6	+0.1
中国	3.0	5.3	-0.2	4.7	-0.1
欧元区	3.4	0.6	+0.1	0.8	-0.1
德国	1.9	-0.3	—	0.9	-0.2
法国	2.5	0.7	+0.1	0.9	-0.1
意大利	3.7	1.0	-0.1	0.7	—
日本	1.0	1.4	+0.1	1.0	—
印度	7.2	6.0	+0.1	6.3	—
英国	4.1	0.2	+0.1	0.4	—
巴西	2.9	2.2	—	1.5	—
俄罗斯	-2.1	1.0	+0.3	1.2	-0.1

数据来源:英国共识公司《国际经济调查预测》(2023年8月)。

(执笔:释经组[①];成文于2023年9月)

---

① 成员:王青萍、石庆焱、石婷、李婧婧、郝悦、朱祎、王猛猛、赵宇欣。

美联储紧缩预期再度升温 世界经济下行趋势依然明显

——2023年9月份世界经济形势分析

近期,世界经济景气度继续向好,全球贸易现恢复迹象,但能源等大宗商品价格上涨导致再通胀风险有所上升,加之美国经济数据超预期,美联储紧缩预期再度升温,预计全球主要央行仍会将利率维持在较高水平。紧缩的货币政策将持续从生产端和需求端对全球经济增长带来压力。10月份,IMF发布《世界经济展望》报告指出,目前全球经济复苏进程缓慢且不均衡,货币政策持续收紧对经济的滞后影响正在加剧显现,部分国家政府债务风险导致对经济的财政支持下降,世界经济仍然面临持续的下行压力,预计2023年全球经济增速将由2022年的3.5%回落至3.0%,同时将2024年经济增长预期下调0.1个百分点至2.9%。

一、世界经济主要领域运行情况

(一)从景气度看,世界经济景气度保持向好势头

9月份,OECD监测的G20领先指标为100.17,较上月回升0.12点,连续11个月回升且连续两个月高于长期趋势线100。

(二)从需求端看,全球贸易现恢复迹象

10月份,WTO《贸易统计及展望》报告显示,上半年全球货物贸易量同比下降0.5%,预计下半年有望温和回升,2023年将较上年增长0.8%,较4月份预测值下调0.9个百分点。**先行指标显示全球贸易现恢复迹象**。9月份,S&P Global全球制造业PMI新出口订单指数较上月回升0.7个百分点至47.7%,连续两个月回升,但仍低于50%荣枯线。**航运市场冷热不均**。10月2日,波罗的海干散货指数(BDI)为1737,较8月末上涨59.9%,其中9月27日达到1752点,创2022年10月以来最高。9月28日当周,上海出口集装箱运价指数(SCFI)为886.9,较8月末下降12.5%,连续4周下降。

(三)从供给端看,主要行业活动不断走弱

全球制造业活动仍显低迷。9月份,S&P Global全球制造业PMI较上月回升0.1个百分点至49.1%,连续两个月回升,但仍连续13个月低于荣枯线。**服务业活动扩张放缓**。9月份,全球服务业PMI较上月回落0.3个百分点至50.8%,连续4个月回落,为近8个月最低。

(四)从金融市场看,避险情绪持续升温

全球股市总体下跌。截至10月6日,明晟全球股票指数较8月末下跌3.9%,其中9月26日收盘价创6月份以来新低;明晟新兴市场股指下跌3.1%。**债市收益率创阶段新高**。截至10月6日,美国十年期国债收益率较8月末上涨69.0个基点,其中10月3日升至4.81%,创2007年8月以来新高;德国、英国、日本十年期国债收益率分别上涨39.0、22.8和14.5个基点。**美元指数再度攀升**。截至10月6日,美元指数较8月末上涨2.4%,其中10月3日为107.07,创2022年11月以来最高收盘价;主要货币兑美元中,欧元、英镑、日元较8月末分别贬值2.4%、3.4%和2.5%;由于经济数据边际回暖,稳汇率政策继续发力,截至10月9日,人民币汇率与8月末基本持平。

(五)从商品市场看,大宗商品价格小幅上涨

根据世行数据,9月份,国际大宗商品价格指数为115.4(2010年=100),为近8个月最高,环比上涨6.1%;能源价格指数为117.8,为近8个月最高,上涨8.3%;非能源价格指数为110.7,为近4个月次高,上涨1.5%。其中,农产品、金属和矿产分别上涨1.6%和1.5%,仍为2021年10月和2022年11月以来低位;化肥与上月基本持平,为近6个月次高。**国际油价宽幅波动**。9月28日OPEC一揽子油价升至97.5美元/桶,创2022年10月以来新高,较8月末上涨10.2%;10月份以来油价有所回落,10月11日为89.9美元/桶,较8月末上涨1.6%。

(六)从政策环境看,美联储紧缩预期再度升温

美联储紧缩预期再度升温。美联储9月份议息会议纪要宣布政策利率维持不变,但释放了未来大概率将进一步加息的政策信号,并大幅调低

明年的降息预期。市场预计政策利率尚未见顶,并将在高位维持更长时间。**欧洲央行创纪录加息**。9月14日,欧洲央行连续第10次加息,加息幅度为25个基点,基准利率创1999年欧元诞生以来的最高水平,但会议声明传递出加息可能已经结束的态度。**日本央行继续维持宽松货币政策**。日本央行9月份金融政策会议决定,将继续维持当前的超宽松货币政策,并在有关未来政策的前瞻性方针中明确,如果必要将毫不犹豫地采取追加货币宽松措施。

二、主要经济体经济运行情况

(一)美国经济继续扩张

GDP保持较快增长。10月10日,亚特兰大联储预计美国三季度GDP环比折年率增速为5.1%。据此推算,三季度GDP同比增长3.0%,增速较上季度加快0.6个百分点;前三季度同比累计增长2.4%。10月10日,IMF将美国2023年经济增长预期从7月份预测值1.8%上调至2.1%。**工业生产小幅回升**。8月份,工业生产环比增长0.4%,连续两个月增长,同比增长0.6%,由负转正;制造业生产环比增长0.1%,连续两个月增长,同比下降0.6%,降幅收窄0.3个百分点;工业产能利用率较上月上升0.2个百分点至79.7%,连续两个月回升,为近4个月最高。**国内消费超预期增长**。8月份,零售额环比增长0.6%,增速较上月加快0.1个百分点,连续5个月增长,远超市场预期的0.2%;同比增长2.9%,加快0.9个百分点。**贸易逆差大幅收窄**。8月份,货物和服务出口额为2560.3亿美元,环比增长1.6%,同比下降2.1%;进口额为3143.3亿美元,环比下降0.7%,同比下降4.4%;贸易逆差较上月收窄64.2亿美元至583.0亿美元,为2020年9月以来最低。**通胀压力持续存在**。9月份,CPI同比上涨3.7%,涨幅与上月持平,高于市场预期的3.6%,保持近4个月最高;核心CPI上涨4.1%,回落0.2个百分点,创2021年9月以来新低;PPI上涨2.2%,扩大0.2个百分点,远超市场预期的1.6%,为近5个月最高。**劳动力市场表现强劲**。9月份,失业率为3.8%,与上月持平,保持2022年1月以来最高,但仍处于历史低位;新增非农就业人数33.6万人,远高于市场预期的17.0万人,较上月增加10.9万人。

(二)欧元区经济增长或将停滞

经济增长预期下调。9月份,欧洲央行预计欧元区三季度GDP环比增速为零,较6月份预测值下调0.3个百分点;英国共识公司预计同比增速为0.2%,与6月份预测值持平,为2021年一季度以来最低。10月10日,IMF将欧元区2023年经济增长预期从7月份预测值0.9%下调至0.7%。**制造业活动加速收缩,服务业活动继续收缩**。9月份,制造业PMI较上月回落0.1个百分点至43.4%,连续15个月低于荣枯线;服务业PMI回升0.8个百分点至48.7%,为2022年10月以来次低。**消费需求和信心同步转弱**。8月份,欧元区零售量同比下降2.1%,降幅较上月扩大1.1个百分点,连续11个月下降。9月份,消费者信心指数较上月下降1.8点至-17.8,创近6个月新低。**对外贸易收缩加剧**。7月份,货物出口额同比下降2.7%,为2021年1月以来次低,较上月由正转负;进口额下降18.1%,再创2020年5月以来新低,连续5个月负增长,降幅扩大1.9个百分点。**通胀有所降温**。9月份,CPI同比上涨4.3%,涨幅较上月回落0.9个百分点,创2021年10月以来新低;核心CPI上涨4.5%,回落0.8个百分点,创2022年8月以来新低。8月份,PPI同比下降11.5%,降幅较上月扩大3.9个百分点,创记录新低。**失业率保持记录最低**。8月份,失业率为6.4%,较上月回落0.1个百分点,保持记录最低;失业人数较上月减少10.7万人至1085.6万人,创记录新低。

(三)日本经济延续恢复势头

经济有望持续增长。日本经济研究中心9月份预测,日本三季度GDP环比增速为0.2%,较8月份预测值由负转正;同比增速为2.2%,较8月份预测值上调0.1个百分点;10月10日,IMF将日本2023年经济增长预期从7月份预测值1.4%上调至2.0%。**工业生产持续疲软**。8月份,工业生产环比持平,同比下降3.8%,降幅创2022年4月以来新低,较上月扩大1.5个百分点。**消费市场仍具韧性**。8月份,零售额同比增长7.0%,增速与上月持平,为2021年5月以来次高,连续18个月增长。**对外贸易持续下滑**。8月份,货物出口额同比下降0.8%,降幅较上月扩大0.5个百分点;进口额下降17.7%,创2020年8月以来新低,降幅扩大4.1个百分点,连续5个月负增长;贸易逆差较上月扩大8741亿日元至9378亿日元。**通胀小幅回落**。8月份,CPI同比上涨3.2%,涨幅较上月回落0.1个百分点,保持在2014年8月以来相对高位;PPI上涨3.2%,涨幅回落0.2个百分点,创2021年3月以来新低。**就业市场较为稳定。**8月份,失业率为2.7%,与上月持平,为近5个月最高;求人倍率持平于1.29,为近13个月最低。

(四)新兴经济体经济增长放缓

GDP增速预期多数回落。三季度,越南GDP同比增速(5.3%)较上季度加快1.2个百分点,连续两个季度加快。据国际机构预测,印度(6.7%)、俄罗斯(3.5%)和巴西(1.1%)三季度GDP较上季度分别回落1.1、1.4和2.3个百分点;墨西哥(3.5%)、印尼(5.0%)和中国台湾(1.1%)分别小幅回落0.1、0.2和0.3个百分点;韩国(0.9%)连续3个季度持平。**制造业活动继续扩张。**9月份,俄罗斯制造业PMI(54.5%)较上月回升1.8个百分点,连续两个月回升;印度(57.5%)和印尼(52.3%)分别回落1.1和1.6个百分点,仍处于相对高位;中国台湾(46.4%)和韩国(49.9%)分别回升2.1和1.0个百分点。**对外贸易略有好转。**9月份,韩国进出口贸易总额同比增速(-10.6%)连续11个月为负,降幅较上月收窄5.5个百分点,其中进口(-16.5%)收窄6.3个百分点,出口(-4.4%)收窄3.9个百分点;印度(-5.8%,8月)收窄10.8个百分点,创近5个月最大降幅;越南(4.0%)由负转正,结束连续6个月的负增长。**通胀继续升温。**9月份,韩国CPI同比涨幅(3.7%)较上月回升0.3个百分点;中国台湾(2.9%)回升0.4个百分点,连续3个月回升,为近8个月新高;越南(3.7%)回升0.7个百分点,为近7个月新高。在通胀压力较大的经济体中,土耳其(61.5%)较上月回升2.6个百分点,连续3个月回升,为近9个月新高。**失业率保持低位。**8月份,巴西失业率(7.8%)较上月回落0.1个百分点,创2015年2月以来新低;韩国(2.4%)回落0.4个百分点,创历史新低;墨西哥(3.0%)回落0.1个百分点;中国台湾(3.4%)、中国香港(2.8%)和俄罗斯(3.0%)均与上月持平,维持近期低位;印度(8.1%)回升0.3个百分点。

三、IMF对世界经济的最新判断

10月10日,IMF发布《世界经济展望》报告指出,目前全球经济正在从疫情的严重冲击中持续复苏,但复苏进程缓慢且不均衡。欧美等主要央行持续收紧货币政策对经济的滞后影响正在加剧显现,部分国家政府债务风险导致对经济的财政支持下降。报告预计,2023年全球经济增速为3.0%,与7月份预测值持平;2024年将回落至2.9%,较7月份预测值下调0.1个百分点。

表 世界及部分经济体2023—2024年GDP增速预期(%)

经济体	2022年GDP增速	2023年GDP增速 10月份预测值	2023年GDP增速 较7月份预测值变化	2024年GDP增速 10月份预测值	2024年GDP增速 较7月份预测值变化
世界	3.5	3.0	—	2.9	-0.1
美国	2.1	2.1	+0.3	1.5	+0.5
中国	3.0	5.0	-0.2	4.2	-0.3
日本	1.0	2.0	+0.6	1.0	—
欧元区	3.3	0.7	-0.2	1.2	-0.3
德国	1.8	-0.5	-0.2	0.9	-0.4
法国	2.5	1.0	+0.2	1.3	—
意大利	3.7	0.7	-0.4	0.7	-0.2
英国	4.1	0.5	+0.1	0.6	-0.4
印度	7.2	6.3	+0.2	6.3	—
俄罗斯	-2.1	2.2	+0.7	1.1	-0.2
巴西	2.9	3.1	+1.0	1.5	+0.3

数据来源:IMF《世界经济展望》(2023年10月)。

(执笔:释经组[①];成文于2023年10月)

---

① 成员:王青萍、石庆焱、石婷、李婧婧、郝悦、朱祎、王猛猛、赵宇欣。

货币紧缩效应逐步显现 世界经济下行压力明显加大

——2023年10月份世界经济形势分析

近期,全球高利率环境对经济的抑制作用逐渐显现。从主要领域看,全球贸易恢复动能偏弱,制造业活动持续收缩,服务业活动扩张接近停滞,金融市场波动加剧。从主要经济体看,美国经济韧性仍强但趋于降温,欧元区经济衰退风险上升,日本和主要新兴经济体经济延续温和修复态势。尽管世界经济景气度持续回升,但由于全球通胀水平仍处高位,发达经济体紧缩的货币政策短期内不会退出,叠加地缘政治动荡加剧,世界经济下行压力明显加大。

一、世界经济主要领域运行情况

(一) 从景气度看,世界经济景气度继续小幅回升

10月份,OECD监测的G20领先指标为100.37,较上月回升0.10点,连续12个月回升且连续4个月高于长期趋势线100,为2022年1月以来最高水平。

(二) 从需求端看,全球贸易增长乏力

10月份,IMF预测,2023年全球货物和服务贸易量增速将由上年的5.1%大幅回落至0.9%,较7月份预测值下调1.1个百分点;联合国贸发会议预测,2023年全球货物和服务贸易量增速为1.0%,远低于全球经济产出增速2.4%,且低于过去10年全球贸易平均增速。**先行指标显示全球贸易持续低迷**。10月份,S&P Global全球制造业PMI新出口订单指数较上月回落0.1个百分点至47.5%,连续20个月低于50%荣枯线。**航运需求仍显疲弱**。11月2日,波罗的海干散货指数(BDI)为1385,较9月末下降18.6%,为9月15日以来最低。10月27日当周,上海出口集装箱运价指数(SCFI)为1012.6,较9月末上涨14.2%,但仍为2020年7月以来低位。

(三)从供给端看,主要行业活动依旧低迷

全球制造业活动再度转弱。 10月份,S&P Global全球制造业PMI较上月回落0.4个百分点至48.8%,为近3个月最低,且连续14个月低于荣枯线。**服务业活动扩张疲软。** 10月份,全球服务业PMI较上月回落0.3个百分点至50.4%,连续5个月回落,为近9个月最低。

(四)从金融市场看,国际金融市场大幅波动

全球股市宽幅震荡。 截至11月8日,明晟全球股票指数较9月末上涨1.1%,其中,10月27日收盘价创3月份以来最低,较10月11日的月内高点下跌5.3%,10月27日至11月8日涨幅也达5.3%;明晟新兴市场股指较9月末微涨0.1%。**债市收益率冲高回落。** 美国十年期国债收益率于10月19日盘中升破5%重要关口,收于4.98%,创2007年7月以来新高,此后震荡回落,截至11月8日,较10月高点下跌49.0个基点,较9月末下跌10.0个基点,为9月22日以来最低;德国、英国十年期国债收益率较9月末分别下跌20.0和17.4个基点,日本上涨7.8个基点。**美元指数波动下行。** 截至11月8日,美元指数较9月末下跌0.6%,其中11月3日为105.05,创9月13日以来最低收盘价;主要货币兑美元中,欧元、英镑较9月末分别升值1.3%和0.7%,日元贬值1.1%;人民币汇率与9月末基本持平。

(五)从商品市场看,大宗商品价格止升回落

根据世行数据,10月份,国际大宗商品价格指数为113.4(2010年=100),为近9个月次高,环比下跌1.7%。能源价格指数为115.7,为近9个月次高,下跌1.8%;非能源价格指数为108.9,为2021年4月以来最低,下跌1.6%。其中,农产品、金属和矿产分别下跌1.5%和2.7%,为2021年9月和2022年10月以来最低;化肥上涨2.7%,为近8个月最高。**国际油价震荡下行。** 11月9日,OPEC一揽子油价跌至83.2美元/桶,为7月份以来最低,较9月末下跌13.6%。

(六)从政策环境看,美联储政策利率或已见顶

美联储政策利率或已见顶。 美联储11月份议息会议宣布维持政策

利率不变,保持近22年最高点。尽管鲍威尔表示重回加息不无可能,但市场倾向于认为加息已经结束,11月14日,芝加哥商品交易所"美联储观察"工具显示,12月份维持利率不变的概率为94.8%,2024年1月为90.8%。**欧洲央行暂缓加息**。10月26日,欧洲央行在连续10次加息后,宣布维持基准利率水平不变,但强调,地缘紧张局势增加了通胀前景的不确定性,未来将确保利率保持在足够高的限制性水平,以使通胀尽快回落到2%的中期目标。**日本央行调整重要政策工具**。10月31日,日本央行宣布维持超宽松货币政策不变,同时提高收益率曲线控制计划(YCC)政策灵活性,允许长期利率上限在一定程度上超过1%。日本央行否认此次调整与货币政策正常化有关,但市场预期,日本央行将不得不很快取消YCC,并于明年退出负利率政策。

二、主要经济体经济运行情况

(一)美国经济韧性仍强但趋于降温

GDP增速加快。三季度,美国GDP环比折年率增速为4.9%,较上季度加快2.8个百分点;同比增长2.9%,加快0.5个百分点,为2022年一季度以来最快增速。前三季度GDP同比累计增长2.3%。**工业生产继续改善**。9月份,工业生产环比增长0.3%,同比增长0.1%,均连续3个月增长;制造业生产环比增长0.4%,增速由负转正,同比下降0.9%,降幅与上月持平;工业产能利用率较上月上升0.2个百分点至79.7%,为近5个月最高。**国内消费保持强劲**。9月份,零售额环比增长0.7%,连续6个月增长,远超市场预期的0.3%;同比增长3.4%,增速与上月持平,保持近7个月最快增速。**对外贸易有所好转**。9月份,货物和服务出口额为2611.1亿美元,为2022年8月以来最高水平,环比增长2.2%,同比增长0.5%;进口额为3226.6亿美元,为2月份以来最高水平,环比增长2.7%,同比下降2.7%;贸易逆差较上月扩大28.9亿美元至615.4亿美元,为3月份以来次低。**通胀超预期回落**。10月份,CPI同比上涨3.2%,涨幅较上月回落0.5个百分点,低于市场预期的3.3%,为近4个月最低;核心CPI上涨4.0%,回落0.1个百分点,为2021年5月以来最低;PPI上涨1.3%,回落0.9个百分点,低于市场预期的1.9%。**劳动力市场有所降温**。10月份,失业率为3.9%,较上月上升0.1个百分点,为

2022年1月以来最高水平;新增非农就业人数为15.0万人,低于市场预期的18.0万人,较上月减少14.7万人。**经济衰退信号萨姆法则即将触发**。萨姆法则是指当失业率的3个月移动平均值相对于过去12个月的低点上升0.5个百分点及以上,标志着美国进入经济衰退的早期阶段。10月份,美国失业率3个月移动平均值为3.83%,较1月份的3.4%上升0.43个百分点,已接近触发萨姆法则的阈值。如果失业率从11月份开始维持在3.9%及以上,萨姆法则将从12月份开始触发。

(二)欧元区经济衰退风险加大

经济时隔3年首现负增长。三季度,欧元区GDP环比增速为-0.1%,为2020年二季度以来首现负增长;同比增速为0.1%,较上季度回落0.4个百分点,为2021年一季度以来最低。**制造业活动继续收缩,服务业活动进一步走弱**。10月份,制造业PMI较上月回落0.3个百分点至43.1%,为2020年5月以来次低,连续16个月低于荣枯线;服务业PMI回落0.9个百分点至47.8%,为2022年2月以来最低,连续3个月低于荣枯线。**消费者信心持续低迷**。9月份,零售量同比下降2.9%,降幅较上月扩大1.1个百分点,连续12个月下降。10月份,消费者信心指数较上月下降0.1点至-17.9,为近7个月最低。**对外贸易加速下滑**。8月份,货物出口额同比下降3.9%,降幅较上月扩大1.0个百分点,创2021年1月以来新低;进口额下降24.6%,降幅扩大6.3个百分点,连续6个月负增长,再创2020年5月以来新低。**通胀超预期放缓**。10月份,CPI同比上涨2.9%,涨幅较上月回落1.4个百分点,创2021年7月以来新低,且显著低于4.0%的市场预期;核心CPI上涨4.2%,回落0.3个百分点,创2022年7月以来新低。9月份,PPI同比下降12.4%,降幅较上月扩大0.9个百分点,再创记录新低。**劳动力市场仍显紧张**。9月份,失业率为6.5%,较上月回升0.1个百分点,为记录次低;失业人数增加6.9万人至1101.7万人,为记录低位。

(三)日本经济温和复苏

工业生产更趋疲弱。9月份,日本工业生产同比下降4.6%,再创2022年4月以来新低,降幅较上月扩大0.2个百分点,连续3个月下降。**消费市场保持较快增长**。9月份,零售额同比增长5.8%,增速较上月回落1.2个百分点,为近7个月次高,连续19个月增长。**对外贸易重回顺**

差。9月份,货物出口额同比增长4.3%,较上月由负转正;进口额下降16.4%,为2020年9月以来次低,连续6个月负增长;贸易转为顺差721亿日元。**通胀压力依然较大**。9月份,CPI同比上涨3.0%,涨幅较上月回落0.2个百分点,仍保持2014年9月以来相对高位;PPI上涨2.0%,涨幅回落1.3个百分点,再创2021年3月以来新低。**多数行业用人需求仍相对低迷**。9月份,失业率为2.6%,较上月回落0.1个百分点;求人倍率连续3个月持平于1.29,为近14个月最低。

(四)新兴经济体经济缓慢修复

部分经济体GDP增速加快。三季度,韩国GDP同比增速(1.4%)较上季度加快0.5个百分点,为2022年三季度以来最高;新加坡(0.7%)加快0.2个百分点,连续两个季度加快但仍处于相对低位;越南(5.3%)加快1.2个百分点,连续两个季度加快,为近3个季度新高;墨西哥(3.3%)、印尼(4.9%)分别回落0.3和0.2个百分点。**制造业活动整体减弱**。10月份,印度制造业PMI(55.5%)较上月回落2.0个百分点,连续两个月回落,创2月份以来新低;俄罗斯(53.8%)、印尼(51.5%)分别回落0.7和0.8个百分点,持续扩张;巴西(48.6%)、越南(49.6%)分别回落0.4和0.1个百分点,均连续两个月收缩;墨西哥(52.1%)重回扩张区间。**对外贸易继续好转**。10月份,韩国进出口贸易总额同比增速(-2.7%)降幅较上月收窄7.9个百分点,其中进口(-9.7%)收窄6.8个百分点,连续3个月收窄,出口(5.1%)自2022年9月以来首次转正;中国台湾(-3.8%,9月)收窄11.0个百分点,连续3个月收窄,其中出口(3.5%)为2022年8月以来首次转正;土耳其(3.9%)增速由负转正;越南(5.7%)加快4.1个百分点,连续两个月正增长。**通胀水平小幅波动**。10月份,韩国CPI同比涨幅(3.8%)较上月回升0.1个百分点,连续3个月回升;越南(3.6%)回落0.1个百分点;泰国(-0.3%)由正转负。在通胀压力较大的经济体中,土耳其(61.4%)较上月小幅回落0.1个百分点,仍处于近期相对高位。**劳动力市场继续改善**。9月份,印度失业率(7.1%)较上月回落1.0个百分点,为1月份以来最低;巴西(7.7%)回落0.1个百分点,再创2015年2月以来新低;墨西哥(2.9%)回落0.1个百分点,为近3个月最低;中国台湾(3.4%)连续3个月持平;韩国(2.6%)回升0.2个百分点,仍处于相对低位。

三、国际机构对世界经济的最新判断

根据英国共识公司 10 月份《国际经济调查与预测》,2023 年全球经济增速最新预测值为 2.4%,为年内最高预测值;2024 年增速预期为 2.1%。**全球通胀预期小幅上调。**2023 年全球通胀最新预测值为 5.5%,较年初预测值上调 0.3 个百分点;2024 年通胀预期为 3.9%,较年初预测值上调 0.6 个百分点,全球通胀粘性较强,回落缓慢。

表 世界及主要经济体 2023—2024 年 GDP 增速预期(%)

经济体	2022 年 GDP 增速	2023 年 GDP 增速 10 月份预测值	较 9 月份预测值变化	2024 年 GDP 增速 10 月份预测值	较 9 月份预测值变化
世　界	2.9	2.4	—	2.1	—
美　国	1.9	2.2	+0.1	0.9	+0.1
中　国	3.0	5.0	—	4.4	-0.1
日　本	1.0	1.9	+0.1	0.9	—
欧元区	3.3	0.5	—	0.6	-0.1
德　国	1.8	-0.4	—	0.5	-0.1
法　国	2.5	0.8	—	0.8	—
意大利	3.7	0.7	-0.1	0.6	-0.1
印　度	7.2	6.3	+0.2	6.2	-0.1
英　国	4.1	0.4	+0.1	0.3	-0.1
俄罗斯	-2.1	1.7	+0.3	1.4	-0.1
巴　西	2.9	3.0	+0.1	1.6	—

数据来源:英国共识公司《国际经济调查与预测》(2023 年 10 月)。

(执笔:释经组[①];成文于 2023 年 11 月)

---

① 成员:王青萍、石庆焱、石婷、李婧婧、郝悦、朱祎、王猛猛、赵宇欣。

主要经济体增长动能不足 世界经济前景依然低迷

——2023年11月份世界经济形势分析

近期,全球通胀压力逐步缓解,美欧等主要经济体加息基本进入尾声,全球贸易边际改善,制造业和服务业活动略有好转,但世界经济增长仍显疲弱。从主要经济体看,美国经济增长势头减弱,欧元区增长动能不足,新兴经济体恢复仍然较为缓慢。11月29日,OECD发布最新《经济展望》报告表示,全球经济将继续面临通胀和低增长前景的挑战,虽然经济展现出一定韧性,但在地缘冲突加剧叠加利率持续高位等风险冲击下,经济增长前景趋弱,2023年全球经济增速预期下调0.1个百分点至2.9%,受高利率政策环境、贸易增长疲软以及企业和消费者信心下降等因素影响,2024年将放缓至2.7%。

一、世界经济主要领域运行情况

(一)从景气度看,世界经济景气度延续缓慢回升势头

11月份,OECD监测的G20领先指标为100.41,较上月回升0.10点,连续13个月回升且连续4个月高于长期趋势线100,为2022年以来最高水平。

(二)从需求端看,全球贸易边际改善

11月份,WTO发布最新一期货物贸易晴雨表指数为100.7,较8月份回升1.6点,为近5个季度首次升至长期趋势线100以上,表明四季度全球货物贸易逐步改善,但由于全球需求仍然较弱、地缘政治紧张局势加剧,部分成分指数如集装箱航运、出口订单、原材料等延续萎缩态势。**先行指标显示全球贸易缓慢恢复。**11月份,S&P Global 全球制造业 PMI 新出口订单指数较上月回升0.6个百分点至48.1%,仍处于收缩区间,但为近7个月最高。**航运市场走势分化**。受巴拿马运河持续干旱等因素影响,波罗的海干散货指数(BDI)大幅上涨,11月30日为2937,较10月末上涨101.3%,为2022年5月以来最高。11月30日当周,上海出口集装箱运价指数(SCFI)为993.2,较10月末下跌1.9%,重回1000点以下,为近5周新低。

(三)从供给端看,主要行业活动略有好转

全球制造业景气小幅回升。11月份,S&P Global全球制造业PMI较上月回升0.5个百分点至49.3%,为近6个月最高,且连续15个月低于荣枯线。**服务业活动扩张略有加快**。11月份,全球服务业PMI较上月回升0.2个百分点至50.6%,结束此前连续5个月的回落态势。

(四)从金融市场看,风险情绪再度升温

全球股市大幅反弹。截至12月8日,明晟全球股票指数较10月末上涨8.6%,创8月份以来最高收盘价;明晟新兴市场股指上涨5.0%。**债市收益率走低**。截至12月8日,美国十年期国债收益率较10月末下跌65.0个基点,其中12月6日为9月份以来最低收盘价;德国、英国、日本十年期国债收益率较10月末分别下跌54.0、45.0和16.1个基点。**美元指数大幅下跌**。截至12月8日,美元指数较10月末下跌2.6%,其中11月28日收于102.7309,为8月10日以来最低收盘价;主要货币兑美元中,欧元、英镑、日元较10月末分别升值1.8%、3.3%和4.6%;人民币汇率微升0.9%,其中12月6日收于7.1176,创6月5日以来最高收盘价。

(五)从商品市场看,大宗商品价格涨跌互现

根据世行数据,11月份,国际大宗商品价格指数为107.1(2010年=100),为近4个月最低,环比下跌5.1%。能源价格指数为106.2,为近4个月最低,下跌8.2%;非能源价格指数为109.0,为近6个月次高,上涨1.7%。其中,农产品环比上涨1.6%,为近6个月次高;金属和矿产上涨2.7%,但仍处于相对低位;化肥下跌2.9%,为近4个月最低。**国际油价震荡走低**。12月4日,OPEC一揽子油价为近5个月首次跌破80美元/桶,12月6日跌至78.3美元/桶,创7月份以来新低,较10月末下跌13.0%。

(六)从政策环境看,美欧央行加息进入尾声

美联储加息周期进入尾声。12月13日,美联储发布议息会议决议声明,认为美国经济增长势头放缓、通胀正在缓解,因此维持政策利率5.25%—5.50%不变,已连续三次暂停加息。市场预计后续继续加息的可能性不大。同时,"点阵图"预示明年降息三次累计75个基点。12月13日,芝加哥商品交易所"美联储观察"工具显示,2024年1月维持利率不变的概率降至89.7%,降息25个基点的概率升至10.3%。**欧元区此轮加息基本结束**。近日,多位欧洲央行官员表态,认为加息周期大概率已经结束,但欧洲央行应该对紧缩环境的持续时间"保持耐心",不宜过早宣布战胜通胀。**日本央行正在研究退出宽松货币政策的推进方式**。日本央行行长就持续实现2%这一通胀目标表示退出负利率的"可能性逐渐上升",将根据2024年春季劳资谈判和个人消费动向等,最早于2024年上半年决定是否退出负利率。

二、主要经济体经济运行情况

(一)美国经济增长势头减弱

四季度经济增长减速。12月7日,亚特兰大联储预计美国四季度GDP环比折年率增速为1.2%。据此推算,四季度GDP环比增长0.3%;同比增长2.7%,增速较上季度回落0.3个百分点;2023年全年增长2.5%。**工业生产下滑**。10月份,工业生产环比下降0.6%,增速较上月由正转负,同比下降0.8%,连续两个月负增长;制造业生产环比下降0.7%,增速由正转负,同比下降1.7%,为近6个月最大降幅;工业产能利用率78.9%,较上月下降0.6个百分点,为年内最低。**国内消费增速放缓**。10月份,零售额环比下降0.1%,增速为近7个月首次由正转负;同比增长2.7%,增速较上月回落1.1个百分点,为近3个月最低。**贸易逆差小幅扩大**。10月份,货物和服务出口额为2587.9亿美元,环比下降1.0%,同比增长1.3%,为2022年9月以来次高;进口额为3230.5亿美元,环比增长0.2%,同比下降3.2%,为2023年2月以来次高;贸易逆差较上月扩大31.1亿美元至642.6亿美元,为近3个月最高。**通胀趋于回落**。11月份,CPI同比上涨3.1%,涨幅较上月回落0.1个百分点,为近5个月最低;核心CPI上涨4.0%,与上月持平,为2021年5月以来最低;

PPI上涨0.9%,回落0.3个百分点,为近5个月最低。**就业超预期反弹**。11月份,失业率为3.7%,较上月回落0.2个百分点,为近4个月最低;新增非农就业人口19.9万人,高于市场预期的18.3万人。

(二)欧元区经济增长动能不足

经济预期低速增长。11月15日,欧盟委员会发布《秋季经济展望》,预计欧元区四季度GDP环比增长0.2%,较上季度由负转正,同比增长0.6%,增速加快0.6个百分点。**制造业、服务业活动收缩放缓**。11月份,制造业PMI较上月回升1.1个百分点至44.2%,为近6个月最高,但仍连续17个月处于收缩区间;服务业PMI回升0.9个百分点至48.7%,为近4个月最高。**消费市场边际改善**。10月份,零售量同比下降1.2%,连续13个月下降,较上月收窄1.7个百分点,为近3个月最小降幅。11月份,消费者信心指数较上月上升0.9点至-16.9,为近3个月最高。**对外贸易延续收缩态势**。9月份,货物出口额同比下降9.4%,降幅较上月扩大5.0个百分点,创2020年8月以来新低;进口额下降23.9%,降幅收窄0.7个百分点,为2020年5月以来次低。**通胀持续放缓**。11月份,CPI同比上涨2.4%,涨幅较上月回落0.5个百分点,再创2021年7月以来新低,且低于2.7%的市场预期;核心CPI上涨3.6%,回落0.6个百分点,创2022年4月以来新低。10月份,PPI同比下降9.4%,降幅较上月收窄3.0个百分点,为近3个月最小降幅。**劳动力市场现降温迹象**。10月份,失业率为6.5%,连续3个月持平,保持记录最低;失业人数增加2.0万人至1112.0万人,连续两个月增加,为近8个月次高。

(三)日本经济温和扩张

经济预期温和增长。11月28日,日本经济研究中心预测,日本四季度GDP环比增速为0.5%,较上季度由负转正;同比增速为2.0%,加快0.5个百分点。**工业生产有所好转**。10月份,工业生产同比增长0.9%,结束此前连续3个月的负增长;环比增长1.0%,连续两个月正增长。**消费市场略有降温**。10月份,零售额同比增长4.2%,增速较上月回落2.0个百分点,为近10个月最低。**出口增长放缓,进口持续下滑**。10月份,货物出口额同比增长1.6%,增速较上月回落2.7个百分点;进口额下降12.5%,连续6个月两位数负增长;贸易差额重回逆差,为6610亿日元。**通胀水平再度抬升**。10月份,CPI同比上涨3.3%,涨幅较上月扩大0.3

个百分点,为近6个月最高;PPI上涨0.8%,涨幅回落1.4个百分点,为2021年2月以来最低。**劳动力供给仍然紧张**。10月份,失业率为2.5%,较上月回落0.1个百分点,为近9个月最低;求人倍率微升0.01至1.30,为近14个月次低。

(四)新兴经济体经济继续修复

制造业活动小幅改善。11月份,印度(56.0%)、菲律宾(52.7%)和印尼(51.7%)制造业PMI较上月分别回升0.5、0.3和0.2个百分点;墨西哥(52.5%)回升0.4个百分点,为2019年3月以来次高;韩国(50.0%)回升0.2个百分点,结束了自2022年7月以来的收缩态势;俄罗斯(53.8%)与上月持平,连续19个月扩张;巴西(49.4%)回升0.8个百分点,为2020年11月以来次高。**对外贸易持续收缩**。11月份,韩国进出口贸易总额同比增速(-2.5%)降幅较上月收窄0.2个百分点,连续4个月收窄,其中进口(-11.6%)降幅扩大2.0个百分点,出口(7.8%)增速加快2.7个百分点,连续两个月为正,为2022年7月以来最高;印度(10.2%,10月)和墨西哥(3.7%,10月)分别为1月份和5月份以来首次转正;土耳其(-1.1%)由正转负。**通胀水平维持相对低位**。11月份,韩国CPI同比涨幅(3.3%)较上月回落0.5个百分点,为近3个月最低;越南(3.5%)回落0.1个百分点,连续两个月回落;菲律宾(4.1%)回落0.8个百分点,为2022年3月以来最低;印尼(2.9%)回升0.3个百分点,连续两个月回升。**失业率延续回落态势**。10月份,韩国失业率(2.5%)较上月回落0.1个百分点;俄罗斯(2.9%)、墨西哥(2.7%)分别回落0.1和0.2个百分点,均连续3个月回落;巴西(7.6%)回落0.1个百分点,连续7个月回落,再创2015年2月以来新低。

三、OECD对世界经济的最新判断

11月29日,OECD发布最新《经济展望》报告表示,尽管全球经济硬着陆风险正在减小,但仍面临持续的通胀挑战,经济增长前景趋弱。**全球经济增速温和放缓**。2023年全球经济增速预期为2.9%,2024年放缓至2.7%,低于2013—2019年3.4%的历史平均水平。**主要经济体通胀持续回落**。G20通胀水平预计从2023年的6.2%降至2024年的5.8%,美国和欧元区预计分别从3.9%和5.5%降至2.8%和2.9%,日本预计从

3.2%降至2.6%,印度预计从6.1%降至5.3%。

表 世界及主要经济体2023—2024年GDP增速预期(%)

经济体	2022年GDP增速	2023年GDP增速 11月份预测值	2023年GDP增速 较9月份预测值变化	2024年GDP增速 11月份预测值	2024年GDP增速 较9月份预测值变化
世界	3.3	2.9	-0.1	2.7	—
美国	1.9	2.4	+0.2	1.5	+0.2
中国	3.0	5.2	+0.1	4.7	+0.1
日本	0.9	1.7	-0.1	1.0	
欧元区	3.4	0.6	—	0.9	-0.2
德国	1.9	-0.1	+0.1	0.6	-0.3
法国	2.5	0.9	-0.1	0.8	-0.4
意大利	3.9	0.7	-0.1	0.7	-0.1
印度	7.2	6.3	—	6.1	+0.1
英国	4.3	0.5	+0.2	0.7	-0.1
巴西	3.0	3.0	-0.2	1.8	+0.1

数据来源:OECD《经济展望》报告(2023年11月)。

(执笔:释经组①;成文于2023年12月)

---

① 成员:王青萍、石庆焱、石婷、李婧婧、郝悦、朱祎、王猛猛、赵宇欣。

世界经济增速持续放缓 复苏前景面临多重挑战

——2023年12月份世界经济形势分析

近期,虽然全球通胀压力逐步缓解、服务业活动继续改善,但需求疲弱、贸易限制措施增加等因素导致全球贸易活动和制造业生产活动持续低迷,世界经济增长动能趋弱。展望2024年,随着紧缩货币政策的滞后效应显现,全球经济增长动能将进一步减弱,复苏前景面临多重挑战。1月9日,世界银行发布《全球经济展望》报告表示,受货币政策紧缩、信贷条件受限、全球贸易投资疲软等因素影响,2024年世界经济增速预期将由2023年的2.6%放缓至2.4%,连续第三年放缓,地缘冲突升级、贸易长期疲软、金融条件偏紧以及极端天气灾害将对全球经济增长构成严峻挑战。

一、世界经济主要领域运行情况

(一)从需求端看,全球贸易活动持续低迷

1月9日,世界银行《全球经济展望》报告预测,2023年全球货物和服务贸易量较上年仅增长0.2%,2024年将增长2.3%,均远低于2010—2019年4.6%的平均增速。**先行指标显示全球贸易恢复乏力**。2023年12月,S&P Global全球制造业PMI新出口订单指数为48.0%,较上月回落0.1个百分点,连续22个月处于收缩区间。**地缘紧张局势导致航运价格大幅波动**。受红海紧张局势等因素影响,波罗的海干散货指数(BDI)冲高回落,2023年12月4日升至2022年5月以来最高的3346点,1月3日回落至2091点,较11月末下跌28.8%。12月29日当周,上海出口集装箱运价指数(SCFI)为1759.6,创2022年10月以来新高,单周上涨

40.2%,较11月末上涨77.2%。

(二)从供给端看,主要行业景气度分化加大

全球制造业景气再度下滑。2023年12月,S&P Global全球制造业PMI较上月回落0.3个百分点至49.0%,连续16个月低于荣枯线。**服务业活动扩张继续加快**。12月份,全球服务业PMI较上月回升1.0个百分点至51.6%,连续两个月回升,为近5个月最高。

(三)从金融市场看,市场情绪继续改善

全球股市多数上行。受美联储降息预期增强影响,截至1月5日,明晟全球股票指数较2023年11月末上涨2.6%,其中2023年12月28日创2022年1月以来最高收盘价;明晟新兴市场股指上涨1.4%。**债市收益率延续下行**。截至1月5日,美国十年期国债收益率较2023年11月末下跌32.0个基点,其中12月27日收于3.79%,为7月份以来最低;德国、英国和日本十年期国债收益率较11月末分别下跌26.0、38.3、5.7个基点。**美元指数再度下跌**。截至1月5日,美元指数较2023年11月末下跌1.0%,其中12月27日收于100.9438,为2023年7月20日以来最低收盘价。主要货币兑美元中,欧元、英镑和日元分别升值0.5%、0.7%和2.5%;人民币汇率与11月末持平,其中1月2日收于7.0770,为2023年5月29日以来最高收盘价。

(四)从商品市场看,大宗商品价格延续下跌态势

根据世界银行数据,2023年12月,国际大宗商品价格指数为102.0(2010年=100),为近6个月最低,环比下跌4.8%。能源价格指数为99.5,创近6个月新低,下跌6.3%;非能源价格指数为107.2,为2021年3月以来最低,下跌1.6%。其中,农产品环比下跌1.2%,为近4个月最低;化肥下跌24.0%,为2021年5月以来最低;金属和矿产上涨1.2%,为近8个月最高。**国际油价触底反弹**。12月13日,OPEC一揽子油价跌至73.9美元/桶,创2023年6月13日以来新低,12月27日回升至81.8美元/桶,但仍较11月末下跌3.7%。

(五)从政策环境看,全球加息周期基本结束

美联储加息周期基本结束。2023年12月,美联储释放降息信号,市场对美联储降息预期升温,但随着美国12月份非农就业人数增速加快、工资涨幅超预期,市场降息预期有所降温。1月5日,芝加哥商品交易所

"美联储观察"工具显示,美联储 1 月份维持利率不变的概率升至97.4%,3 月份降息 25 个基点的概率从 60.4%降至 53.8%。**欧洲央行对降息持审慎态度**。12 月 14 日,欧洲央行货币政策会议决定继续维持利率水平不变,但将加快缩减资产负债表,欧洲央行表示本次会议没有讨论降息,暗示只有在工资上涨压力缓解时才可能下调欧元区利率。**日本央行退出宽松货币政策时间渐近**。12 月末,日本央行货币政策决议宣布保持宽松货币政策不变,但央行行长及多位委员在公开场合多次提及结束负利率的潜在益处。市场普遍认为日本央行政策转向渐近,但具体时间点有待进一步观察。

二、主要经济体经济运行情况

(一)美国经济增速预期放缓

GDP 增速放缓。1 月 9 日,亚特兰大联储预计美国 2023 年四季度 GDP 环比折年率增速为 2.2%,较三季度回落 2.7 个百分点。据此推算,四季度 GDP 同比增长 2.8%,增速回落 0.1 个百分点;2023 年全年增长 2.5%。1 月份,世界银行预测,2024 年美国经济增速为 1.6%,较 2023 年回落 0.9 个百分点。**工业生产有所改善**。2023 年 11 月,工业生产环比增长 0.2%,增速较上月由负转正,同比下降 0.4%,降幅收窄 0.6 个百分点;制造业生产环比增长 0.3%,增速由负转正,同比下降 0.7%,为近 7 个月最小降幅;工业产能利用率为 78.8%,较上月回升 0.1 个百分点,为年内次低水平。**国内消费较快增长**。11 月份,零售额环比增长 0.3%,增速较上月由负转正;同比增长 4.2%,加快 1.8 个百分点,为近 9 个月最高水平。**贸易逆差小幅收窄**。11 月份,货物和服务出口额为 2537.4 亿美元,为近 4 个月最低水平,环比下降 1.9%,同比增长 0.4%;进口额为 3169.4 亿美元,为近 7 个月次高,环比下降 1.9%,同比增长 0.1%;贸易逆差较上月收窄 12.8 亿美元至 632.1 亿美元,为近 4 个月次高。**核心通胀延续回落态势**。12 月份,CPI 同比上涨 3.4%,涨幅较上月扩大 0.3 个百分点;核心 CPI 上涨 3.9%,回落 0.1 个百分点,创 2021 年 5 月以来新低;PPI 上涨 1.0%,扩大 0.2 个百分点,为近 6 个月次低。**劳动力市场仍具韧性**。12 月份,失业率为 3.7%,与上月持平;新增非农就业人口为 21.6 万人,高于市场预期的 17.5 万人,较上月增加 4.3 万人。11 月份,非农职位空缺数为879.0万人,较上月减少6.2万人。

(二)欧元区经济增长疲弱

经济增速预期保持低位。2023年12月28日,欧洲央行发布《宏观经济展望》报告,预计欧元区四季度GDP环比增长0.1%;12月份,英国共识公司预测,欧元区四季度GDP同比增长0.1%。欧洲央行预测,2024年欧元区经济增速为0.8%,较2023年加快0.2个百分点。**制造业、服务业活动改善有限**。12月份,制造业PMI较上月回升0.2个百分点至44.4%,为近7个月最高,但仍连续18个月处于收缩区间;服务业PMI回升0.1个百分点至48.8%,为近5个月最高。**消费市场持续低迷**。11月份,零售量同比下降1.1%,连续14个月下降,降幅较上月扩大0.3个百分点。**对外贸易收缩放缓**。10月份,货物出口额同比下降2.4%,较上月收窄7.2个百分点,为近4个月最小降幅;进口额下降16.3%,收窄7.7个百分点,为近4个月最小降幅。**通胀有所反弹**。12月份,CPI同比上涨2.9%,涨幅较上月回升0.5个百分点,为2021年7月以来次低;核心CPI上涨3.4%,回落0.2个百分点,创2022年3月以来新低。11月份,PPI同比下降8.8%,较上月收窄0.6个百分点,为近4个月最小降幅。**劳动力市场依然紧张**。11月份,失业率较上月回落0.1个百分点至6.4%,为记录最低;失业人数减少9.9万人至1097.0万人,为近5个月最低。

(三)日本经济稳步恢复

经济延续温和增长。2023年12月11日,日本经济研究中心预测,日本四季度GDP环比增长0.4%,增速较三季度由负转正,同比增长1.8%,增速加快0.3个百分点;2023年增速为2.0%,2024年将放缓至0.6%。**工业生产仍显低迷**。11月份,工业生产同比下降1.4%,增速较上月由正转负;环比下降0.9%。**消费市场保持活跃**。11月份,零售额同比增长5.3%,增速较上月扩大1.2个百分点,为2021年6月以来相对高位。**对外贸易再度恶化**。11月份,货物出口额同比下降0.2%,增速较上月由正转负;进口额下降11.9%,连续7个月两位数负增长;贸易逆差扩大至7804亿日元。**高通胀逐步降温**。11月份,CPI同比上涨2.8%,涨幅较上月回落0.5个百分点,为2022年7月以来最低;PPI上涨0.3%,回落0.6个百分点,创2021年2月以来新低。**劳动力供需缺口仍然较大**。11月份,失业率为2.5%,与上月持平,为近10个月最低;求人倍率回落

0.02 至 1.28,为 2022 年 5 月以来最低。

(四)新兴经济体经济继续修复

GDP 增速继续分化。2023 年四季度,越南 GDP 同比增速(6.7%)较上季度加快 1.3 个百分点,2023 年全年增长 5.1%;新加坡(2.8%)加快 1.8 个百分点,全年增长 1.2%。据英国共识公司预测,四季度,印度(6.2%)和俄罗斯(3.6%)GDP 同比增速较上季度分别回落 1.4 和 1.9 个百分点,全年增长 6.4 和 2.7%;墨西哥(2.7%)回落 0.6 个百分点,为 2021 年四季度以来最低,全年增长 3.5%;韩国(2.1%)、巴西(2.4%)、中国香港(5.7%)和中国台湾(4.1%)分别加快 0.7、0.4、1.6 和 1.8 个百分点,全年增长 1.4%、3.1%、3.6% 和 0.9%;印尼(4.9%)与上季度持平,全年增长 5.1%。**制造业活动扩张放缓**。12 月份,印度制造业 PMI(54.9%)较上月回落 1.1 个百分点,为 2022 年 6 月以来最低;中国台湾(47.1%)和巴西(48.4%)分别回落 1.2 和 1.0 个百分点,为近 3 个月和近 5 个月最低;墨西哥(52.0%)、菲律宾(51.5%)和韩国(49.9%)分别回落 0.5、1.2 和 0.1 个百分点。**对外贸易持续疲软**。12 月份,韩国进出口贸易总额同比增速(-3.2%)降幅较上月扩大 0.6 个百分点,其中进口(-10.8%)降幅收窄 0.8 个百分点,出口(5.1%)增速回落 2.6 个百分点,但连续 3 个月为正;巴西(-0.3%)收窄 5.0 个百分点,为 6 月份以来最小降幅;印度(-3.8%,11 月)由正转负,进出口均转为负增长;俄罗斯(-18.5%,10 月)扩大 11.0 个百分点,为 6 月份以来最低增速;土耳其(-6.1%)扩大 4.7 个百分点。**通胀水平较为稳定**。12 月份,韩国 CPI 同比涨幅(3.2%)较上月回落 0.1 个百分点,连续两个月回落,为近 5 个月最低;中国台湾(2.7%)回落 0.2 个百分点,连续两个月回落;越南(3.6%)回升 0.1 个百分点。在通胀压力较大的经济体中,土耳其(64.8%)回升 2.8 个百分点,为 2022 年 11 月以来最高。**失业率整体回落**。11 月份,韩国失业率(2.8%)较上月回升 0.3 个百分点;俄罗斯(2.9%)、墨西哥(2.7%)、中国台湾(3.4%)、中国香港(2.9%)均与上月持平;巴西(7.5%)回落 0.1 个百分点,连续 8 个月回落,为 2015 年 1 月以来最低;印度(8.7%,12 月)回落 0.2 个百分点,连续两个月回落。

三、世界银行对世界经济增速的最新判断

1月9日,世界银行发布最新《全球经济展望》报告,预计2024年全球经济增速由2023年的2.6%回落至2.4%,连续第三年放缓,2020—2024年平均增速2.2%,为近30年最疲弱的时期。

表　世界及主要经济体2021—2024年GDP增速及预期(%)

经济体	2021年	2022年	2023年估计值	2024年预测值
世界	6.2	3.0	2.6	2.4
发达经济体	5.5	2.5	1.5	1.2
美国	5.8	1.9	2.5	1.6
欧元区	5.9	3.4	0.4	0.7
日本	2.6	1.0	1.8	0.9
新兴和发展中经济体	7.0	3.7	4.0	3.9
中国	8.4	3.0	5.2	4.5
印度	9.1	7.2	6.3	6.4
俄罗斯	5.6	-2.1	2.6	1.3
巴西	5.0	2.9	3.1	1.5

数据来源:世界银行《全球经济展望》报告(2024年1月)。

(执笔:释经组[①];成文于2024年1月)

[①] 成员:付凌晖、石庆焱、石婷、李婧婧、郝悦、朱祎、王猛猛、赵宇欣。

二 世界经济形势回顾与展望

全球经济蹒跚前行 复苏前景仍面临多重风险挑战

——2023年世界经济形势回顾及2024年展望

2023年,受地缘政治冲突、高通胀、货币政策紧缩等因素影响,世界经济增速温和放缓。国际货币基金组织(IMF)预测,世界经济增速从2022年的3.5%回落至3.1%。主要经济体货币政策紧缩对经济的滞后影响正在显现,通胀压力有所缓解,但金融市场脆弱性加大,生产活动及国际贸易持续低迷,发达经济体经济走势有所分化,新兴和发展中经济体经济逐步修复,全球经济复苏进程呈现缓慢且不均衡态势。展望2024年,世界经济将继续面临高通胀、高债务、低增长前景的挑战,叠加地缘冲突、极端天气等风险冲击下,经济增长前景仍不容乐观。IMF预计,2024年世界经济增速将持平于3.1%,低于2000—2019年3.8%的平均水平。

一、世界经济主要领域运行情况

(一)从需求端看,全球贸易活动持续低迷

2023年,受全球紧缩货币政策导致需求疲弱,叠加贸易限制措施增加、地缘冲突加剧等负面因素影响,全球贸易持续低迷。从贸易额看,联合国贸发会议(UNCTAD)2023年12月发布《全球贸易趋势》报告预测,2023年全球货物和服务贸易额较上年缩减1.5万亿美元至31万亿美元,下降5.0%。从贸易量看,国际货币基金组织(IMF)2024年1月发布《世界经济展望》预测,2023年全球货物和服务贸易量仅增长0.4%,增速较上年大幅回落4.8个百分点。**月度及先行指标显示全球贸易恢复动能不足**。据荷兰经济政策分析局数据,2023年,全球货物贸易量较上年下降1.9%，自4月份以来月度同比增速持续为负，且维持在2020年8月以来低位。据S&P Global数据，全球制造业PMI新出口订单指数全年持续处于收缩区间，12月份为48.1%，保持在2020年7月以来低位。**货运需求持续疲弱，极端气候及地缘冲突致货运价格年末冲至高位**。受需求疲弱影响，波罗的海干散货指数（BDI）和上海出口集装箱运价指数（SCFI）前三季度持续低迷，2月16日BDI跌至530，为有记录以来最低，此后持续在1200—1600区间低位徘徊；SCFI持续低于1100。四季度，由于红海紧张局势加剧、巴拿马运河干旱导致航运通道阻塞，航运距离和成本大幅增加，BDI和SCFI纷纷冲至高位，12月4日BDI升至3346点，创2022年5月以来新高；12月29日当周SCFI为1759.6，创2022年10月以来新高，均较三季度末上涨近1倍。BDI、SCFI全年分别上涨38.2%、58.9%。

（二）从供给端看，主要行业活动有所分化

全球供应相对充裕，供应链压力明显减弱。纽约联储数据显示，全球供应链压力指数由2023年1月的1.1降至12月份的-0.2，其中5月份跌至-1.6，为有记录以来最低，表明由于全年货运需求疲弱，供给端持续处于相对充裕状态。**全球制造业活动持续萎缩**。据S&P Global数据，全球制造业PMI由2023年1月的49.1%降至7月份的48.6%，为2020年6月以来最低，此后略有回升，12月份为49.0%，连续16个月低于50%荣枯线。**全球服务业活动较为活跃**。得益于各国疫情限制措施放开，跨境旅游业较快恢复推动服务业明显回升，1—5月，全球服务业PMI由50.0%逐月加快至55.5%的一年半新高，此后随着疫情放开的促进效应逐步消减以及全球需求低迷，服务业PMI高位回落，12月份降至51.6%，但仍持续处于扩张区间。

（三）从金融市场看，国际金融市场情绪总体改善但脆弱性加大

在经济政策和地缘政治危机高度不确定的环境中，国际金融市场出现较大波动，显示金融环境稳定性下降，但由于全球经济展现出较大韧性，且通胀得到有效控制，市场风险情绪也在波动中向好。**全球股市普遍上涨**。2023年12月29日，明晟全球股票指数较上年末累计上涨19.5%，其中12月28日收盘价为2022年1月12日以来最高。美国道指、纳指、标普500指数全年分别累计上涨13.7%、43.4%和24.2%，纳指

涨幅在全球主要股指中排名第一,主要由于美联储加息进程结束以及通胀回落,提高了市场对美国经济软着陆的预期。欧洲股市表现相对乐观,英国富时100指数全年累计上涨20.3%,为近4年最大涨幅,法兰克福DAX指数上涨3.8%。日元大幅贬值支撑日本股市表现出色,日经225股指全年累计上涨28.2%,创近10年最大涨幅。新兴市场股市表现平平,明晟新兴市场股指全年累计上涨7.1%。**债市收益率冲高回落**。2023年,美国十年期国债收益率累计涨幅为零,10月19日,美国十年期国债收益率为4.98%,创2007年7月以来新高,12月29日回落至3.88%,与上年末持平;德国、英国十年期国债收益率分别累计下跌49.0和17.9个基点,日本上涨19.3个基点。**美元指数高位震荡**。美元指数在99—108区间波动,处于2003年以来高位,12月29日收于101.3778,较上年末下跌2.0%。其他主要货币兑美元中,欧元、英镑汇率全年分别升值3.1%和5.3%,其中,欧元汇率7月14日收于1.1238,英镑汇率7月13日收于1.3135,均创2022年3月以来最高收盘价;不同于美欧等大多数发达国家采取的货币紧缩政策,日本货币政策持续宽松,导致日元全年累计贬值7.0%。面临债务危机、地缘冲突、内政变革等风险的新兴经济体中,阿根廷比索和土耳其里拉全年分别累计贬值78.1%和36.4%,均跌至历史最低;俄罗斯卢布贬值20.0%,其中10月10日跌至2022年3月以来最低。

(四)从商品市场看,国际大宗商品价格显著回落

随着疫情形势缓和及俄乌冲突影响减弱,国际大宗商品供给持续改善,但经济增长放缓和全球流动性收紧抑制国际大宗商品需求增长,导致价格承压下行。2023年,国际大宗商品价格指数为108.0(2010年=100),较上年下跌24.2%,其中,能源价格指数为106.9,较上年下跌29.9%;非能源价格指数为110.1,较上年下跌9.8%。能源价格波动较大,上半年快速走低,6月份跌至95.2,较2022年12月下跌27.3%,创2021年6月以来新低,此后受OPEC+成员国原油减产政策影响,三季度能源价格短暂回升,四季度重回下跌态势,12月份跌至99.5,同比下跌24.0%。非能源价格稳步回落,5月份跌至109.5,为2021年4月以来首次跌至110.0以下,此后持续在107—110区间震荡,12月份跌至107.2,同比下跌5.2%,创2021年3月以来新低。**国际油价加剧波动**。2023

年,OPEC一揽子原油平均价格较上年下跌17.1%。上半年,国际油价波动下行,6月份,OPEC一揽子油价跌至75.19美元/桶,较2022年12月下跌5.6%。此后,受多个产油国深化减产协议、亚洲能源需求增长以及发达经济体货币紧缩步伐放缓等因素影响,三季度油价止跌回升,9月份涨至94.60美元/桶,为年内最高水平。但市场对世界经济与能源需求前景的担忧情绪不断升温,国际原油市场持续疲软,四季度油价再度走弱,12月份跌至79.00美元/桶,同比下跌0.9%。

二、主要经济体经济运行情况

(一)美国经济韧性较强

2023年,美国通胀压力明显缓解,劳动力市场表现较为稳健,私人消费增长强劲,GDP增速较上年有所加快,经济在高利率环境下展现出较强韧性。

1. 经济较快增长。 2023年,美国GDP为27.4万亿美元,增速为2.5%,较上年加快0.6个百分点,为2018年以来次高增速。分季度看,四个季度环比折年率增速分别为2.2%、2.1%、4.9%和3.2%,均高于上年同期增速;同比增速分别为1.7%、2.4%、2.9%和3.1%,逐季加快。

个人消费、政府支出和净出口成为经济增长的主要拉动项。2023年,美国个人消费支出增速较上年小幅回落0.3个百分点至2.2%,对经济增长的贡献也由上年的1.72个百分点小幅回落至1.49个百分点,但仍是美国经济增长的重要引擎;政府支出增速较上年回升4.9个百分点至4.0%,对经济增长贡献0.69个百分点;由于出口金额较为稳定,进口增速下降,贸易逆差持续收窄,净出口由上年拖累经济增长0.48个百分点转为拉动经济增长0.57个百分点。私人投资有所收缩,私人投资增速较上年回落6.0个百分点至-1.2%,拖累经济增长0.23个百分点(见表1)。

二 世界经济形势回顾与展望

表1 美国年度及季度GDP构成对经济增长的拉动(百分点)

指标	2021年	2022年	2023年	2023年 一季度	二季度	三季度	四季度
国内生产总值	**5.8**	**1.9**	**2.5**	**2.2**	**2.1**	**4.9**	**3.32**
个人消费支出	5.59	1.72	1.49	2.54	0.55	2.11	2.00
商品	2.51	0.07	0.46	1.14	0.11	1.09	0.72
服务	3.08	1.65	1.03	1.40	0.44	1.02	1.28
政府消费与投资	-0.05	-0.16	0.69	0.82	0.57	0.99	0.73
私人投资	1.52	0.86	-0.23	-1.69	0.90	1.74	0.17
净出口	-1.25	-0.48	0.57	0.58	0.04	0.03	0.32
出口	0.66	0.76	0.32	0.76	-1.09	0.59	0.69
商品	0.53	0.44	0.22	0.89	-1.31	0.55	0.35
服务	0.13	0.33	0.11	-0.13	0.22	0.04	0.34
进口	-1.91	-1.24	0.25	-0.18	1.13	-0.56	-0.37
商品	-1.60	-0.82	0.21	-0.22	0.78	-0.64	-0.15
服务	-0.31	-0.42	0.04	0.04	0.35	0.08	-0.22

资料来源:美国经济分析局。

2. **工业生产疲弱**。2023年,美国工业生产增长0.2%,增速较上年回落3.2个百分点;制造业生产下降0.5%,较上年由正转负;工业产能利用率为79.3%,回落1.0个百分点。从月度数据看,由于借贷成本高企和市场需求下降,工业生产、制造业生产同比增速分别在-1.0%—1.2%、-2.0%—1.5%区间波动;产能利用率从4月份最高点79.8%回落至年末的78.7%,为年内次低,且低于1973—2023年长期平均水平0.9个百分点。

3. **私人消费增长较为强劲**。2023年,美国个人实际可支配收入增长4.2%,增速较上年由负转正。劳动者收入增长支撑消费市场较快恢复,个人实际消费支出增长2.2%,较上年小幅回落0.3个百分点。零售总额为8.33万亿美元,创历史新高,增速为3.2%,较上年回落6.4个百分点。

4. **对外贸易活跃度下降,贸易逆差大幅收窄**。据美国商务部普查局数据,2023年,美国进出口总额为59390.0亿美元,增速为0.1%,较上年回落7.8个百分点。其中,出口额增长2.7%,进口额下降1.6%。全年贸易逆差为9272.1亿美元,较上年收窄1238.0亿美元。

5. **通胀压力明显缓解**。2023年,美国CPI上涨4.1%,涨幅较上年回落3.9个百分点。其中,扣除食品和能源价格的核心CPI上涨4.8%,涨幅回落1.4个百分点。PPI上涨2.0%,涨幅回落7.5个百分点,为近4年次低水平。

6. **劳动力市场仍然紧张**。2023年,美国全年平均失业率为3.6%,与上年持平,为1969年以来最低;新增非农就业人数为301.3万人,远高于1973—2023年160.9万人的长期平均水平。职位空缺数由1月份的1042.5万人降至12月份的888.9万人,其中10月份降至868.5万人,为2021年3月以来最低。

(二)欧元区经济增长动能不足

2023年,受家庭购买力下降、货币政策大幅收紧、财政支持部分退出以及外部需求下降等因素影响,欧元区经济增长动能不足,经济增速低位徘徊。

1. **经济低速增长**。2023年,欧元区GDP增速为0.4%,较上年回落3.0个百分点。在欧洲央行收紧货币政策、通胀高企抑制消费能力、世界经济放缓导致出口疲软等因素影响下,经济增长乏力。分季度看,经济增速低位徘徊,四个季度GDP环比增速分别为0.0%、0.1%、-0.1%和0.0%;同比增速为1.3%、0.6%、0.1%和0.1%。主要成员国中,2023年,德国GDP增速为-0.3%,为2020年以来首次负增长,法国GDP增长0.7%,较上年回落1.8个百分点,为近3年最低增速。

2. **工业生产陷入收缩**。2023年,欧元区工业生产和制造业生产分别下降2.4%和2.2%,增速均较上年由正转负,为2020年以来首次收缩。从月度数据看,5—11月工业和制造业生产均负增长,10月份分别下降6.7%和7.1%,为2020年5月和2020年6月以来最大降幅。

3. **消费市场持续不振**。由于融资条件收紧抑制家庭借贷和消费支出增长,2023年,欧元区商品零售量下降1.8%,较上年由升转降,为2009年以来最大降幅。其中,汽车燃料零售量下降2.4%,为2020年以来首次下降;食品饮料烟草零售量下降2.8%,与上年持平,保持1996年有记录以来最低水平;非食品(不含燃料)零售量下降0.5%,较上年由正转负,为2020年以来首次下降。

4. 对外贸易大幅萎缩。2023年,欧元区货物进出口总额为56136亿欧元,较上年下降7.7%,为2020年以来首次下降。其中,货物出口额为28398亿欧元,下降1.2%;货物进口额为27738亿欧元,大幅下降13.5%,为2009年以来最大降幅;净出口额由上年的-3322亿欧元升至659亿欧元,转为小幅顺差。

5. 通胀压力有所缓解。2023年,欧元区CPI上涨5.4%,涨幅回落3.0个百分点,为1997年有记录以来次高;核心CPI上涨5.0%,涨幅扩大1.0个百分点,再创有记录以来新高。受能源价格下降影响,全年PPI下降3.2%,为2009年以来最大降幅。

6. 劳动力供给仍然紧张。2023年,欧元区平均失业率为6.5%,较上年回落0.3个百分点,为有记录以来最低。全年平均失业人数为1103.6万人,减少25.2万人,为有记录以来新低。

(三)日本经济温和复苏

2023年,日本工业持续低迷、对外贸易继续恶化,但随着疫情影响逐渐消退,国内消费较快增长,市场信心稳步回升,服务业加快扩张,同时国际能源价格的回落令以能源进口驱动的高通胀正逐步降温,经济呈现温和复苏态势。

1. 经济增速略有加快。2023年,日本GDP增速为1.9%,较上年加快0.9个百分点。分季度看,四个季度GDP环比增速分别为1.0%、1.0%、-0.8%和0.1%,同比增速为2.6%、2.3%、1.6%和1.2%,呈现逐季放缓态势。从GDP构成看,国内需求拉动经济增长0.9个百分点,分项中,得益于居民消费需求持续旺盛,私人需求拉动经济增长0.6个百分点,其中私人消费拉动0.4个百分点,为需求的主要拉动项,私人企业设备投资拉动0.4个百分点;政府需求拉动0.3个百分点。由于日元贬值、进口能源价格回落,净出口拉动经济增长1.0个百分点(见表2)。

表 2　2023 年日本 GDP 构成对经济增长的拉动（百分点）

指　　标	2023 年	一季度	二季度	三季度	四季度
国内生产总值	**1.9**	**1.0**	**1.0**	**-0.8**	**0.1**
国内需求	0.9	1.4	-0.7	-0.8	-0.1
私人需求	0.6	1.3	-0.7	-0.8	0.0
私人消费	0.4	0.4	-0.4	-0.2	-0.1
私人住宅投资	0.0	0.0	0.1	0.0	0.0
私人企业设备投资	0.4	0.3	-0.2	0.0	0.3
政府需求	0.3	0.1	0.1	0.0	-0.1
政府消费	0.2	0.0	0.0	0.1	0.0
政府投资	0.1	0.1	0.1	-0.1	0.0
净出口	1.0	-0.4	1.7	0.0	0.2
出口	0.7	-0.8	0.8	0.2	0.6
进口	0.3	0.4	0.9	-0.2	-0.4

注：季度数据为环比贡献。
资料来源：日本内阁府。

2. **工业持续萎缩，服务业加快恢复**。2023 年，日本工业生产下降 1.1%，降幅较上年扩大 1.0 个百分点。据 S&P Global 数据，制造业 PMI 全年有 11 个月低于 50.0% 荣枯线；服务业 PMI 全年均处扩张区间，其中 5 月份为 55.9%，为有记录以来最高。

3. **消费市场较为活跃**。得益于疫情限制措施放开，旅游、餐饮、住宿等行业较快恢复，2023 年日本零售额增长 5.6%，增速较上年加快 3.0 个百分点，为 1990 年以来最高；新车登记数增长 15.8%，增速较上年由负转正，创 2012 年以来新高。消费者信心指数由 1 月份的 31.0 升至 12 月份的 36.9，为 2021 年 12 月以来次高。

4. **对外贸易延续恶化**。2023 年，日本货物贸易出口额增长 2.8%，增速较上年回落 15.4 个百分点；因能源进口价格大幅回落，进口额下降 7.0%，较上年由正转负；受进口额减少、日元贬值影响，贸易逆差较上年收窄 110401 亿日元至 92894 亿日元，但仍为 2014 年以来次高，连续 3 年逆差。

5. **高通胀由能源驱动转向其他领域**。2023 年，日本 CPI 上涨 3.2%，涨幅较上年扩大0.7个百分点,为1991年以来新高;其中除能源价格下跌外,食品、家具及家庭用品、教育文化娱乐价格涨幅均创40多年新高,表明高通胀由能源驱动转向其他消费领域。扣除生鲜食品的核心CPI上涨3.1%,扩大0.8个百分点,为1981年以来最高。PPI上涨4.2%,涨幅较上年回落5.6个百分点。

6. **劳动力市场恢复向好**。由于服务业较快复苏,吸纳就业增多,2023年,日本失业率为2.6%,与上年持平,为近4年最低。求人倍率为1.31,较上年上升0.03,为近4年最高。

(四)新兴经济体经济缓慢修复

2023年,新兴经济体经济增长整体表现出较强韧性,生产活动持续改善,通胀水平整体回落,劳动力市场逐渐好转。但受发达国家货币紧缩溢出效应影响,新兴经济体面临高昂的借贷成本和汇率贬值压力,消费投资增长放缓,叠加地缘政治紧张加剧导致贸易前景不确定性上升,新兴经济体经济修复较为缓慢。

表3　2022—2023年其他主要经济体经济增速(%)

经济体	2022年	2023年	2023年 一季度	二季度	三季度	四季度
中国台湾	2.6	1.3	-3.5	1.4	2.2	4.9
越南	8.0	5.1	3.4	4.3	5.5	6.7
韩国	2.6	1.4	0.9	0.9	1.4	2.2
印尼	5.3	5.1	5.0	5.2	4.9	5.0
巴西	3.0	2.9	4.2	3.5	2.0	2.1
新加坡	3.8	1.1	0.5	0.5	1.0	2.2
中国香港	-3.7	3.2	2.9	1.5	4.1	4.3
南非	1.9	0.6	0.2	1.5	-0.7	1.2
印度	7.0	7.6	6.2	8.2	8.1	8.4
墨西哥	3.9	3.2	3.5	3.4	3.3	2.5
俄罗斯	-1.2	3.6	-1.6	5.1	5.7	4.9

注:印度年度增速为财政年度数据。
数据来源:各经济体官方统计网站。

1. **经济缓慢修复**。2023年,韩国和中国台湾GDP增速均较上年回落1.2个百分点至1.4%;越南(5.1%)、菲律宾(5.6%)和新加坡(1.1%)分别回落2.9、2.0和2.7个百分点;印尼(5.1%)和墨西哥(3.1%)分别小幅回落0.2和0.8个百分点;印度(7.3%)回升0.1个百分点;俄罗斯(3.6%)实现正增长。据IMF1月份预测,2023年南非GDP增速将较上年回落1.3个百分点至0.6%,巴西将回升0.2个百分点至3.1%。

2. **制造业活动有所分化**。据S&P Global数据,2023年,印度和俄罗斯制造业PMI全年均处于扩张区间,且扩张势头较为强劲,12月份分别达到54.9%和54.6%,为2010年5月以来高位和2017年1月以来新高。墨西哥和菲律宾制造业温和扩张,制造业PMI全年基本在50%—53%区间徘徊;巴西和韩国制造业处于收缩区间,但整体呈回升趋势,分别由年初的47.5%、48.5%回升至年末的48.4%、49.9%;但南非、越南和泰国制造业活动走弱,制造业PMI在收缩区间波动下行。

3. **对外贸易持续疲软**。2023年,由于各经济体经济复苏较为缓慢,叠加地缘政治紧张加剧导致贸易前景不确定性上升,对外贸易持续疲软,但下半年现恢复迹象。全球经济"金丝雀"韩国进出口总额较上年下降9.9%,其中,出口额下降7.5%,连续9个月负增长,单月最大降幅为16.4%,进口额下降12.1%,连续10个月负增长,单月最大降幅为25.3%;印度(-5.8%)、印尼(-9.2%)和越南(-5.8%)等全年进出口总额呈持续下滑态势。

4. **通胀水平整体回落**。在全球普遍实施紧缩货币政策叠加大宗商品价格回落影响下,新兴经济体通胀压力均有不同程度缓解。2023年,俄罗斯CPI上涨6.0%,涨幅较上年回落7.8个百分点,南非(5.9%)、印度(5.7%)、墨西哥(5.6%)、巴西(4.6%)和韩国(3.6%)CPI涨幅分别回落0.9、1.0、2.3、4.7和1.4个百分点。

5. **劳动力市场持续改善**。2023年,新兴经济体失业率持续走低,劳动力市场展现较强韧性。其中,巴西、韩国和墨西哥平均失业率分别为8.0%、2.7%和2.8%,较上年回落1.5、0.2和0.5个百分点。

三、2024年世界经济复苏前景仍不容乐观

(一) 促进世界经济增长的积极因素

通胀超预期降温。在全球强紧缩货币政策,叠加全球供应链恢复向好、国际大宗商品价格继续回落的影响下,全球通胀下行速度快于预期,世界银行2024年1月《全球经济展望》预测,2024年全球通胀将逐季放缓,由一季度的4.7%降至四季度的3.9%,降幅较2023年6月预测值加快0.2个百分点。IMF2024年1月《世界经济展望》预测,2024年全球通胀水平将放缓至5.8%,与2023年10月预测值持平,其中发达经济体为2.6%,下调0.4个百分点,降温速度明显快于预期,2025年全球通胀水平将进一步回落至4.4%,下调0.2个百分点。IMF指出,由于通胀水平超预期回落,高成本对生产、贸易、消费等领域的冲击逐渐消退,这将有助于扩大主要经济体实施宽松货币政策的空间,从而改善商业、消费者和金融市场情绪,促进经济增长。

全球货币政策环境有望由紧转松。随着通胀水平的持续回落,全球货币政策收紧已接近尾声,主要发达经济体已暂缓加息,部分新兴经济体转向降息。彭博数据显示,2023年全球利率已累计下降128个基点,主要由于捷克、巴西等央行已开启降息。2024年3月11日,芝加哥商品交易所"美联储观察"工具显示,美联储6月份降息25个基点的概率为62.1%。此外,市场普遍预计,欧洲央行及英国央行均将在2024年6月开启降息。随着美国及其他主要发达经济体加息进程接近尾声甚至未来将出现转向,全球流动性有望由紧转松,新兴和发展中经济体金融外部环境将得以改善。一方面,新兴和发展中经济体货币政策调整空间将有所扩大,进而为稳定经济运行提供更加有利的政策环境,促进经济更快复苏。另一方面,在宽松的流动性支撑下,市场风险偏好回升,充裕的资金将流入新兴市场国家,促进其金融市场较快增长,同时外部金融条件的改善还将为新兴市场国家营造更加有利的投融资环境,促进其投资增长。此外,随着美国货币政策对美元的支撑作用减弱,新兴市场国家面临的货币贬值压力有望进一步缓解。

中国经济增长前景改善。近期,国际组织纷纷预测,2024年中国经济将延续回升向好态势,并继续为世界经济复苏贡献重要力量。世界银

行2023年12月《中国经济简报》认为,在服务需求增加、制造业投资保持韧性和公共基础设施投资增长的推动下,2024年中国经济将保持较快增速。联合国2024年1月《2024年世界经济形势与展望》预测,在降低政策利率和抵押贷款利率、增加公共部门投资等各项促经济政策接续发力下,2024年中国经济将增长4.7%,并有望带动东亚地区实现4.6%的经济增速,继续成为推动地区经济增长主要动力。IMF报告显示,得益于中国经济加快复苏,2024年亚洲新兴和发展中经济体经济增速将为5.2%,较2023年10月预测值上调0.4个百分点,同时有望拉动2024年全球经济增长预期进一步上调。

(二)拖累世界经济增长的消极因素

全球贸易和投资增长乏力。当前,贸易保护主义、单边主义仍然盛行,贸易制裁及限制性措施增多、地缘冲突频发等多重因素加剧了全球贸易及投资区域化、碎片化和分散性,严重拖累了国际贸易及投资增长。世界银行报告指出,2024年,全球货物和服务贸易量增速将由2023年的0.2%加快至2.3%,但仅为2010—2019年平均增速的一半。联合国报告预测,2024年全球货物和服务贸易量增速为2.4%,仍低于疫情前(2015—2019年)3.1%的平均增速。IMF报告预测,2024年全球货物和服务贸易量增速为3.3%,仍远低于4.9%的历史平均增速。同时,在各类限制措施增加、冲突及危机频发背景下,全球投资增长前景依然不容乐观。联合国报告预计,2024年,全球外国直接投资(FDI)增速仍将显著低于2011—2019年4.0%的长期趋势水平,维持低增长态势。

核心通胀粘性依然较强。尽管在各国货币政策持续收紧作用下,当前全球通胀压力有所缓解,但由于主要经济体服务业活动较为旺盛,服务类价格呈上涨态势,叠加劳动力供给紧张,核心通胀仍然偏高。IMF报告指出,若劳动力市场紧张和全球供应链再度收紧,将阻碍抗通胀进程,令核心通胀难以较快回落,从而使紧货币政策持续更长时间,引发利率预期上行和资产价格下跌,进而导致金融市场不稳定性上升,拖累全球经济复苏。预计到2024年四季度,中等收入经济体通胀水平仍将较其目标水平平均高0.6个百分点,预计到2025年这些经济体通胀水平才可能降至其目标水平以下。联合国报告预计,2024年全球主要发达经济体核心通胀均将高于2.0%的目标水平,同时,由于核心通胀较为顽固,2024年全球仍将有近1/4的发展中经济体年通胀水平超过10%。

高债务加剧财政压力及金融风险。一方面,高企且不断增长的债务将限制经济体财政政策调整空间。由于目前主要经济体普遍面临较高的财政赤字及偿债成本,高债务水平破坏了其财政的可持续性,为降低财政压力,部分经济体表示将在2024年转向实施紧缩性财政政策,但若增税和削减支出等财政整顿力度过大,可能导致短期经济增长低于预期,特别是部分低收入且债务水平高企的国家,其财政政策调整空间将进一步缩小,面临的财政压力及衍生风险显著增大。另一方面,部分经济体主权债务风险加剧,引发金融市场波动的可能性加大。世界银行报告指出,目前全球约一半的低收入国家和多数中等收入国家已经陷入债务困境或处于债务高风险状态。IMF2023年10月《全球财政监测》报告预测,2024年发达经济体政府债务占GDP比重将升至112.7%,远超90%的国际警戒水平,新兴和发展中经济体将升至70.1%,创有记录以来最高。在高债务、低增长背景下,经济体将持续面临较大的偿债压力,债务可持续性风险及引发主权债务危机的可能性显著加大。若发生主权债务危机,还将导致市场恐慌情绪蔓延,加剧全球金融市场震荡,进一步削弱企业和消费者信心,抑制投资和消费需求,对经济增长产生负面影响。世界银行报告预测,若发生财政及金融风险,2024年新兴经济体经济增速将较3.9%的基准水平下调0.6个百分点,全球经济增速将较2.4%的基准水平下调0.2个百分点。

地缘政治紧张局势加剧。据世界银行数据,截至2023年12月11日,全球地缘政治风险指数为155.4,较2022年末和疫情前(2019年末)分别增长约37.3%和113.8%。2024年,地缘政治紧张局势加剧仍将是扰动世界经济复苏的重要风险之一,其可能通过商品市场、贸易和金融等渠道对全球经济复苏产生不利影响。一方面,若地缘冲突升级,可能导致原油、粮食等大宗商品供给紧张甚至中断,从而再度推高大宗商品价格,对全球通胀和经济活动产生更为广泛且深远的影响。世界银行预计,若地缘紧张局势升级导致油价上涨,2024年全球经济增速将在2.4%的基准水平上下调0.2个百分点。另一方面,地缘冲突将阻碍国际贸易和资本流动。近期的红海紧张局势已扰乱地区供应链,阻碍经贸往来,并打击市场信心,加剧资本市场波动。

四、国际组织机构对世界经济的最新预判

世界经济前景改善有限。 2023 年,世界经济从新冠肺炎疫情、俄乌冲突和高通胀中缓慢复苏,特别是下半年以来世界经济表现出一定韧性。供应链的持续改善以及大宗商品价格的显著下降缓解了地缘政治不确定性带来的冲击,较为旺盛的服务业活动以及相对宽松的财政政策弥补了全球货币紧缩造成的负面影响。国际组织及机构预计,2023 年全球经济增速为 2.6%—3.1%。国际组织及机构指出,尽管全球经济前景略有改善,但受贸易及投资疲弱、核心通胀依然顽固、高利率高负债导致财政压力和金融风险上升,以及地缘政治紧张局势加剧等负面因素影响下,2024 年全球经济增速预期将进一步放缓。与前期预测值相比,2024 年 1 月,IMF 将 2024 年世界经济增速较 2023 年 10 月上调 0.2 个百分点至 3.1%,主要由于美国经济复苏、中国增长前景改善以及部分新兴经济体增长强劲将提振全球经济发展信心;据世界银行、英国共识公司预测,2024 年世界经济增速将分别为 2.4%、2.2%,均与 2023 年 6 月预测值持平;联合国预测 2024 年世界经济增速将为 2.4%,较 2023 年 5 月预测值下调 0.1 个百分点,仍远低于 3.0% 的疫情前历史平均水平。

发达经济体经济低速增长。 据 IMF 预测,2024 年,由于金融环境偏紧,国内需求减少、劳动力市场趋于降温,美国 GDP 增速将由 2023 年的 2.5% 放缓至 2.1%。随着通胀回落、居民实际收入增长以及紧缩货币政策有望放松,欧洲经济将低位回升,欧元区 GDP 增速将由 2023 年的 0.5% 加快至 0.9%,德国、法国、意大利将分别增长 0.5%、1.0%、0.7%;英国将由 2023 年的 0.5% 加快至 0.6%。随着雇员薪酬增长推动通胀持续超过 2.0% 的目标水平,日本货币政策或将结束负利率,GDP 增速将由 2023 年的 1.9% 放缓至 0.9%。

新兴和发展中经济体经济延续分化态势。 据 IMF 预测,2024 年,由于通胀回落,居民消费能力增强,叠加服务出口及公共投资较快增长,印度 GDP 将增长 6.5%,延续高增长态势。受俄乌冲突及美欧制裁持续影响,俄罗斯 GDP 增速将由 2023 年的 3.0% 放缓至 2.6%。由于大宗商品价格下降,出口对经济的拉动作用减弱,叠加政府财政收支状况不佳,巴西 GDP 增速将由 2023 年的 3.1% 放缓至 1.7%。受净出口及居民消费疲软拖累,南非 GDP 将增长 1.0%,维持较低增速。

表4 2022—2024年世界经济主要指标及预测

指标	预测机构	2022	2023估计值	2024预测值	指标	预测机构	2022	2023估计值	2024预测值
经济增长率	国际货币基金组织[1]				通货膨胀率	国际货币基金组织			
	世 界	**3.5**	**3.1**	**3.1**		世 界	**8.7**	**6.8**	**5.8**
	发达国家	**2.6**	**1.6**	**1.5**		发达国家	**7.3**	**4.6**	**2.6**
	美 国	1.9	2.5	2.1		发展中国家	**9.8**	**8.4**	**8.1**
	欧元区	3.4	0.5	0.9		英国共识公司			
	日 本	1.0	1.9	0.9		世 界	**7.4**	**5.6**	**4.2**
	发展中国家	4.1	4.1	4.1		美 国	8.0	4.1	2.6
	中 国	3.0	5.2	4.6		中 国	2.0	0.4	1.2
	世界银行					欧元区	8.4	5.5	2.2
	世 界	3.0	2.6	2.4		日 本	2.5	3.2	2.2
	美 国	1.9	2.5	1.6	货物贸易量增速	世界贸易组织[2]			
	中 国	3.0	5.2	4.5		世 界	**3.0**	**0.8**	**3.3**
	欧元区	3.4	0.4	0.7		出口	北 美	4.2	3.6	2.7
	日 本	1.0	1.8	0.9			中南美	2.2	1.7	0.6
	印 度[4]	7.2	6.3	6.4			欧 洲	3.4	0.4	2.2
	英国共识公司						亚 洲	0.4	0.6	5.1
	世 界	2.9	2.6	2.2		进口	北 美	6.0	-1.2	2.2
	美 国	1.9	2.4	1.4			中南美	3.6	-1.0	3.3
	中 国	3.0	5.2	4.6			欧 洲	5.7	-0.7	1.6
	欧元区	3.4	0.5	0.5			亚 洲	-0.5	-0.4	5.8
	日 本	1.0	1.9	0.8		国际货币基金组织[3]			
	印 度[4]	7.2	6.9	6.3		世 界	5.2	0.4	3.3

注:1. 购买力平价法 GDP 加权汇总;2. 为 WTO 基准预测;3. 包括货物和服务贸易;4. 印度为财政年度数据。

资料来源:世界贸易组织《全球贸易展望和数据》(2023年10月);世界银行《全球经济展望》(2024年1月);国际货币基金组织《世界经济展望》(2024年1月);英国共识公司《国际经济调查与预测》(2024年1月)。

(执笔:释经组①;成文于2024年2月)

---

① 成员:付凌晖、石庆焱、石婷、李婧婧、郝悦、朱祎、王猛猛、赵宇欣。

经济强劲增长　软着陆预期增强

——2023年美国经济形势回顾及2024年展望

2023年,美国通胀压力明显缓解,劳动力市场表现较为稳健,私人消费增长强劲,国内生产总值(GDP)增速较上年有所加快,经济在高利率环境下展现出较强韧性。展望2024年,随着财政扩张力度转弱和紧缩性货币政策对经济活动的负面效应持续显现,叠加超额储蓄逐渐耗尽和劳动力市场降温,美国经济增长动能转弱,增速或将放缓,多家国际组织机构预计美国经济增速将小幅回落。

一、2023年美国主要经济指标情况

(一)经济较快增长

尽管美联储加息增加企业和家庭债务负担,但在通胀回落和消费强劲的支撑下,2023年美国GDP为27.4万亿美元,增长2.5%,较上年加快0.6个百分点,为2018年以来次高增速。分季度看,四个季度环比折年率增速分别为2.2%、2.1%、4.9%和3.4%,均高于上年同期增速;同比增速分别为1.7%、2.4%、2.9%、3.1%,逐季加快。

美国经济分析局数据显示,个人消费、政府支出和净出口成为经济增长的主要拉动项。2023年,美国个人消费支出增速较上年小幅回落0.3个百分点至2.2%,对经济增长的贡献也由上年的1.72个百分点小幅回落至1.51个百分点,但仍是美国经济增长的重要引擎。其中,商品消费支出恢复相对较快,全年增长2.0%,较上年加快1.7个百分点,拉动经济增长0.46个百分点;服务消费稳步恢复,全年增长2.3%,拉动经济增长1.05个百分点。政府消费与投资增速较上年回升5.0个百分点至4.1%,拉动经济增长0.70个百分点;私人投资增速回落6.0个百分点至−1.2%,拖累经济增长0.23个百分点,其中,固定资产投资贡献0.11个

百分点,私人存货变动拖累 0.34 个百分点。由于出口金额较为稳定、进口增速下降,净出口由上年拖累经济增长 0.48 个百分点转为拉动经济增长 0.57 个百分点,其中出口贡献 0.31 个百分点,进口贡献 0.25 个百分点(表 1,2)。

表 1　美国年度及季度 GDP 环比增长率(%)

指标	2021 年	2022 年	2023 年	一季度	二季度	三季度	四季度
国内生产总值	5.8	1.9	2.5	2.2	2.1	4.9	3.4
个人消费支出	8.4	2.5	2.2	3.8	0.8	3.1	3.3
商品	11.3	0.3	2.0	5.1	0.5	4.9	3.0
服务	6.9	3.7	2.3	3.1	1.0	2.2	3.4
政府消费与投资	-0.3	-0.9	4.1	4.8	3.3	5.8	4.6
私人投资	8.7	4.8	-1.2	-9.0	5.2	10.0	0.7
出口	6.3	7.0	2.6	6.8	-9.3	5.4	5.1
商品	7.6	5.8	2.6	12.0	-16.0	7.7	6.2
服务	3.8	9.6	2.5	-3.5	6.2	1.0	2.8
进口	14.5	8.6	-1.7	1.3	-7.6	4.2	2.2
商品	14.6	6.8	-1.6	1.9	-6.5	5.9	1.3
服务	13.9	17.5	-1.7	-1.2	-12.2	-2.8	6.2

注:季度数据为经季节调整折年率。
资料来源:美国经济分析局。

表 2　美国年度及季度 GDP 构成对 GDP 环比增长的拉动(百分点)

指标	2021 年	2022 年	2023 年	一季度	二季度	三季度	四季度
国内生产总值	5.8	1.9	2.5	2.2	2.1	4.9	3.4
个人消费支出	5.59	1.72	1.51	2.54	0.55	2.11	2.20
商品	2.51	0.07	0.46	1.14	0.11	1.09	0.67
服务	3.08	1.65	1.05	1.40	0.44	1.02	1.54
政府消费与投资	-0.05	-0.16	0.70	0.82	0.57	0.99	0.79
私人投资	1.52	0.86	-0.23	-1.69	0.90	1.74	0.15
净出口	-1.25	-0.48	0.57	0.58	0.04	0.03	0.25
出口	0.66	0.76	0.31	0.76	-1.09	0.59	0.55
商品	0.53	0.44	0.22	0.89	-1.31	0.55	0.45
服务	0.13	0.33	0.09	-0.13	0.22	0.04	0.10
进口	-1.91	-1.24	0.25	-0.18	1.13	-0.56	-0.30
商品	-1.60	-0.82	0.21	-0.22	0.78	-0.64	-0.14
服务	-0.31	-0.42	0.05	0.04	0.35	0.08	-0.15

资料来源:美国经济分析局。

(二)工业生产较为疲弱

2023年,美国工业生产增速为0.2%,较上年回落3.2个百分点;制造业生产增速为-0.5%,由正转负;工业产能利用率为79.3%,较上年回落1.0个百分点,为2018年以来次高水平。从年内数据来看,由于借贷成本高企和市场需求下降,工业生产和制造业生产同比增速分别在-1.0%—1.2%、-2.0%—1.9%区间波动;产能利用率从4月份最高点79.8%波动回落至年末的78.7%,为年内最低,且低于长期(1973—2023年)平均水平0.9个百分点(图1)。

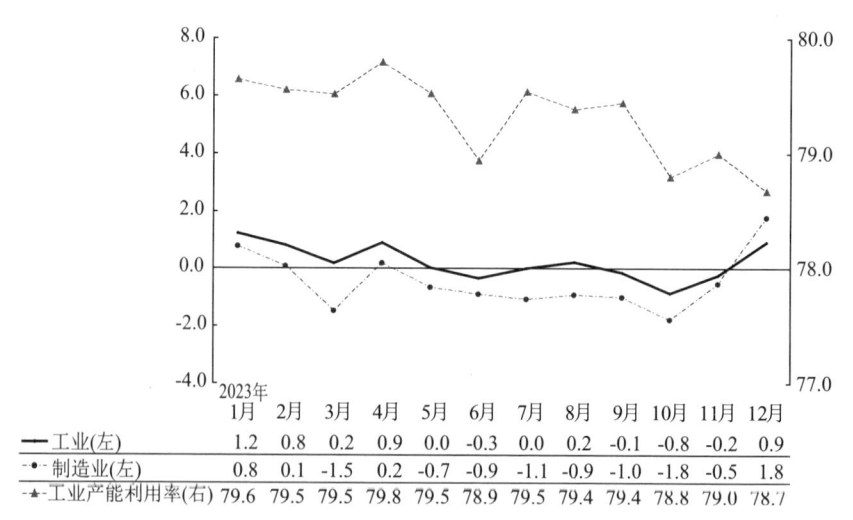

	1月	2月	3月	4月	5月	6月	7月	8月	9月	10月	11月	12月
工业(左)	1.2	0.8	0.2	0.9	0.0	-0.3	0.0	0.2	-0.1	-0.8	-0.2	0.9
制造业(左)	0.8	0.1	-1.5	0.2	-0.7	-0.9	-1.1	-0.9	-1.0	-1.8	-0.5	1.8
工业产能利用率(右)	79.6	79.5	79.5	79.8	79.5	78.9	79.5	79.4	79.4	78.8	79.0	78.7

图1 美国工业和制造业生产同比增速、工业产能利用率(%)

资料来源:美国商务部。

采购经理人指数(PMI)反映了行业整体活跃程度,是分析行业前景的重要前瞻指标。2023年,S&P Global制造业PMI持续收缩,服务业PMI缓慢修复。制造业PMI由1月份的46.9%小幅回升至3月份的49.2%,4月升至年内最高的50.2%,由枯转荣,而后持续处于收缩区间,仅10月份持平于荣枯线;服务业PMI于1月份年内最低点46.8%回升至5月份的54.9%,为年内最高,而后波动回落至12月份的51.4%,连续11个月处于扩张区间(图2)。

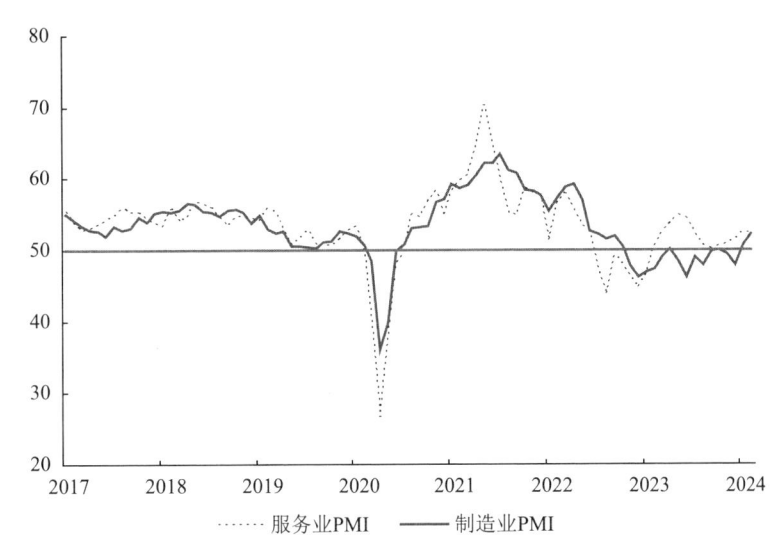

图 2　美国 S&P Global 制造业与服务业 PMI 月度走势(%)

资料来源:S&P Global。

(三)私人消费增长较为强劲

劳动者收入增长支撑消费市场较快恢复。2023 年,美国个人实际可支配收入增速为 4.2%,较上年由负转正;个人实际消费支出增速为 2.2%,较上年小幅回落 0.3 个百分点,其中个人实际服务消费增速为 2.3%,是主要支撑项。零售总额为 8.33 万亿美元,创历史新高,增速为 3.2%,较上年回落 6.4 个百分点。从月度数据来看,个人实际可支配收入同比增速从 1 月份最低点 3.2% 缓慢回升至 6 月份最高点 5.3%,而后在 3.8%—4.4% 区间波动;个人实际消费支出同比增速从 1 月份的 2.3% 回落至 4 月份年内最低点 1.6%,而后波动回升至年末最高点 3.2%;零售额同比增速从 1 月份的年内最高点 7.8% 回落至 4 月份的最低点 -0.3%,而后波动回升至年末的 3.5%。

(四)劳动力市场较为稳健

2023 年,美国全年平均失业率为 3.6%,与上年持平,为 1969 年以来最低水平;新增非农就业人数为 301.3 万人,远高于 1973—2023 年 160.9 万人的长期平均水平。从年内数据看,失业率仍处于历史相对低位,从 1 月份的 3.4% 小幅波动回升至 12 月份的 3.7%,全年在 3.4%—3.8% 区间波动。新增非农就业人数由1月份年内最高48.2万人回落至3月份14.6万人,为年内最低,而后在16.5—30.3万人区间波动。此外,非农职位空缺率于1月份6.3%的年内高点波动回落至10月份5.2%的年内最低点,而后小幅回升,年末为5.3%(图3)。

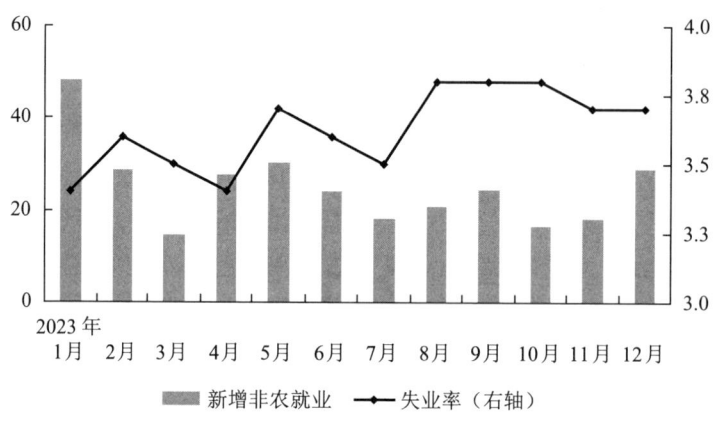

图3 美国失业率(%)与新增非农就业人数(万人)
资料来源:美国劳工统计局。

(五)通胀压力明显缓解

2023年,美国CPI上涨4.1%,涨幅较上年回落3.9个百分点;扣除食品和能源价格的核心CPI上涨4.8%,涨幅回落1.4个百分点。分类别看,由于国际能源价格显著回落,能源由涨转跌(-5.0%),交通运输价格涨幅(0.2%)为近3年最低,但其他领域价格依然高企,食品与饮料(5.7%)、住宅(6.4%)、娱乐(4.0%)价格涨幅分别为1990年以来、1982年以来和有记录以来次高。全年PPI上涨2.0%,涨幅回落7.5个百分点,为近4年次低水平。从年内数据看,CPI和核心CPI分别从1月份6.4%、5.6%的年内最高点,波动回落至年末的3.4%和3.9%;PPI从1月份5.7%的年内最高点回落至6月份0.3%的年内低点,然后在0.8%—1.9%的区间波动。

(六)对外贸易活跃度下降,贸易逆差大幅收窄

2023年,美国货物和服务进出口总额为59359.2亿美元,较上年增长0.1%,为2010年以来次低。其中,出口总额为25039.0亿美元,增长

2.6%;进口总额达 34320.2 亿美元,下降 1.7%。由于出口增速整体波动较为稳定,进口增速降幅较大,全年贸易逆差总额为 9281.2 亿美元,较上年收窄 1228.9 亿美元,为历史较高水平(图 4)。从年内数据看,出口额同比增速从 1 月份 11.9% 的年内最高点回落至 6 月份 -4.0% 的年内最低点,而后波动回升至年末的 2.6%;进口额同比增速从 1 月份 3.6% 的年内最高点回落至 3 月份 -8.9% 的年内最低点,而后波动回升至年末的 -0.2%,年内有 9 个月增速为负。

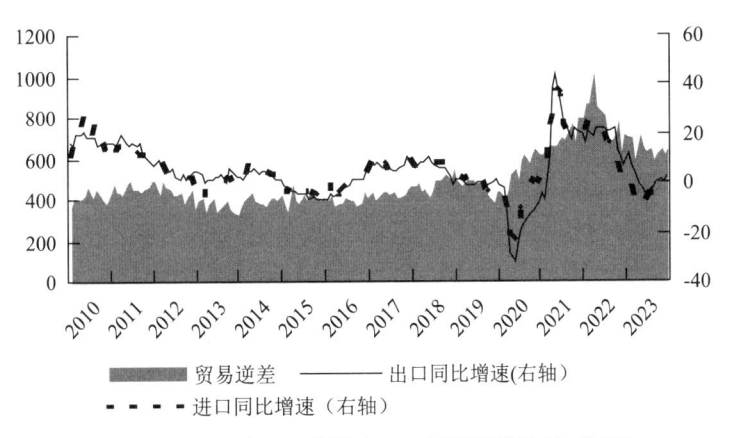

图 4 美国进、出口同比增速(%)及贸易逆差(亿美元)

资料来源:美国商务普查局。

二、2024 年美国经济形势展望

(一)积极因素尚存,经济有望延续扩张态势

1. **通胀持续降温**。主要由于食品和能源价格大幅回落,2023 年,美国 CPI 同比涨幅从 2022 年的 8.0% 回落至 4.1%,核心 CPI 和 PCE 分别由 2022 年的 6.2% 和 6.5% 回落至 4.8% 和 3.7%。供应链修复、生产率提升、劳动参与率以及服务业劳动力供给的持续改善将是通胀回落的重要动力。2024 年 2 月,美国 CPI 同比增速为 3.2%,高于市场预期的 3.1%,尽管近期美国通胀有所反弹,但美联储 3 月份议息会议表示对通胀达标不失信心。据英国共识公司 3 月份预测报告,美国 2024 年通胀水平将由一季度的 3.1% 逐季下降至 2.6%,全年通胀预期为 2.8%,较 2023 年回落 1.3 个百分点。

2. **消费有望保持增长**。首先,从可持续性角度看,服务消费支出仍存恢复空间。2023年四季度服务消费占个人消费支出比重为66.0%,低于疫情前68%的水平,仍有增长空间。其次,劳动力市场韧性继续支撑较高的工资增速和个人收入增速。2024年2月,新增非农就业人数为27.5万人,高于市场预期的20.0万人,劳动参与率持平于62.5%,保持2023年2月以来最低水平,反映劳动力市场供给依然偏紧,私人非农企业员工平均时薪同比增长4.3%,高于2007—2019年2.5%的平均增速,叠加美国家庭资产负债表风险仍然可控,预计国内消费在2024年将继续对美国经济提供一定支撑。

3. **私人投资对经济增长仍具支撑**。首先,美国制造业支出迅速增长。2021年以来,美国政府相继出台《美国救助计划法案》《基础设施投资和就业法案》《芯片与科学法案》等,受此推动,美国制造业支出迅速增长。根据美国商务部普查局数据,2024年2月,美国建造支出季调折年数同比增长10.7%,分行业看,制造业支出2228.8亿美元,增长31.9%,远高于2003—2019年9.7%的平均增速。其次,企业创新投入持续增加。知识产权投资占私人投资比重约为30%,是私人投资的主要拉动项,2022年,信息业、专业与商业服务业知识产权产品投资分别增长12.5%、11.9%,有利于提高行业创新和生产力。

4. **主要先行指标持续向好**。2024年3月,美国制造业PMI为51.9%,较上月小幅回落0.3个百分点,但连续3个月处于扩张区间;服务业PMI为51.7%,连续14个月处于扩张区间。3月份,美国10年—2年国债收益率利差为-0.38,较上年末收窄6.0个基点,呈波动收窄态势,初次失业救济金人数、新屋销售数等指标显示美国经济复苏有所改善。同时,美国半导体行业对经济的带动作用有望持续显现。美国在全球半导体行业中占据主导地位,随着终端消费需求缓慢复苏,2023年二季度,全球半导体行业销售额逐步走出低谷,相应地,美国计算机及电子产品新订单也逐步回升,对美国经济拉动有望增强。

(二)多重风险因素叠加,经济增速趋于放缓

1. **通胀仍较顽固**。2024年2月,美国CPI同比增速为3.2%,PCE同比增速为2.5%,均较上月回升0.1个百分点,通胀小幅反弹。尽管2023年美国CPI增速回落至4.1%,但从4.1%回落至目标水平2.0%存在较大难度。一方面,当前美国通胀正在由商品价格拉动转向服务价格拉动,2021年10月以来,服务价格对CPI的拉动持续高于2.0个百分点,且2022年9月以来,服务价格对CPI的拉动作用超过商品价格。2024年2月,美国服务价格指数同比上涨5.0%,为1991年6月以来高位,服务价格居高不下或将导致通胀回落不及预期;另一方面,俄乌冲突、中东冲突等地缘政治冲突升级或将扰乱能源市场,导致国际大宗商品价格震荡,通胀下行速度放缓。

2. **高利率加剧居民和企业债务压力**。由于美国货币政策收紧的规模大且速度较快,居民信贷及企业再融资成本显著提高,偿债负担有所加重。据纽约联储数据,2023年四季度,美国家庭债务总额达17.5万亿美元,较2022年一季度增长1.66万亿美元。自2021年起,家庭贷款拖欠率止跌回升,2023年四季度,家庭30天及以上贷款拖欠率和90天及以上贷款拖欠率分别创2020年二季度和2022年二季度以来新高。企业部门债务规模上升且贷款违约愈加严重。根据美联储数据,企业部门债务规模不断上升,2023年美国企业部门债务总额升至257.6万亿美元,创历史新高。据穆迪数据,2023年美国企业债务违约超910亿美元,较2022年380亿美元大幅增加,企业违约率达5.6%,为2020年以来最高水平。

3. **政府债务规模扩大挤压财政空间**。据美国财政部数据,2024年2月,美国国债总额为34.5万亿美元,创历史新高,较2019年末增加46.8%。据IMF预测,美国政府债务占GDP的比重将从2023年的123.3%上升至2024年的126.9%,2025年将首超130%。一方面,高额的政府债务将加大利息支付负担,挤占其他财政支出,缩小财政空间,且高利率持续时间越长,其债务及利息将进一步积累,或将陷入恶性循环;另一方面,一旦财政收入无法有效覆盖债务,将可能引发债务危机,加剧经济风险。整体看,由于政府债务总规模不断攀升叠加高利率环境持续,政府部门债务负担迅速上升。

4. **美国大选对经济活动造成扰动**。2024年美国大选期间争议事件、罢工运动和抗议活动可能上升,或对美国经济活动造成扰动。一是大选期间两党竞争加剧,若两党对政府预算问题难达一致,政府停摆风险仍然存在,可能导致联邦政府财政空间受限及加大政府债务压力,或将对金融市场和实体经济造成冲击。二是大选结果直接影响美国经济政策和经济走势。不同的候选人持有不同的经济主张和计划,3月12日,拜登和特朗普提前锁定党内提名,将分别在7月份的共和党大会和8月份的民主党大会提名为候选人,两者在减税、贸易和能源发展等方面存在较大差异。

三、主要国际机构对2024年美国经济的预测

2023年,得益于旺盛的居民消费和扩张性财政支撑,美国经济增长较为强劲,但随着超额储蓄逐渐消耗殆尽,紧缩性货币政策对经济的负面效应持续显现及财政支出力度转弱,美联储降息预期升温,2024年经济增速有所放缓:世界银行(1月份)预测增速为1.6%;联合国(1月份)预测增速为1.4%。由于2023年超预期经济增长的统计结转效应,主要国际组织机构对2024年美国经济增长预期略有上调:经合组织(4月份)预计增速为2.7%,较1月份预测值上调0.6个百分点;国际货币基金组织(4月份)预计增速为2.7%,较1月份预测值上调0.6个百分点;英国共识公司(3月份)预计增速为2.2%,较2月份预测值上调0.1个百分点(表3)。

表3 主要国际组织对美国经济的预测

单位:%

国际组织	2022年	2023年估计值	2024年预测值
IMF	1.9	2.5	2.7
世界银行	1.9	2.5	1.6
OECD	1.9	2.5	2.1
英国共识公司	1.9	2.5	2.2
联合国	1.9	2.5	1.4

数据来源:世界银行《全球经济展望》(2024年1月),《中期经济展望》(2024年2月),英国共识公司《共识预测》(2024年3月),国际货币基金组织《世界经济展望》(2024年4月),联合国《全球经济形势与展望》(2024年1月)。

(执笔:王猛猛;成文于2024年4月)

经济表现低迷 增长前景有望缓慢改善

——2023年欧元区经济形势回顾及2024年展望

2023年,受高通胀高利率等因素拖累,欧元区需求呈现疲软态势,产出持续收缩,对外贸易竞争力下降,拖累经济复苏进程,经济增速大幅回落。展望2024年,在贸易条件改善、货币政策预期转向宽松、需求回暖等因素支撑下,经济增长前景有所改善,但在地缘冲突扰动下,通胀再度上升风险犹存,能源资源等供给不确定性犹存,叠加财政政策支持力度减弱,经济复苏基础尚不牢固。

一、2023年欧元区经济增长趋缓

(一)GDP增速大幅回落

2023年,欧元区GDP增速为0.4%,较上年回落3.0个百分点。季度增速逐步放缓,GDP环比增速分别为0.0%、0.1%、-0.1%和0.0%;同比增速为1.3%、0.6%、0.1%和0.1%。

从主要成员国看,2023年,德国GDP下降0.3%,为2020年以来再次负增长,由于消费者信心持续疲软,且通胀和高利率拖累经济增长,经济表现低迷;法国(0.7%)、意大利(0.9%)增速较上年分别回落1.8、3.1个百分点,均连续两年增速放缓。总体来看,在欧洲央行收紧货币政策、通胀高企抑制消费能力、全球经济放缓导致出口疲软等因素影响下,欧元区经济增长乏力(图1)。

从GDP支出构成看,最终消费支出仍为主要拉动项,其中个人消费支出拉动经济增长0.3个百分点,政府消费支出拉动经济增长0.2个百分点;因能源进口价格大幅下跌,进口呈现负增长,净出口拉动经济0.3

个百分点,但受外需疲软影响,出口拖累经济增长0.6个百分点(表1)。

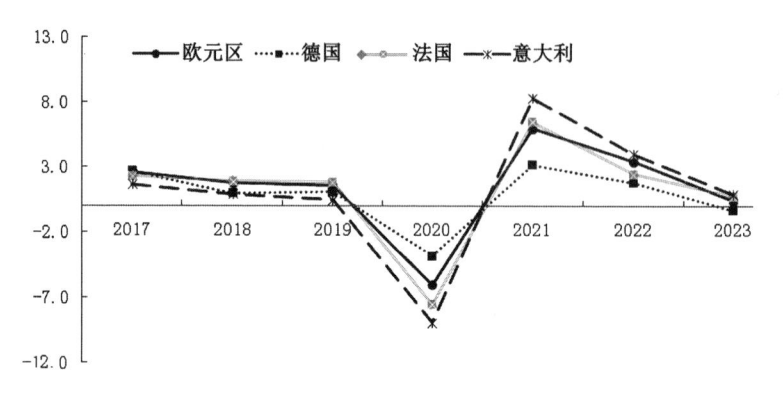

图1 欧元区和部分成员国GDP年度增长率(%)

资料来源:欧盟统计局。

表1 2023年欧元区三大需求对GDP增长的拉动(百分点)

时间	GDP增长率	最终消费支出		资本形成总额		净出口	出口	进口
		个人消费支出	政府消费支出	固定资本形成总额	库存变化			
一季度	1.3	0.7	0.0	0.5	-0.5	0.7	1.4	-0.7
二季度	0.6	0.3	0.1	0.4	-0.1	0.0	-0.3	0.2
三季度	0.1	-0.2	0.3	0.1	-0.6	0.5	-1.6	2.2
四季度	0.1	0.3	0.3	0.3	-0.6	-0.2	-1.5	1.3
2023年	0.4	0.3	0.2	0.3	-0.5	0.3	-0.6	0.9

资料来源:欧盟统计局。

(二)工业生产陷入收缩

2023年,欧元区工业生产和制造业生产分别下降2.4%和1.9%,2020年以来再度出现负增长,制造业产能利用率较上年回落1.7个百分点至80.6%,创2020年以来新低。2023年5月以来,工业生产连续7个月同比负增长,其中9月份大幅下跌6.8%,创2020年6月以来新低,12月份微幅增长0.2%,改善有限;下半年,制造业生产连续5个月同比负增长,12月份微幅增长0.3%,仍显低迷(图2)。

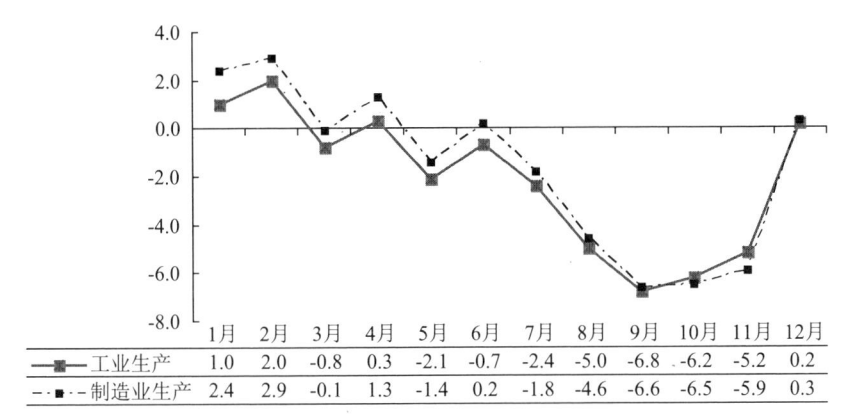

图2 2023年欧元区工业与制造业生产同比增长率(%)

资料来源：欧盟统计局。

(三)消费市场持续疲软

2023年，欧元区商品零售量较上年下降2.1%，较上年由正转负，创2009年以来新低。其中，因能源供应恐慌情绪缓解，汽车燃料零售量下降1.8%，创2020年以来新低，食品饮料烟草零售量下降2.7%，连续两年下降，为1996年有记录以来次低，非食品(不含燃料)零售量下降1.1%，为近3年首次负增长，创2009年以来次低(图3)。

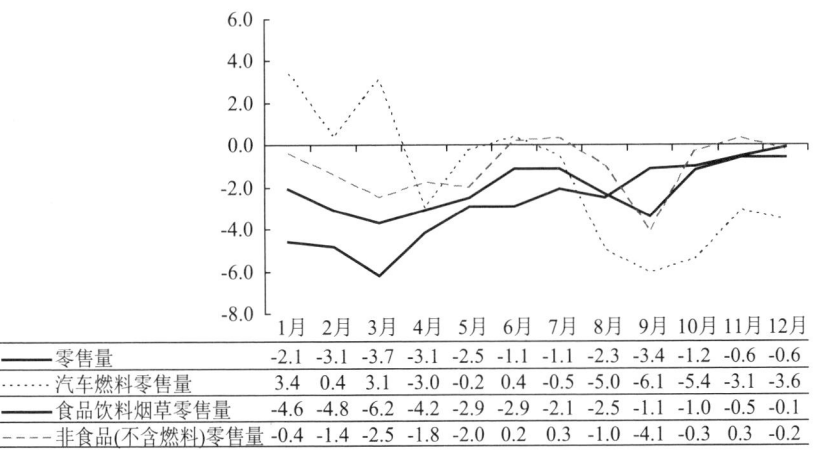

图3 2023年欧元区零售量同比增长率(%)

资料来源：欧盟统计局。

(四)对外贸易复苏乏力

2023年,欧元区货物贸易进出口总额为56335亿欧元,较上年下降7.3%,为2020年以来首次负增长。其中,货物出口额为28513亿欧元,下降0.7%;受能源进口价格大幅下跌以及经济放缓带来的内需疲软影响,货物进口额为27822亿欧元,大幅下降13.3%,为2009年以来最大降幅;净出口额由上年的-3350升至691亿欧元,转为小幅顺差(图4)。

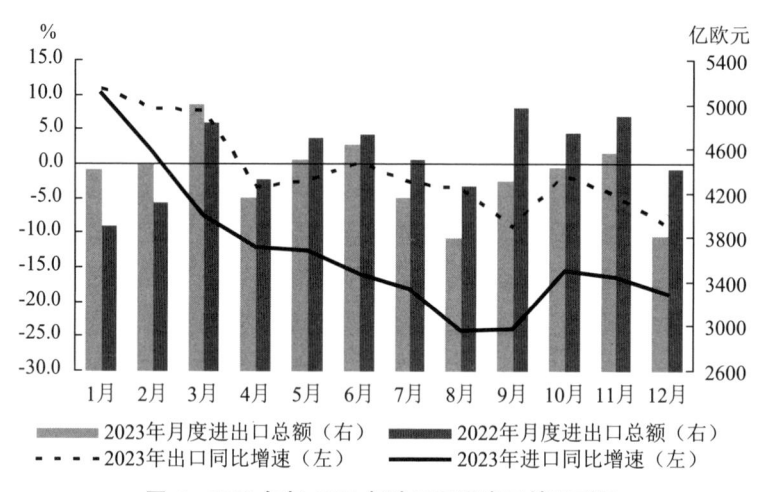

图4 2022年与2023年欧元区进出口情况对比

资料来源:欧盟统计局。

(五)通胀压力有所缓解

2023年,欧元区消费价格上涨5.4%,涨幅回落3.0个百分点,为1997年有记录以来次高;其中,能源价格(-2.0%)由涨转跌,为2020年以来首次下跌,成为通胀回落的主要因素,食品烟酒(10.9%)、非能源工业产品(5.0%)、服务类产品(4.9%)涨幅分别扩大1.9、0.4、1.4个百分点,均创有记录以来新高,核心消费价格上涨5.0%,涨幅扩大1.0个百分点,再创有记录以来新高。受能源价格下降影响,全年生产者价格下降3.2%,为2009年以来最大降幅(图5)。

(六)劳动力供给相对紧张

2022年,欧元区全年失业率为6.5%,较上年回落0.3个百分点,为有记录以来最低;月度失业率由1月份的6.6%降至3月份的6.5%,此后连续 7 个月持平于 6.5%；全年平均失业人数为 1110.4 万人，较上年减少 23.3 万人，其中 6 月份降至 1101 万人，为有记录最低(图 6)。

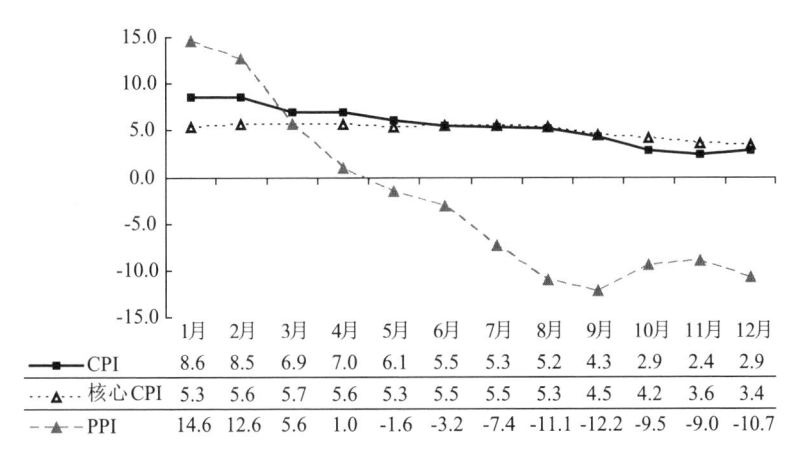

	1月	2月	3月	4月	5月	6月	7月	8月	9月	10月	11月	12月
CPI	8.6	8.5	6.9	7.0	6.1	5.5	5.3	5.2	4.3	2.9	2.4	2.9
核心CPI	5.3	5.6	5.7	5.6	5.3	5.5	5.5	5.3	4.5	4.2	3.6	3.4
PPI	14.6	12.6	5.6	1.0	-1.6	-3.2	-7.4	-11.1	-12.2	-9.5	-9.0	-10.7

图 5　2023 年欧元区消费价格和生产者价格同比涨幅(%)

资料来源：欧盟统计局。

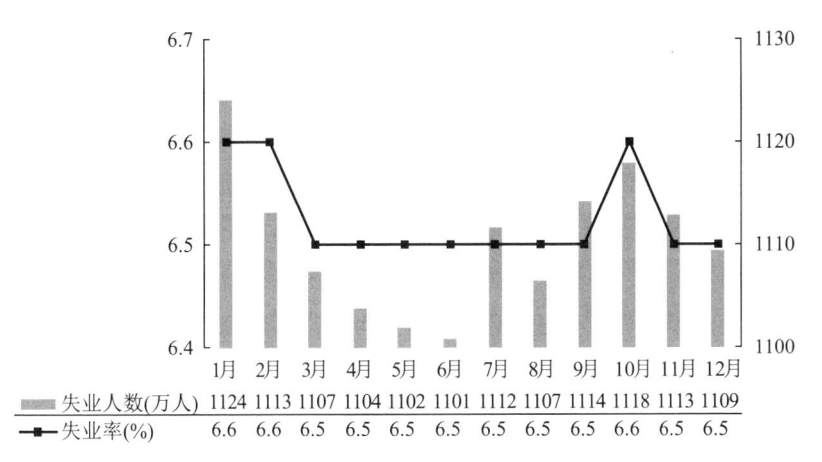

	1月	2月	3月	4月	5月	6月	7月	8月	9月	10月	11月	12月
失业人数(万人)	1124	1113	1107	1104	1102	1101	1112	1107	1114	1118	1113	1109
失业率(%)	6.6	6.6	6.5	6.5	6.5	6.5	6.5	6.5	6.5	6.6	6.5	6.5

图 6　2023 年欧元区失业人数和失业率

资料来源：欧盟统计局。

(七)景气指标持续走弱

2023 年，由于生产持续低迷，欧元区制造业 PMI 全年均处于 50.0% 荣枯线以下，德国、法国、意大利分别连续 12、11、8 个月低于 50.0%；受海外需求疲弱和劳动密集型服务业通胀依然偏高拖累,欧元区服务业 PMI 从 1 月份的 50.8%回落至 12 月份的 48.1%,成员国也均不同程度走低。消费者信心指数波动回升,由 1 月份的-20.7 升至 12 月份的-15.1,但仍处于相对低位,表明消费者对家庭财务状况以及总体经济形势的预期较为悲观(图 7)。

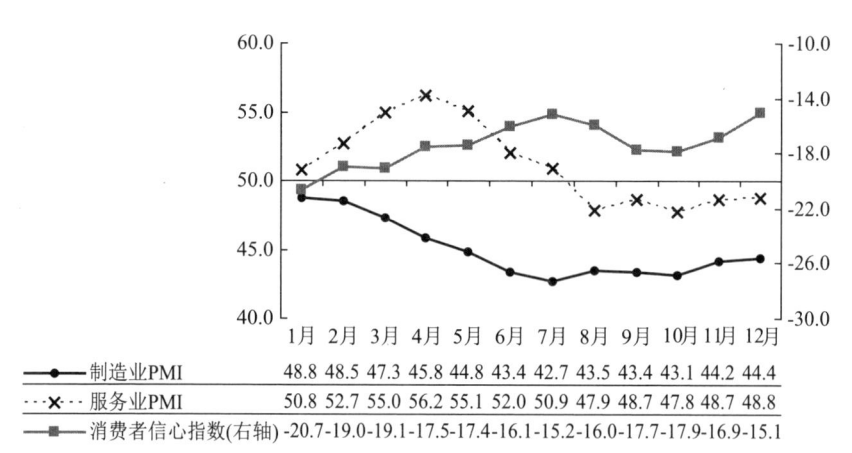

	1月	2月	3月	4月	5月	6月	7月	8月	9月	10月	11月	12月
制造业PMI	48.8	48.5	47.3	45.8	44.8	43.4	42.7	43.5	43.4	43.1	44.2	44.4
服务业PMI	50.8	52.7	55.0	56.2	55.1	52.0	50.9	47.9	48.7	47.8	48.7	48.8
消费者信心指数(右轴)	-20.7	-19.0	-19.1	-17.5	-17.4	-16.1	-15.2	-16.0	-17.7	-17.9	-16.9	-15.1

图 7 2023 年欧元区主要景气指标

资料来源:S&P Global、欧盟统计局。

二、2024 年欧元区经济复苏基础脆弱

展望 2024 年,受贸易前景改善、货币政策转向、消费市场回暖等积极因素提振,欧元区经济复苏步伐将有所加快,但在国际大宗商品价格上行和劳动力成本上升背景下,通胀仍存再度上行风险,地缘政治冲突扰动下能源资源等供给不确定性仍然较大,叠加财政政策收紧对经济增长支撑减弱,经济复苏基础仍然较为脆弱。

(一)支撑经济复苏的有利因素

一是对外贸易前景有望改善。据联合国贸发会议最新数据,预计一季度全球货物和服务贸易额环比分别增长 3.0%和 2.9%,均较上年四季度有所加快;4 月 10 日,WTO 发布《全球贸易展望与统计》报告,预计 2024 年全球货物贸易量增长 2.6%,上年为下降 1.2%。3 月份,全球制造业 PMI 新出口订单指数升至 49.5%,连续 5 个月回升,且贸易晴雨表

指数连续两个季度高于长期趋势线，表明贸易前景有所好转。全球贸易回暖有望带动欧元区出口恢复，2024年一季度，欧元区货物出口额逐步回归增长区间，呈现边际改善迹象。欧洲央行《宏观经济展望》指出，随着贸易条件改善，出口份额将有所提高，由于进口价格下降和国内需求恢复，进口将持续复苏，贸易仍将保持逆差。

二是货币政策有望转向宽松。由于欧元区3月份通胀回落速度快于预期，增强了市场对欧洲央行6月份降息的判断。同时3月末多位欧洲央行官员表态，赞同6月份进行首次降息，预计接下来两次议息会议中将讨论降息事项。利率下行预期增强有利于刺激投资增长。2024年3月，欧元区Sentix机构投资者预期指数为1.0，2022年3月以来首次转正。此外，欧元区制造业生产现恢复迹象，制造业PMI产出指数、新订单指数、新出口订单指数收缩程度均逐步收窄，显示制造业需求正在缓慢恢复。

三是消费需求有望低位回升。由于通胀回落和劳动力市场保持弹性，消费支出将走强，消费信心将有所改善，消费需求有望回升。据欧洲央行《宏观经济展望》预测，欧元区通胀率将从2023年的5.4%大幅下降至2024年的2.3%，其中能源价格预计将同比下跌1.6%，食品价格同比涨幅将从2023年的10.9%大幅下降至2024年的3.2%，核心通胀率将由4.9%回落至2.6%。尽管就业人数增速将由2023年的1.4%回落至0.5%，但劳动生产率将有所提高，劳动力市场仍将保持弹性。因此，欧洲央行预计2024年个人消费支出将拉动GDP增长0.6个百分点，较2023年上升0.3个百分点。

（二）制约经济复苏的风险因素

一是通胀再度上升风险犹存。3月份，欧元区CPI和核心CPI分别上涨2.4%和2.9%，持续高于央行2%的通胀目标。国际大宗商品价格上涨加大通胀压力。国际能源和金属价格持续上涨，而欧元区对燃料和原材料进口依赖度较高，面临较大的输入性通胀压力。据世界银行数据，3月份能源价格指数较上年末上涨4.7%，铝、铜、锡等金属价格分别上涨2.0%、3.4%和11.6%。劳动力成本持续上升。欧洲央行《宏观经济展望》预测，由于劳动力供给紧张、劳动者获得通胀补贴、最低工资上涨，预计2024年，单位劳动力成本将涨至历史高位，较上年增长4.4%，较2023

年预测值上调0.3个百分点,可能推迟通胀回归目标的时间。

二是地缘政治冲突持续存在,加大能源供应风险。俄乌冲突持续胶着,巴以冲突仍在发酵,加剧全球能源等大宗商品供应风险。由于俄罗斯和中东是原油主产区,地缘局势升温将加大原油供给不确定性;伊朗掌握霍尔木兹海峡通道,红海地区航运风险仍然较高。从消费端看,2022年欧洲天然气消费量为4988亿立方米,与俄乌冲突爆发前的每年5000亿立方米基本保持不变。从供应端看,2022年欧洲天然气储备、产量仅为2204亿立方米,这意味着约56%的天然气需求需要依靠进口满足。从天然气进口看,俄乌冲突以来俄罗斯大幅削减了对欧洲的天然气出口,2022年通过管道传输的天然气较2021年大幅缩减48.8%至854亿立方米,尽管美国加大了对欧洲的天然气出口,液化天然气出口量较2021年增长134%至721亿立方米,但根据IEA分析,来自美国的替代天然气供应仅满足俄罗斯供应缺口的约50%。在地缘冲突持续演变下,欧洲能源供应持续紧张且具有较大不确定性,若地缘紧张局势加剧,欧洲或将再度面临能源危机。

三是财政支出下降,对经济增长的支撑减弱。欧盟财政新规削减成员国财政支出。IMF2023年10月《全球财政监测》报告预测,2024年发达经济体政府债务占GDP比重将升至112.7%,远超90%的国际警戒水平。在高债务、低增长背景下,叠加美元持续走强,欧元区偿债成本上升,财政政策调整空间将进一步缩小。2024年3月,欧盟委员会发布2024年财政政策指南,强调确保债务可持续性,公共债务占比应呈下降或保持审慎水平,预算赤字应低于GDP的3%等。欧元区主要国家面临预算紧缩,法国和德国预计于2024年分别削减100亿和170亿欧元政府开支。

三、主要国际机构对欧元区经济预测

国际货币基金组织(IMF)4月16日《世界经济展望》指出,2024年欧元区的经济增长将有所提速,随着能源价格冲击的影响逐渐消退,以及通胀回落支持实际收入增长,预计家庭消费的增强将推动经济复苏,欧元区经济增速将从2023年的0.4%增长至2024年的0.8%。欧洲央行预测,2024年欧元区经济增速为0.6%,较2023年12月预测值下调0.2个百分点。报告指出,由于实际可支配收入增加,通胀回落,工资增长强劲,以

及贸易条件改善,预计2024年经济增长将逐步加快。但融资条件收紧和需求低迷在短期内将继续对经济活动构成压力,同时地缘冲突加剧供应链风险,经济复苏前景仍有较大不确定性。

2024年,主要成员国中,德国经济增长前景有所改善,受益于强劲的劳动力市场和不断上升的实际工资,消费市场将有所改善,但财政政策收紧将对短期经济增长前景产生不利影响,IMF预计德国经济将增长0.2%,欧委会预计将增长0.3%,较上年由负转正;法国经济将温和增长,由于通胀较快回落,私人消费将推动GDP增长,但高利率条件下投资或将保持低迷,IMF预计法国经济将增长0.7%,欧委会预计将增长0.9%,较上年有所加快;意大利经济继续缓慢增长,在家庭购买力增强、劳动力市场保持弹性、政府基础设施投资项目等因素支撑下,IMF预计意大利经济将增长0.7%,欧委会预计将增长0.9%,仍保持较低增速。

表2 主要国际组织对欧元区经济的预测

单位:%

国际组织	2023年	2024年预测值	2025年预测值
IMF	0.4	0.8	1.5
英国共识公司	0.4	0.5	1.4
OECD	0.5	0.6	1.3
欧洲央行	0.5	0.8	1.5
欧盟委员会	0.5	0.8	1.5
世界银行	0.4	0.7	1.6

资料来源:国际货币基金组织(IMF)《世界经济展望》(2024年4月),英国共识公司《国际经济调查预测》(2024年4月),经济合作与发展组织(OECD)《中期经济展望》(2024年2月),欧洲央行《宏观经济预测》(2024年3月),欧盟委员会《经济预测(冬季)》(2024年2月),世界银行《全球经济展望》(2023年1月)。

(执笔:朱祎;成文于2024年4月)

经济温和复苏　增长前景谨慎乐观

——2023年日本经济形势回顾及2024年展望

2023年，日本工业持续低迷、对外贸易继续恶化，但随着疫情影响逐渐消退，国内消费较快增长，市场信心稳步回升，服务业加快扩张，同时国际能源价格的回落令以能源进口驱动的高通胀正逐步降温，经济呈现温和复苏态势。展望2024年，在外部需求有望回暖、服务业及消费等领域稳步改善以及经济刺激政策有力支撑下，日本经济有望延续恢复势头，但受日元较快贬值以及全球政策走向分化、地缘冲突加剧、自然灾害频发等因素扰动下，叠加少子化、老龄化以及政府债务高企等中长期问题制约，经济前景仍具较大不确定性。

一、2023年日本经济温和复苏

（一）经济增速略有加快

2023年，日本国内生产总值达558.9万亿日元，较上年增长1.9%，增速加快0.9个百分点，为2010年以来次高，绝对量上已超过疫情爆发前水平。分季度看，得益于旅游、住宿、餐饮等服务业加快复苏带动，一、二季度GDP同比增长2.6%、2.3%，为2021年二季度以来最高和次高增速。但随着服务业恢复性反弹逐步消退，叠加全球金融环境收紧、海外需求低迷，下半年经济增速有所放缓，三季度和四季度GDP同比增长1.6%和1.2%。四个季度环比增速分别为1.0%、1.0%、-0.8%、0.1%（图1）。

从GDP构成看，国内需求拉动经济增长0.9个百分点，分项中，得益于居民消费需求持续旺盛，私人需求拉动经济增长0.6个百分点，其中私人消费、私人企业设备投资均拉动0.4个百分点，为需求的主要拉动项；政府需求拉动0.3个百分点。由于日元贬值、进口能源价格回落，净出口拉动经济增长1.0个百分点（表1）。

二 世界经济形势回顾与展望

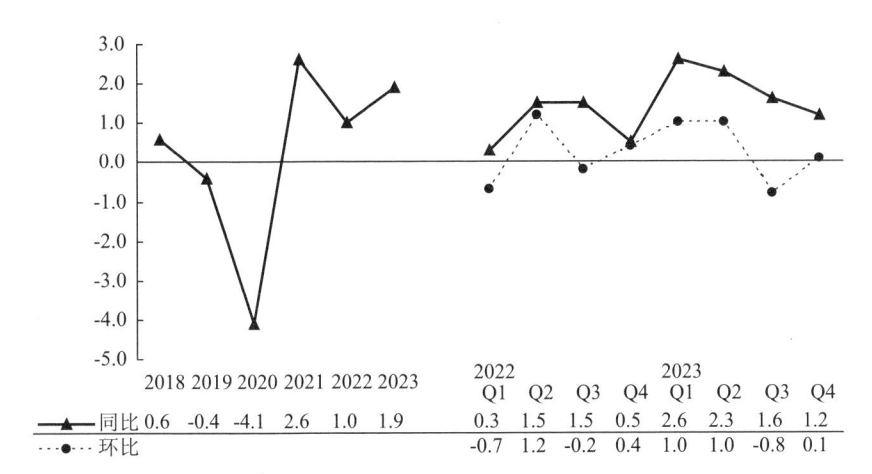

图 1 日本年度和季度GDP增长速度(%)

	2018	2019	2020	2021	2022	2023	2022 Q1	Q2	Q3	Q4	2023 Q1	Q2	Q3	Q4
同比	0.6	-0.4	-4.1	2.6	1.0	1.9	0.3	1.5	1.5	0.5	2.6	2.3	1.6	1.2
环比							-0.7	1.2	-0.2	0.4	1.0	1.0	-0.8	0.1

资料来源：日本内阁府。

表 1 日本国内生产总值构成对经济增长的拉动(%)

项　目	2023年	一季度	二季度	三季度	四季度
国内生产总值	**1.9**	**1.0**	**1.0**	**-0.8**	**-0.1**
国内需求	0.9	1.4	-0.7	-0.8	-0.1
私人需求	0.6	1.3	-0.7	-0.8	0.0
私人消费	0.4	0.4	-0.4	-0.2	-0.1
私人住宅投资	0.0	0.0	0.1	0.0	0.0
私人企业设备投资	0.4	0.3	-0.2	0.0	0.3
政府需求	0.3	0.1	0.1	0.0	-0.1
政府消费	0.2	0.0	0.0	0.1	0.0
政府投资	0.1	0.1	0.1	-0.1	0.0
净出口	1.0	-0.4	1.7	0.0	0.2
出口	0.7	-0.8	0.8	0.2	0.6
进口	0.3	0.4	0.9	-0.2	-0.4

注：环比贡献。

资料来源：日本内阁府。

从经济景气度看,由于国内外疫情限制措施全面放开,内需旺盛特别是服务业需求扩张,带动经济景气度逐步回升。12月份先行指数升至109.9,创2022年11月以来新高,表明经济前景改善向好。反映经济现状的一致指数以及落后于经济活动的滞后指标也均呈回升态势(图2)。

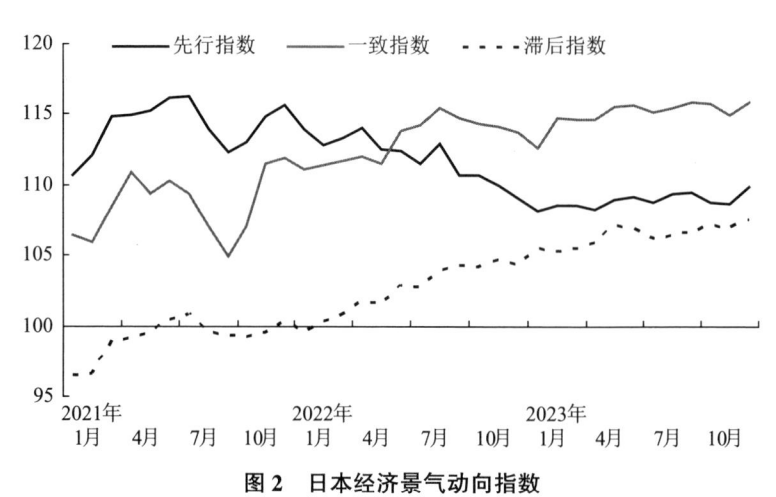

图 2 日本经济景气动向指数

资料来源:日本内阁府。

(二)工业生产持续萎缩

2023年,日本工业生产下降1.1%,降幅较上年扩大1.0个百分点。从月度数据看,1月份工业生产指数为94.0(2020年=100),为2022年5月以来最低,此后持续低位徘徊,全年平均为104.1,仍低于2019年111.6的水平(图3)。从分项看,15个工业大类中有13个负增长,其中,电子零部件制造业、生产设备制造业降幅接近10%,陶瓷石材制品制造业、纸制品制造业以及非药品化学制造业降幅超5%。

(三)国内消费较为活跃

因国内限制措施全面放开,旅游、餐饮、住宿等行业恢复加快带动消费全年保持旺盛,2023年日本零售额增长5.6%,增速较上年加快3.0个百分点,为1990年以来最高;受芯片供应短缺改善、国内固定资产投资加快带动,全年新车登记数增长15.8%,增速较上年由负转正,创2012年以来新高。消费者信心逐步回升,12月份消费者信心指数由1月份的31.0

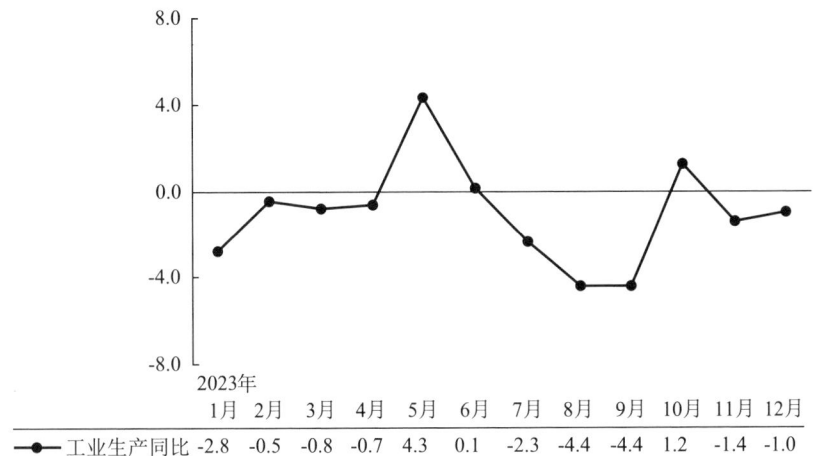

升至36.9,为2021年12月以来次高(图4)。

图3 2023年日本工业生产同比增速(%)

2023年	1月	2月	3月	4月	5月	6月	7月	8月	9月	10月	11月	12月
工业生产同比	-2.8	-0.5	-0.8	-0.7	4.3	0.1	-2.3	-4.4	-4.4	1.2	-1.4	-1.0

资料来源:日本产业经济省。

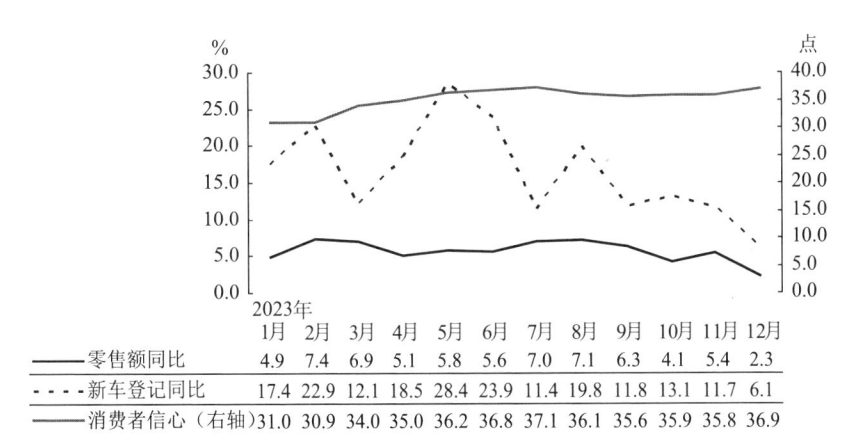

图4 2023年日本消费市场情况

2023年	1月	2月	3月	4月	5月	6月	7月	8月	9月	10月	11月	12月
零售额同比	4.9	7.4	6.9	5.1	5.8	5.6	7.0	7.1	6.3	4.1	5.4	2.3
新车登记同比	17.4	22.9	12.1	18.5	28.4	23.9	11.4	19.8	11.8	13.1	11.7	6.1
消费者信心(右轴)	31.0	30.9	34.0	35.0	36.2	36.8	37.1	36.1	35.6	35.9	35.8	36.9

资料来源:日本产业经济省、日本央行、日本内阁府。

(四)房地产市场更趋低迷

受工业、制造业萎缩拖累,2023年,日本全年新房开工量82.0万套,为2010年以来次低,较上年大幅下降4.6%。分类别看,自有、租赁和销售新房全面下降,自有新房22.4万套,下降11.4%,连续两年保持两位数降幅;租赁用新房、销售用新房分别为34.4万套、24.6万套,下降0.3%和3.6%,均由正转负。此外,家庭消费支出中,2023年地价租金支出较上年下降7.5%,房屋租金的大幅下跌显示出日本房地产市场显著降温。

(五)对外贸易继续恶化

因海外需求相对低迷,2023年日本出口额较上年增长2.8%,增速回落15.4个百分点,为近三年最低;因能源进口价格显著回落,进口额较上年下降7.0%;贸易逆差较上年收窄11万亿日元至9.3万亿日元。从月度数据看,出口年末现改善迹象,1—11月出口增速在2%左右波动,12月份加快至9.7%,为年内最高;进口在能源价格高基数影响下4—12月持续负增长(图5)。

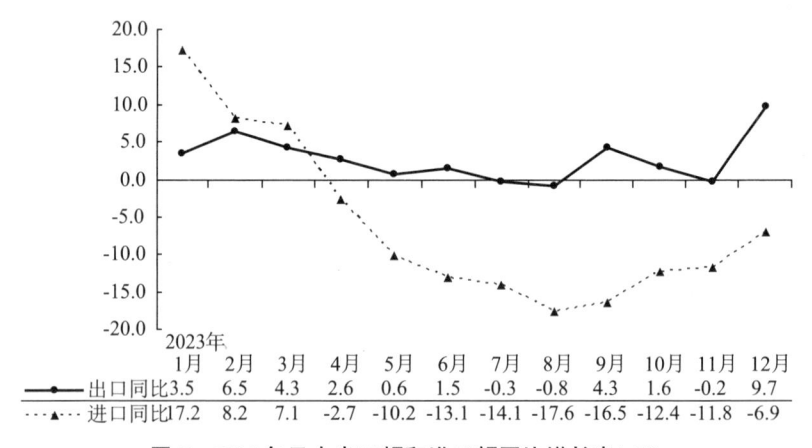

2023年	1月	2月	3月	4月	5月	6月	7月	8月	9月	10月	11月	12月
出口同比	3.5	6.5	4.3	2.6	0.6	1.5	-0.3	-0.8	4.3	1.6	-0.2	9.7
进口同比	17.2	8.2	7.1	-2.7	-10.2	-13.1	-14.1	-17.6	-16.5	-12.4	-11.8	-6.9

图5　2023年日本出口额和进口额同比增长率(%)

资料来源:日本财务省。

(六)高通胀由能源驱动转向其他领域

2023年,日本CPI上涨3.2%,涨幅较上年扩大0.7个百分点,为1991年以来新高;其中能源(-6.0%)较上年由正转负,食品(8.1%)、家具及家庭用品(7.9%)、教育文化娱乐(4.3%)均创40多年新高,表明高通胀由能源驱动转向其他消费领域。扣除生鲜食品的核心CPI上涨3.1%,扩大0.8个百分点,为1981年以来最高。PPI上涨4.2%,涨幅较上年回落5.6个百分点(图6)。

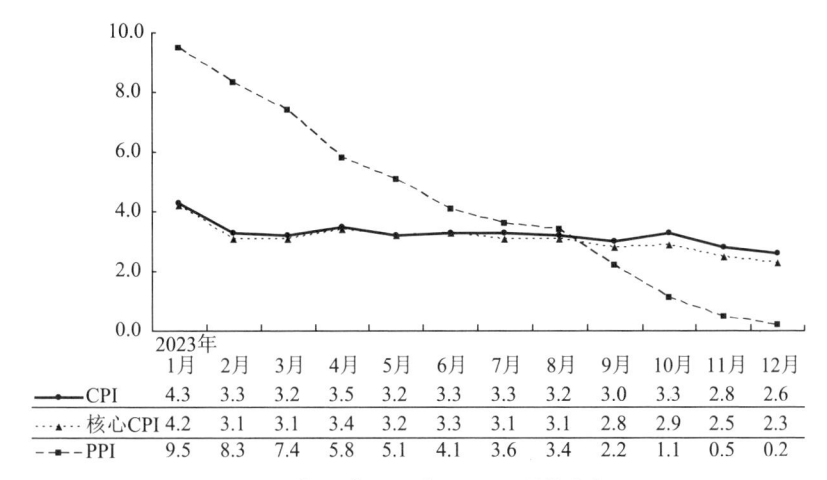

	1月	2月	3月	4月	5月	6月	7月	8月	9月	10月	11月	12月
CPI	4.3	3.3	3.2	3.5	3.2	3.3	3.3	3.2	3.0	3.3	2.8	2.6
核心CPI	4.2	3.1	3.1	3.4	3.2	3.3	3.1	3.1	2.8	2.9	2.5	2.3
PPI	9.5	8.3	7.4	5.8	5.1	4.1	3.6	3.4	2.2	1.1	0.5	0.2

图6 2023年日本CPI和PPI同比涨跌率(%)

资料来源：日本统计局和日本央行。

(六)就业市场稳步向好

2023年，日本失业率为2.6%，与上年持平，保持在1993年以来次低水平，全年失业人数较上年减少1万人至178万人，为2019年以来最低；就业人数较上年增加24万人至6747万人，已基本恢复至疫情前水平。此外，企业用人需求不断增加，求人倍率较上年上升0.03点至1.31，为2020年来最高水平，反映出日本就业环境延续向好态势。

二、2024年日本经济复苏前景谨慎乐观

2024年，在对外贸易条件改善、国内消费继续向好以及经济政策支撑下，日本经济有望延续温和复苏态势，此外，由于目前主要行业价格保持较高水平，雇员薪酬预期较快增长将支撑通胀在未来一段时间继续保持高位，3月份日本央行宣布结束负利率政策。但受日元持续贬值，以及全球货币政策走向、地缘冲突等不确定因素扰动，叠加政府债务高企、老龄化少子化等长期结构性问题难有改善，日本经济内生动力依然较弱，增长前景需谨慎乐观。

(一)支撑日本经济增长的主要因素

一是对外贸易条件有望继续改善。2024年全球贸易逐步恢复有望带动日本出口增长加快。2024年4月，国际货币基金组织(IMF)发布

《世界经济展望》报告预测,2024年全球货物和服务贸易量增长3.0%,较2023年加快2.7个百分点。4月10日,世界贸易组织(WTO)发布《全球贸易展望与统计》报告预测,2024年全球货物贸易量增长2.6%,上年为下降1.2%。在全球贸易恢复向好背景下,近期日本出口已呈现积极变化,2024年3月,货物出口额同比增长7.3%,连续3个月增速保持在7%以上。随着出口增长加快,叠加能源进口价格的显著回落有助于进口逐步恢复正常,日本对外贸易逆差有望进一步收窄,贸易条件将继续改善,贸易环境的恢复向好也将带动经济持续复苏。日本经济研究中心预测,2024年日本出口额增长2.2%,进口额增长1.8%,净出口额将拉动经济增长0.1个百分点。

二是雇员薪酬增长或将支撑通胀持续高于目标水平。为了实现稳定且持续的物价,2024年日本政府宣布全面加薪,这一政策的推出令春季的劳资谈判平均涨薪幅度超过5%,创33年新高。日本财务省4月份调查显示,日本全国63.1%的中型及中小企业计划在2024年提高雇员基本工资,较2023年的54.3%,增长8.8个百分点;计划涨薪的大企业约占81.1%,增长3.2个百分点。雇员薪酬的显著上涨有望推动形成"工资—物价螺旋上升"的良性循环,稳固高于目标水平的通胀形势。较高的薪酬增速还将提升居民实际可支配收入,提振居民购买力,拉动消费并对经济复苏继续构成支撑。

三是经济刺激政策将继续推动消费投资保持旺盛。2023年11月,日本政府超预期推出约17万亿日元(1130亿美元)的一揽子经济刺激计划,若包含地方政府和私营部门投资,总规模将扩大至37.4万亿日元。刺激措施主要包括,2024年6月起,减免企业和个人所得税、向低收入家庭直接发放现金,同时延长能源补贴发放至2024年4月底,以期达到提振居民消费和企业投资,拉动经济增长的目的。据日本内阁府估算,本轮刺激政策将在未来三年拉动GDP 3.6个百分点。此外,日本政府还将继续加大半导体、航空领域建设投资,并将未来三年设定为转向消费和投资主导型经济的"变革时期"。

(二)日本经济面临的挑战及存在的问题

一是日元持续贬值加剧经济下行风险。2024年3月,日本央行宣布结束持续8年的负利率政策,但政策力度不及市场预期,同时美国通胀并未降温,市场预计美联储将在较长时间维持利率高位,日美利差将保持较大差距。受此影响,日元呈现持续且大幅贬值态势。截至4月22日,日元兑美元较2023年末贬值8.9%,近期连续多日刷新1990年5月以来最低。日元持续贬值,一方面将推高进口成本。由于日本在能源和粮食等领域严重依赖进口,原材料、零部件以及粮食等进口价格的上涨将推高国内生产及物价水平,导致企业生产及居民生活成本增加,抑制生产恢复、需求扩张。另一方面将加大政府及企业偿债压力。截至2023年末,日本外币债务规模达632.4万亿美元,保持历史高位,日元贬值将令政府及企业外币债务进一步加重,在本币债务规模已十分庞大情况下,外币债务的增加将加剧政府及企业偿债压力。此外,日元持续贬值还将加剧国际资本市场对日元的投机交易行为,可能形成资本外流与贬值的恶性循环,加大金融体系的不稳定性和经济下行风险。

二是政府债务问题仍然严峻。2023财年,日本政府部门债务余额升至1280万亿日元,较上一财年增长3.1%;政府债务占GDP比重达218%,保持在历史高位,且远超国际警戒线。其中,国债余额增长2.7%至1097万亿日元,再创历史新高,占GDP比重为187%;国债依存度达31.1%,保持较高水平(表2)。据日本内阁府数据,2024财年日本财政预算总额为112.6万亿日元,连续两年超110万亿日元,2024财年税收收入预计达69.6万亿日元,财政来源不足部分将发行35.4亿日元的国债填补。在日本政府继续加大财政刺激力度,但财政支出需要持续依靠发行国债维持下,预计2024财年日本政府债务规模将进一步扩大。财政平衡恶化、债务规模庞大且不断增加不仅限制了日本政府的财政重建能力,将给未来经济增长和金融稳定带来前所未有的压力。

表2 日本债务及债务占GDP比重

项　　目	2019财年	2020财年	2021财年	2022财年	2023财年
国债余额(万亿日元)	914	973	1017	1053	1097
国债占GDP比重	164%	181%	184%	188%	187%
国债依存度	36.1%	73.5%	39.9%	44.9%	31.1%
中央和地方长期债务余额(万亿日元)	1106	1165	1208	1241	1280
债务占GDP比重	199%	217%	219%	221%	218%

资料来源:日本财务省。

三是少子化、老龄化问题依然突出。人口老龄化、出生率低下导致劳动力供给不足是制约日本经济的长期结构性问题。尽管日本政府在生育及就业上给予了较多政策支撑，但人口结构性问题并未有根本性改善。据日本总务省数据，截至2024年2月，日本总人口约1.2亿人，较上年同期减少64万人。从年龄细分看，15岁以下人口1420万人，减少32万人；15岁至64岁劳动人口7392万人，减少28万人；65岁及以上老年人口3623万人，减少2万人，其中75岁及以上老年人口增加73万人至2002万人，日本少子化、老龄化趋势进一步加剧。受此影响，日本劳动力市场长期处于短缺状态，2024年3月，失业率为2.6%，保持在1993年以来低位，求人倍率为1.28，处于1993年以来相对高位。劳动力供给短缺将持续限制生产活动复苏步伐，成为日本经济增长的"瓶颈"。

五是多重不确定性因素扰动经济复苏前景。首先，全球货币政策分化以及美国政策走向不确定性加剧日本金融市场波动。当前美国通胀依然高企，美联储降息时点再度推出，欧元区通胀已基本回落至较低水平，预计6月将开启降息，而日本于3月份结束负利率政策。全球货币政策走势分化以及美国政策走势的不确定性不仅将令日本政策走向面临两难抉择，还易导致市场预期分化，加大日本金融市场波动。其次，地缘冲突加大产业链、供应链不稳定不确定性。巴以冲突愈演愈烈、俄乌冲突旷日持久，地缘局势紧张加剧扰动产业链、供应链稳定，对日本能源与物资进口、海上运输等方面带来风险，阻碍生产及贸易恢复。第三，自然灾害频发加大经济脆弱性。2024年1月，日本能登半岛发生7.6级地震，据日本内阁府估算，此次地震将导致经济损失规模约2000亿日元。台风、地震等自然灾害频发将影响企业和消费者活动，阻碍经济恢复进程。同时，面对灾后修复问题，日本政府增加2024财年财政预算，将一项预备费由5000亿日元增至1万亿日元以支持地震灾区重建，不得不增加的重建支出将加重政府财政负担，使经济复苏更加艰难。

三、2024年日本经济增长预期放缓

近期，主要国际组织及机构预测，2024年日本经济增速将在0.6%—1.0%区间，低于2023年增长水平。主要由于疫情限制措施放开后国内消费特别是旅游、住宿、餐饮等服务业消费激增现象逐渐消退，同时结束

负利率政策或将进一步抑制生产及投资活动,叠加主要经济体货币政策走向、自然灾害、地缘冲突等不确定性较大,经济下行风险有所上升。

2024年1月,世界银行预测2024年日本经济增长0.9%,较2023年6月份预测值上调0.2个百分点。2024年2月,经济合作与发展组织(OECD)预测日本经济增长1.0%,与2023年12月预测值持平,由于通胀持续高于2.0%的目标水平,日本央行考虑退出负利率政策,经济前景承压。2024年4月,IMF预测2024年日本经济增长1.0%,与1月份预测值持平;英国共识公司预测增长0.6%,较1月份预测值下调0.2个百分点;日本央行预测2024财年日本经济增长0.8%,较1月份预测值下调0.4个百分点(表2),日本央行认为,2024年日本经济将保持温和复苏势头,随着高能源价格对生产投入的影响逐渐消退,工资上调提升居民购买力、减税及财政补贴带动企业投资,国内供需不平衡将有所改善,同时雇员薪酬的大幅上调有利于形成工资与物价上涨的良性循环,推动物价水平在中长期持续高于2%的目标水平,但经济运行中仍存在较多下风险,主要是全球经济复苏及主要经济体货币政策走向的不确定性、国际大宗及全球物价水平再上行对国内价格的外溢影响,以及日本国内长期面临的劳动力短缺、高债务等结构性问题。

表3 主要国际组织和机构对日本经济的预测

国际组织和机构	2023年估计值	2024年预测值	2025年预测值
世界银行	1.8	0.9	0.8
国际货币基金组织	1.9	0.9	1.0
经济合作与发展组织	1.9	1.0	1.0
英国共识公司	1.9	0.6	1.2
日本央行	1.3	0.8	1.0

注:日本央行数据指财政年度。

资料来源:世界银行《全球经济展望》(2024年1月);国际货币基金组织《世界经济展望》(2024年4月);英国共识公司《国际经济调查预测》(2024年4月);经济合作与发展组织《中期经济展望》(2024年2月);日本央行《经济及物价形势展望》(2024年4月)。

(执笔:郝悦;成文于2024年4月)

经济持续恢复　前景仍存隐忧

——2023年新兴经济体经济形势回顾及2024年展望

2023年,新兴经济体经济增长整体表现出较强韧性,生产活动持续改善,通胀水平整体回落,劳动力市场逐渐好转,经济活动持续恢复。展望2024年,随着主要发达经济体紧缩的货币政策有望转向宽松,新兴经济体政策空间或将扩大,叠加国内需求逐步恢复,经济增长有望企稳,但面临债务压力持续高企、地缘政治冲突限制贸易修复空间以及大宗商品价格上涨推升再通胀风险等不利因素,新兴经济体未来增长仍面临较大挑战。

一、2023年新兴经济体经济持续恢复

2023年,新兴经济体通胀水平快速回落,劳动力市场持续向好,制造业生产动能有所恢复,但对外贸易持续疲软,需求改善仍较为有限。2024年4月,国际货币基金组织(IMF)发布《世界经济展望》预测,2023年新兴和发展中经济体GDP增长率为4.3%,整体保持平稳增长。

(一)经济缓慢复苏

新兴经济体年度GDP增速有所放缓。 受需求和投资疲软影响,越南GDP增速(5.1%)较上年回落3.0个百分点,未实现政府6.5%的增长目标;印尼(5.1%)回落0.2个百分点,高于官方预测的5.0%,为2018年以来次高;墨西哥(3.2%)、巴西(2.9%)、韩国(1.4%)、新加坡(1.1%)和南非(0.6%)分别回落0.7、0.1、1.2、2.7和1.3个百分点,均为近3年最低;中国台湾(1.3%)回落1.3个百分点,为2009年以来最低;2023/2024财年,印度GDP增速(7.6%)回升0.6个百分点,高于官方估计的7.3%,增长势头仍较强劲;中国香港(3.2%)和俄罗斯(3.6%)实现正增长(图1)。

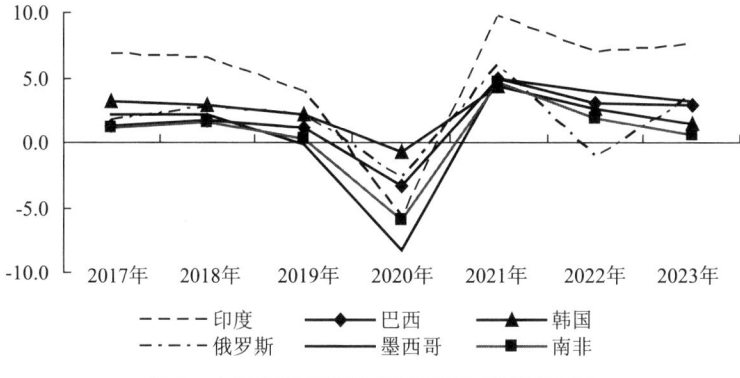

图 1 主要新兴经济体年度 GDP 增长率(%)

资料来源:各经济体官方统计网站。

新兴经济体季度 GDP 增速走势有所分化。随着国内外需求改善,多数经济体结束上年回落态势,GDP 增速逐渐加快。印度 GDP 增速由一季度的 6.1%回升至四季度的 8.4%,为 2022 年二季度以来最高;越南由一季度的 3.4%回升至四季度的 6.7%,逐季回升,为 2022 年三季度以来最高;中国台湾由一季度的-3.5%回升至四季度的 4.9%,逐季回升,结束自上年末的负增长;南非三季度跌至-0.7%,四季度回升至 1.2%,增速波动较大但整体呈现回升趋势;韩国和新加坡分别由一季度的 0.9%和 0.5%回升至四季度的 2.2%;俄罗斯于二季度结束此前连续四个季度的负增长,三季度达到 5.7%的相对高点,四季度回落至 4.9%。部分经济体延续上年回落态势,GDP 增速继续放缓。巴西由一季度的 4.2%回落至四季度的 2.1%;墨西哥由一季度的 3.6%回落至四季度的 2.5%;印尼增速较为稳定,在 4.9%—5.2%区间波动(图 2)。

(二)通胀水平稳步回落

在各国紧缩货币政策持续发力下,新兴经济体整体通胀高位回落。12 月份,南非(5.1%)和巴西(4.6%)CPI 同比涨幅较 1 月份分别回落 1.8 和 1.2 个百分点,均为 2023 年 8 月以来最低;韩国(3.2%)回落 2.0 个百分点,为 2023 年 7 月以来最低;俄罗斯(7.4%)、印度(5.7%)、墨西哥(4.7%)、越南(3.6%)和印尼(2.6%)分别回落 4.4、0.8、3.2、1.3 和 2.7 个百分点。

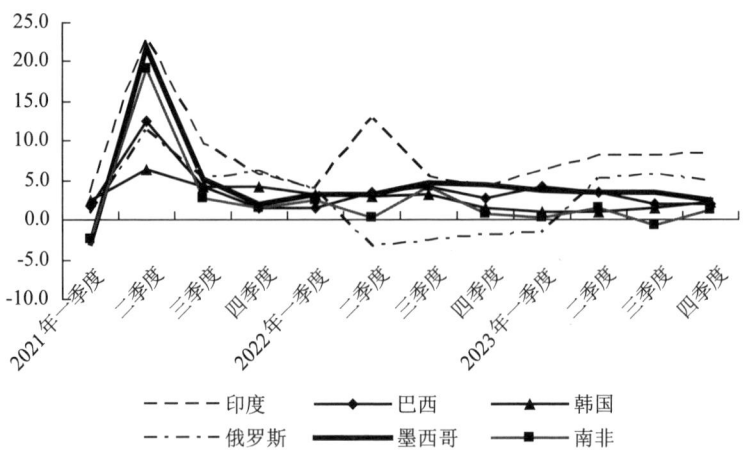

图 2　主要新兴经济体季度 GDP 同比增长率(%)

资料来源:各经济体官方统计网站。

从年度看,印度年均 CPI 同比涨幅(5.7%)较上年回落 1.0 个百分点,处于官方 2%—6%的目标区间内;俄罗斯(6.0%)回落 7.8 个百分点,为近 3 年最低,仍高于官方 4%的通胀目标;南非(5.9%)回落 1.0 个百分点,通胀压力有所缓解;巴西(4.6%)回落 4.7 个百分点,为近 3 年最低;印尼(3.7%)回落 0.5 个百分点,仍高于官方 1.5%—3.5%的目标区间;韩国(3.6%)回落 1.5 个百分点,高于官方 2.6%的通胀目标;菲律宾(6.0%)回升 0.2 个百分点,高于官方 2%—4%的目标区间,通胀压力仍存(图 3)。

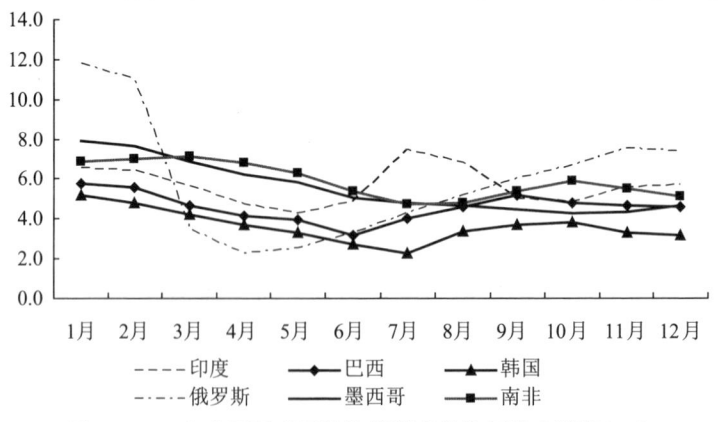

图 3　2023 年主要新兴经济体消费者价格同比上涨率(%)

资料来源:各经济体官方统计网站。

二　世界经济形势回顾与展望

(三) 劳动力市场持续向好

随着经济活动逐渐复苏,新兴经济体劳动力需求有所回暖,失业人数减少,劳动力市场持续恢复。2023年,韩国年度失业率(2.7%)较上年回落0.2个百分点,创历史新低;墨西哥(2.8%)回落0.5个百分点,为2001年以来最低;俄罗斯(3.2%)回落0.7个百分点,创历史新低;巴西(8.0%)回落1.5个百分点,为2014年以来最低;南非(32.4%)回落1.1个百分点,为近3年最低;印度(8.2%)回升0.6个百分点;越南(2.3%)与上年持平(图4)。

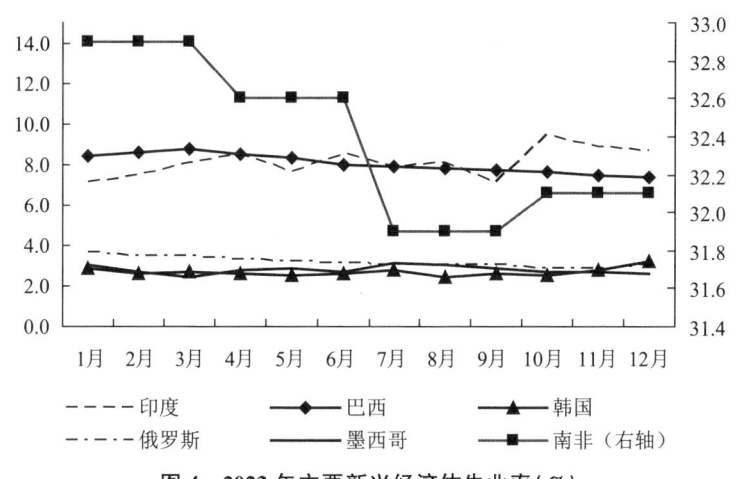

图4　2023年主要新兴经济体失业率(%)

资料来源:各经济体官方统计网站。

(四) 对外贸易持续疲软

受国际需求疲弱拖累,叠加地缘政治紧张局势加剧,新兴经济体对外贸易持续收缩,但下半年现恢复迹象。从全年数据来看,新兴经济体贸易增速由正转负。全球经济"金丝雀"韩国进出口贸易总额同比增速(-9.9%)较上年由正转负,为2015年以来最低增速,其中,出口(-7.5%)和进口(-12.1%)分别为2019年和2015年以来最低增速;越南(-6.8%)、印度(-5.8%)和巴西(-4.3%)均由正转负。

从月度数据来看,新兴经济体贸易现回暖迹象。12月份,韩国进出口贸易总额同比增速为-3.3%,较7月份21.0%的降幅逐渐收窄,其中出

123

口(5.0%)连续3个月正增长;越南出口贸易总额同比增速(8.0%)较上月回升5.2个百分点,连续4个月正增长;巴西(0.2%)结束此前连续6个月的负增长(图5)。

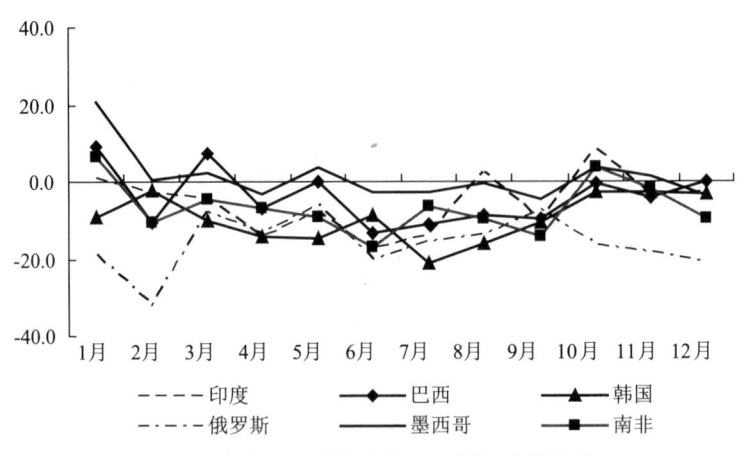

图5 2023年新兴经济体进出口总额同比增长率(%)

资料来源:各经济体官方统计网站。

(五)制造业活动有所分化

受各国制造业复苏进程差异化影响,新兴经济体制造业PMI走势有所分化。在产出和新订单增长拉动下,印度、俄罗斯和印尼制造业PMI全年处于扩张区间,分别在54.9%—58.7%、52.1%—54.6%和50.3%—53.9%之间波动,扩张势头较为强劲;墨西哥和菲律宾温和扩张,分别有10个月和11个月处于扩张区间,扩张期间内,制造业PMI基本在50%—53%之间波动;巴西和韩国均有11个月收缩,但整体呈现回升势头,12月份,巴西由4月份44.3%的低点回升至48.4%,韩国由6月份47.8%的低点回升至49.9%,接近50%的荣枯线;越南波动较大,5月份,越南制造业PMI由2月份51.2%的高点回落至45.3%,8月份回升至50.5%的扩张区间,11月份再次回落至47.3%,整体来看越南制造业活动仍较疲软(图6)。

二 世界经济形势回顾与展望

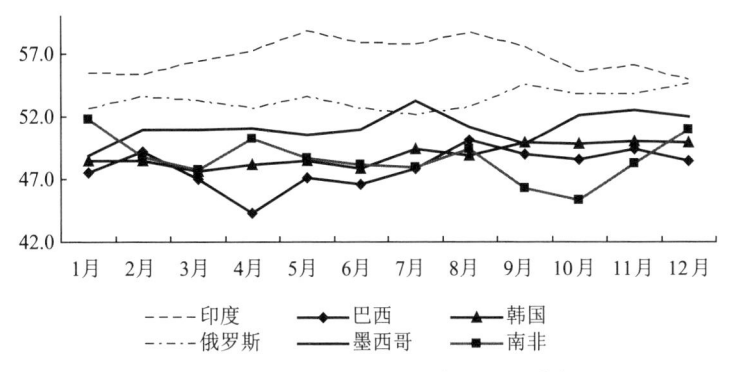

图6 2023年主要新兴经济体制造业PMI走势(%)

资料来源:S&P Global,南非制造业PMI来源于南非经济研究局。

二、2024年新兴经济体经济展望

2024年,随着中国经济继续复苏,全球通胀快速回落,主要经济体加息结束,即将开启降息周期,新兴经济体政策空间将转向宽松,积极因素有望增加,经济增长仍具韧性。但在利率高企加大债务压力、地缘政治冲突限制全球贸易反弹程度、国际大宗商品价格上行带来再通胀风险等不利因素影响下,新兴经济体经济增长仍面临多重挑战。

(一)支撑新兴经济体经济复苏的有利因素

一是中国经济复苏加快,拉动新兴经济体经济增长。 随着国内需求的持续恢复,中国来自新兴经济体的进口有所扩大,从而拉动新兴经济体出口增长。从进口增速看,中国进口总额降幅逐渐收窄,2023年12月实现了0.2%的正增长,从进口额看,中国进口额逐渐增加,12月份进口额为2283.5亿美元,为2022年9月以来最高。10—12月,来自印度、巴西和越南的进口额分别实现20%、30%和15%以上的增速,其中,12月份来自巴西的进口额为117.3亿美元,创2023年8月以来新高,10月份来自越南的进口额为103.6亿美元,创历史新高。内需的持续恢复释放经济潜力,从而拉动新兴经济体整体增长。据国家统计局核算,2023年中国全年经济增长5.2%,增速在全球主要经济体中保持领先,仍是全球增长的最大引擎。2024年全球经济前景仍存在较多不确定性,但国际组织纷纷预测,2024年中国经济将延续回升向好态势,成为加速全球经济复苏的重要动力。

二是全球通胀快速回落,新兴经济体政策空间有望扩大。疫情期间,生产活动停滞、全球供应链受到较大冲击,导致商品供应短缺,能源价格大幅上涨,为拉动需求、刺激经济增长,各国纷纷采取宽松政策,多重因素共同作用推升物价水平,导致全球通胀快速上涨。2023年以来,随着经济缓慢修复,能源价格有所回落,生产活动逐渐回归正常,叠加紧缩货币政策的效果持续显现,全球通胀得以快速回落。IMF4月份《世界经济展望》指出,2023年,全球总体通胀率将较2022年的8.7%降至6.8%,其中,新兴经济体的通胀率预计将下降1.5个百分点至8.3%。通胀压力的缓解或将扩大新兴经济体实施宽松政策的空间,从而有助于改善商业、消费者和金融市场情绪,进一步拉动经济增长。

三是主要发达经济体加息进程结束,或将缓解新兴经济体资本外流压力。美欧等发达经济体的持续加息吸引全球资本纷纷流向发达国家市场,不仅导致新兴经济体汇率相对贬值,而且增加了新兴经济体的资本流出压力。2023年,随着全球通胀稳步回落,主要发达经济体陆续结束加息进程,即将开启降息周期。2023年7月,美联储停止加息,美联储联邦基金利率稳定在5.50%;2023年8月,英国央行停止加息,英国基准利率稳定在5.25%;2023年9月,欧元区停止加息,欧元区基准利率稳定在4.50%,发达经济体加息结束有助于保持全球金融市场的稳定,降低对新兴经济体金融市场的扰动。同时,相对于发达经济体来说,新兴经济体增长势头整体较为强劲,面对具有韧性的增长前景,资金或将从发达经济体向新兴经济体流动,从而缓解新兴经济体的资本外流压力。

(二)制约新兴经济体经济复苏的风险因素

一是利率持续高企增加新兴经济体债务压力。外债是新兴经济体债务的重要组成部分,疫情期间经济活动受到较大冲击,为缓解资金压力,一些新兴经济体大规模举债,外债占GDP的比重大幅度提升。在新兴经济体债务规模较大且外债占比较高的背景下,全球利率持续高企抬升了其未来融资成本和还债压力,加大债务危机风险。据国际金融研究所(IIF)《全球债务监测》报告显示,2023年全球债务水平达到313万亿美元,时隔一年再创历史新高。新兴市场的债务压力指数创2021年以来新高,其中,印度、阿根廷、俄罗斯、马来西亚和南非的增幅最大,表明新兴经济体债务偿还方面的潜在挑战正在增加。根据摩根大通数据显示，新兴市场欧元主权债券的到期债务将从2023年的436亿美元飙升至2024年的784亿美元。

二是地缘政治冲突或将加剧全球贸易疲软。对外贸易一直是新兴经济体发展的关键驱动力，也是其外汇收入的关键来源。2023年下半年，全球需求有所回暖，新兴经济体对外贸易整体状况有所好转，部分经济体进出口增速实现了正增长，但是持续紧张的中东局势和红海危机加剧了对未来全球贸易持续疲软的担忧。联合国贸易和发展会议《全球贸易更新》报告显示，2023年全球贸易额不足31万亿美元，较上年减少约1.5万亿美元，同比下降5.0%，报告指出，2024年全球贸易前景仍存较大不确定性。WTO《全球贸易展望与统计》预计，2024年全球货物贸易将逐步回升，全球货物贸易量增长2.6%，较2023年将由负转正，但地区冲突、地缘政治紧张局势和经济政策不确定性或将限制全球贸易反弹的程度，全球贸易前景面临的风险偏向下行。

三是国际大宗商品价格上涨带来再通胀风险。2023年上半年，国际大宗商品价格指数呈现波动回落态势，但7月份开始低位反弹，9月份为115.0（2010年=100），达到1月份以来的新高，此后逐渐回落，12月份降至102.3的相对低点。2024年年初以来，随着经济活动平稳复苏，全球制造业活动扩张加快推动需求回暖，叠加地缘政治冲突引发能源供应担忧，能源价格持续上涨。2024年3月，国际大宗商品价格指数环比上涨2.1%，较2023年年末上涨3.5%，其中能源价格指数环比上涨2.0%，较2023年年末上涨4.7%，连续3个月上涨。能源价格的上涨将加大对燃料进口依赖度较高经济体的输入性通胀压力，带来通胀再次上行风险。

三、2024年新兴经济体经济的初步预测

据主要国际组织机构预测，2024年新兴经济体经济增速有所回落，但经济增长仍具韧性。世界银行和国际货币基金组织（IMF）预测2024年新兴经济体经济增速分别为3.9%和4.2%，均较2023年回落0.1百分点，经济增速整体保持稳定，延续缓慢恢复态势。

2024年，在强劲的消费需求和劳动力市场拉动下，印度经济增速将处于6.2%—6.8%之间，虽较上年的7.6%有所回落，但仍保持较快增长；

随着全球贸易回暖,在出口复苏拉动下,韩国经济增速将较2023年的1.4%回升至2.1%—2.3%之间;越南和菲律宾延续复苏势头,分别由2023年的5.1%和5.6%回升至5.5%—6.0%和5.7%—6.2%之间;印度尼西亚将继续保持5.0%左右的增速,延续上年较快增长态势;受俄乌冲突影响,战争支出增加叠加西方国家实施的经济制裁拖累俄罗斯经济增长,世界银行和英国共识公司预测俄罗斯经济增速将由2023年的3.6%大幅放缓至1.3%和2.0%,但IMF认为俄罗斯有望实现3.2%的增长;巴西和墨西哥继续放缓,分别较2023年的2.9%和3.2%回落至1.5%—2.2%和2.3%—2.6%之间。

表 2024年主要新兴经济体GDP增长率预测(%)

经济体	世界银行	国际货币基金组织	经济合作与发展组织	英国共识公司
新兴和发展中经济体	**3.9**	**4.2**	—	—
印 度	6.4	6.8	6.2	6.6
韩 国	—	2.3	2.2	2.1
俄罗斯	1.3	3.2	1.8	2.0
巴 西	1.5	2.2	1.8	1.7
墨西哥	2.6	2.4	2.5	2.3
印度尼西亚	4.9	5.0	5.1	4.9
土耳其	3.1	3.1	2.9	2.5
泰 国	3.2	2.7	—	2.9
阿根廷	2.7	-2.8	-2.3	-3.5
菲律宾	5.8	6.2	—	5.7
南 非	1.3	0.9	1.0	1.2
越 南	5.5	5.8	—	6.0

注:印度为财政年度数据。

资料来源:世界银行《全球经济展望》(2024年1月),国际货币基金组织《世界经济展望》(2024年4月),经济合作与发展组织《中期经济展望》(2024年2月),英国共识公司《国际经济调查与预测》(2024年3月)。

(执笔:赵宇欣;成文于2024年4月)

国际大宗商品价格显著回落 未来仍存下行压力

——2023年国际大宗商品价格走势分析及2024年展望

2023年,受世界经济增长放缓、主要经济体货币紧缩政策以及疫情和俄乌冲突对世界经济的扰动减弱等因素影响,国际大宗商品需求下滑而供给改善,2020年以来供需紧张态势得到有效缓解,大宗商品价格大幅回落。展望2024年,世界经济持续低增长将对大宗商品价格产生下行压力,主要经济体货币政策转向或将成为价格的支撑因素,国际组织预测价格将小幅回落,但在俄乌和巴以双重地缘冲突影响下,价格走势不确定性仍然较大。

一、2023年国际大宗商品价格大幅回落

随着疫情形势缓和及俄乌冲突影响减弱,国际大宗商品供给持续改善,加之世界经济增长放缓、全球流动性收紧抑制国际大宗商品需求,导致价格承压下行。2023年,国际大宗商品价格指数为108.0(2010年=100),较上年下跌24.2%,其中,能源价格指数为106.9,较上年下跌29.9%;非能源价格指数为110.1,较上年下跌9.8%。能源价格波动较大,上半年快速走低,6月份降至95.2,较2022年12月下跌27.3%,创2021年6月以来新低,此后受OPEC+成员国原油减产政策影响,三季度能源价格短暂回升,四季度重回下跌态势,12月份跌至99.5,同比下降24.0%。非能源价格稳步回落,5月份降至109.5,为2021年4月以来首次降至110.0以下,此后持续在107—110区间震荡,12月份降至107.2,同比下降5.2%,创2021年3月以来新低(图1)。

国际油价整体下行。 在世界经济活动疲软、美国原油产量创纪录以

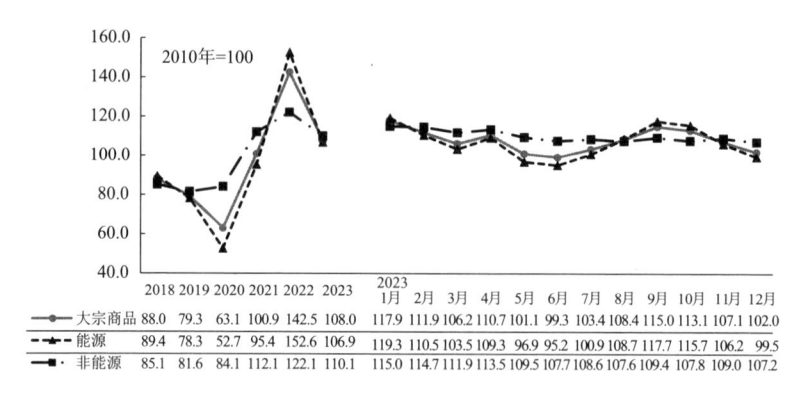

图1 国际大宗商品价格走势

	2018	2019	2020	2021	2022	2023	2023年1月	2月	3月	4月	5月	6月	7月	8月	9月	10月	11月	12月
大宗商品	88.0	79.3	63.1	100.9	142.5	108.0	117.9	111.9	106.2	110.7	101.2	99.3	103.4	108.4	115.0	113.1	107.1	102.0
能源	89.4	78.3	52.7	95.4	152.6	106.9	119.3	110.5	103.5	109.3	96.9	95.2	100.9	108.7	117.5	115.7	106.2	99.5
非能源	85.1	81.6	84.1	112.1	122.1	110.1	115.0	114.7	111.9	113.5	109.5	107.7	108.6	107.6	109.4	107.8	109.0	107.2

资料来源：世界银行。

及俄罗斯生产和出口稳定的情况下，油价总体面临下行压力。2023年，OPEC一揽子原油平均价格较上年下跌17.1%。上半年，国际油价波动下行，6月份，OPEC一揽子油价跌至75.19美元/桶，较2022年12月下跌5.6%。此后，受多个产油国深化减产协议、亚洲能源需求增长以及发达经济体货币紧缩步伐放缓等因素影响，三季度油价止跌回升，9月份OPEC一揽子油价涨至94.60美元/桶，为年内最高水平。但市场对世界经济前景与能源需求前景的担忧情绪不断升温，国际原油市场持续疲软，四季度油价再度走弱，12月份降至79.00美元/桶，同比下降0.9%（图2）。

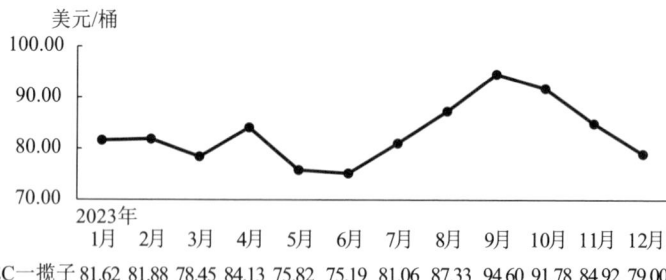

图2 2023年OPEC一揽子原油价格走势

2023年	1月	2月	3月	4月	5月	6月	7月	8月	9月	10月	11月	12月
OPEC一揽子原油	81.62	81.88	78.45	84.13	75.82	75.19	81.06	87.33	94.60	91.78	84.92	79.00

资料来源：OPEC官网。

农产品价格平稳运行。2023年，农产品价格在108—115区间震荡，较上年下跌7.2%。1—4月，主要农产品价格小幅上升，4月份粮食价格较2022年12月上涨2.2%至114.1（2010年=100），为2023年最高水平。此后农产品价格震荡下行，12月份回落至108.9，同比下降2.4%，其中，粮食价格同比下降14.8%，在主要农产品中降幅最大。**金属价格持续回落**。受原油价格下跌、工业生产低迷、金属需求回落影响，金属价格有所下降。2023年，金属价格较上年回落9.6%，连续两年回落。12月份，金属价格跌至102.4，同比下降4.9%，其中，受高基数效应影响，镍、锌、铝分别下降43.1%、20.0%、9.1%，但仍高于疫情前水平。**化肥价格大幅回落**。一方面能源价格回落缓解化肥生产成本压力，另一方面随着俄乌局势缓和，化肥出口瓶颈得到缓解，供应有所增加，价格高位回落。2023年，化肥价格指数较上年下降34.9%，但仍处于历史高位。12月份，化肥价格同比下跌36.0%至119.4，创2021年5月以来新低（图3）。

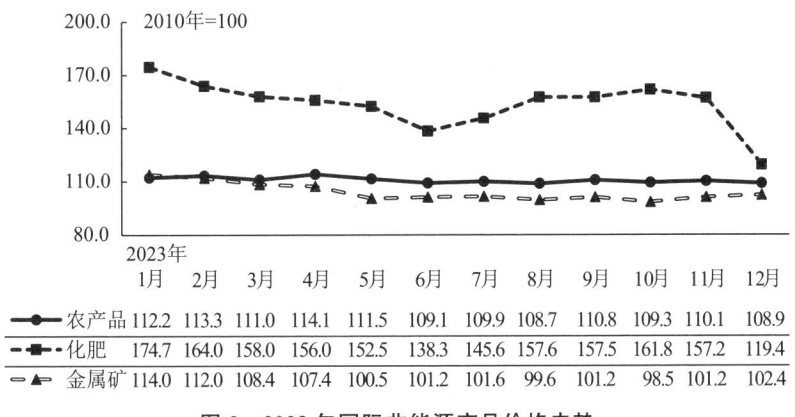

2023年	1月	2月	3月	4月	5月	6月	7月	8月	9月	10月	11月	12月
农产品	112.2	113.3	111.0	114.1	111.5	109.1	109.9	108.7	110.8	109.3	110.1	108.9
化肥	174.7	164.0	158.0	156.0	152.5	138.3	145.6	157.6	157.5	161.8	157.2	119.4
金属矿	114.0	112.0	108.4	107.4	100.5	101.2	101.6	99.6	100.2	98.5	101.2	102.4

图3　2023年国际非能源产品价格走势

资料来源：世界银行。

二、需求走弱与供给改善双向推动国际大宗商品价格中枢下行

2023年，在世界经济增长放缓、全球贸易陷入收缩、制造业增长动能不足等因素影响下，国际大宗商品需求走弱，同时随着疫情和俄乌冲突缓和，能源和非能源供给均得到有效改善，大宗商品供需关系由紧张转为宽松，成为推动价格中枢回落的主要因素，此外，主要经济体延续紧缩货币

政策导致全球流动性收紧,助推价格下行。

(一)世界经济增长放缓拖累国际大宗商品需求

2023年,受地缘冲突、高通胀、货币政策紧缩等因素影响,世界经济下行压力加大,拖累国际大宗商品需求。**一是世界经济增速放缓**。据世界银行数据,2023年世界经济增速为2.6%,较2022年回落0.4个百分点,并指出2020—2024年将成为世界经济30年来增速最慢的5年。**二是全球贸易疲软**。2023年12月,联合国贸发会议《全球贸易趋势》报告显示,2023年全球货物和服务贸易额较上年下降5.0%。12月份,全球制造业PMI新出口订单指数为48.0%,较上月回落0.1个百分点,连续22个月处于收缩区间。**三是制造业生产恢复乏力**。能源、金属等主要大宗商品作为初级投入品,制造业发展规模直接影响其需求变化。全球制造业PMI在48%—50%区间波动,全年均位于50%以下的收缩区间。发达经济体制造业活动整体疲弱,2023年,美国工业生产同比增长0.2%,较上年回落3.2个百分点,制造业PMI有10个月收缩,欧元区工业生产连续9个月同比负增长,制造业PMI全年均收缩(图4)。

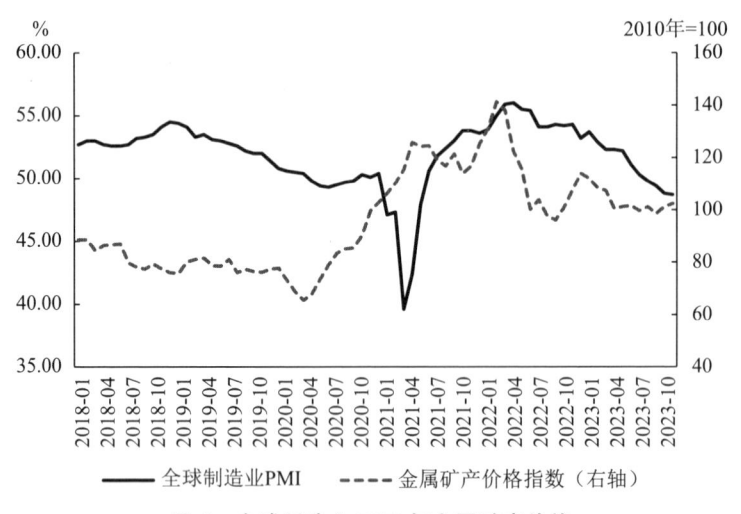

图4 全球制造业PMI与金属矿产价格

资料来源:全球制造业PMI数据来源于S&P Global公司,金属矿产价格指数来源于世界银行。

(二)能源与非能源供给得到有效改善

随着主要经济体疫情限制措施放开、供应链瓶颈缓解、以及俄乌冲突造成的能源和食品市场混乱逐渐消退,国际大宗商品供给持续改善。**能源方面,2023年非OPEC+产油国引领全球供应增长**。2023年非OPEC+国家的石油生产保持稳健,OPEC+减产被以美国、巴西、圭亚那和伊朗等国的增产基本抵消。据世界银行发布的《2023年大宗商品市场展望》报告,在2023年一季度至三季度期间,美国页岩气供应同比增长5%。**非能源方面,全球粮食供给有所改善**。联合国粮农组织最新预测显示,2023年全球谷物产量为28.23亿吨,同比增长0.9%,比2021年的历史最高纪录高出1040万吨。2023年全球谷物贸易量为4.7亿吨,较上年下降1.8%,库存利用比回升0.1个百分点至30.8%,为2017年以来次高(图5)。

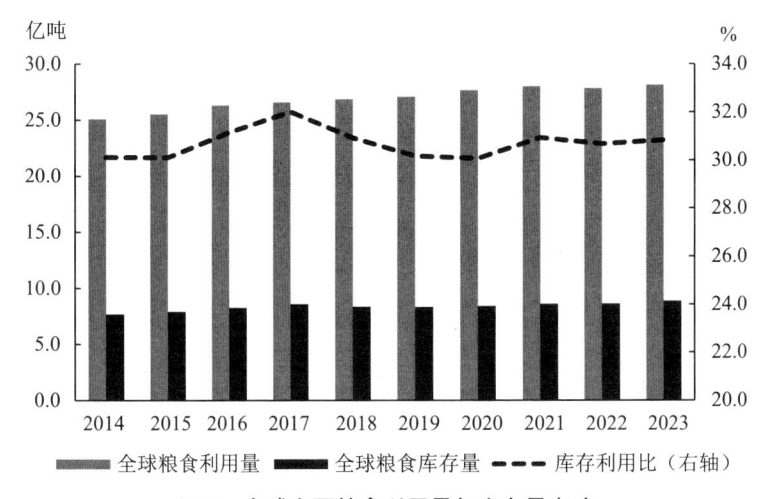

图5 全球主要粮食利用量与库存量变动

资料来源:国际粮农组织(FAO)。

(三)主要经济体延续紧缩货币政策助推国际大宗商品价格回落

2023年,为促使通胀水平尽快回归至目标区间,**主要经济体延续紧缩货币政策**。其中,美联储累计加息4次共100个基点,上调联邦基金利率目标区间至5.25%—5.50%;欧洲央行连续加息6次,累计200个基点。一方面,随着全球货币政策收紧,金融市场避险情绪升温,抑制国际大宗商品投资需求,导致价格承压下降;另一方面,美元作为大宗商品的基础计价货币,历史研究表明,美元指数与大宗商品价格存在负相关关系。随着美国利率水平提高,美元指数居高不下,2023年,美元指数在99—108区间波动,处于2003年以来高位,美元走强对大宗商品价格具有一定的平抑作用(图6)。

图6 国际大宗商品价格与美元指数走势

资料来源:世界银行、WIND。

(四)地缘冲突加剧国际大宗商品价格波动

近年来,地缘冲突频发,加大国际大宗商品的供应和运输不确定性,成为影响大宗商品价格变动的重要因素。2023年上半年,在俄乌紧张局势缓解以及黑海粮食协议的保障下,能源供应有所改善,粮食出口仍具韧性,缓解了市场恐慌情绪,大宗商品价格逐步回落。下半年,巴以冲突爆发再次加剧能源价格波动,冲突爆发后的两周内,WTI原油价格和布伦特原油价格分别上涨7.9%和9.2%。世界银行《大宗商品展望报告》指出,若巴以冲突升级,大宗商品价格前景将迅速转暗,在"小规模干扰"情景下,全球石油供应每天将减少50万至200万桶,油价将达到每桶93—102美元。2023年末,巴以冲突蔓延至红海地区,多家航运巨头公司宣布暂停红海航行或绕行非洲南端的好望角,航运距离大幅增加,推高运输时间和费用成本,12月4日波罗的海干散货指数(BDI)升至3346点,创2022年5月以来新高,较11月初上涨141.6%。

三、2024年国际大宗商品价格趋于小幅下降

展望2024年,世界经济走势、宏观经济政策和地缘政治仍将是影响大宗商品价格的主要因素。2024年1月,国际货币基金组织(IMF)发布《世界经济展望》预测,2024年世界经济增速为3.1%,与2023年持平,仍低于2000—2019年3.8%的历史平均增速,表明货币政策收紧和财政支持政策退出对经济增长的拖累仍将持续。日益加剧的贸易限制和地缘紧张局势将继续拖累全球贸易增长,据全球贸易预警数据,2023年各国共实施约3000项新的贸易限制措施,远高于2019年的1100项。据IMF预测,2024年全球贸易量将增长3.3%,低于4.9%的历史平均增速。因此,在世界经济和贸易均低速增长的背景下,国际大宗商品价格仍将面临下行压力。

随着通胀压力缓解,主要经济体货币政策有望转向宽松,或将成为支撑国际大宗商品价格的重要因素。 主要经济体紧缩政策效果逐渐显现,叠加大宗商品价格下跌,通胀水平将持续回落。据IMF数据,2024年全球通胀水平将回落至5.8%,其中发达经济体将回落至2.6%,接近主要经济体央行的通胀目标。若通胀得到较好控制,美欧等发达经济体或将转向降息。2024年2月1日,美联储主席表示委员会内部几乎所有人都预期降息是合适的,但会谨慎地考虑降息时点;2024年1月31日,欧洲央行行长表示,所有欧洲央行决策层官员都同意下一步行动将是降息。若货币政策转向宽松,一方面将刺激世界经济增长,另一方面将释放更多流动性,增强金融市场信心,共同改善大宗商品需求,推升价格水平。

地缘冲突仍在持续,加剧国际大宗商品价格不确定性。 当前,世界经济面临俄乌冲突和巴以冲突双重挑战,2024年,若地缘紧张局势再度加剧,可能引起新的大宗商品供应扰动。世界银行分析文章指出,若红海地区紧张局势持续到3—4月,届时全球贸易出现季节性反弹,运力紧张或将引发类似2021—2022年发生的供应链危机,带来运输距离和时间延长、港口堵塞、仓位不足、运价上涨等一系列问题,将对全球贸易和全球价值链产生重大影响。因此,国际大宗商品价格走势与地缘局势密切相关,且对于地缘局势变化高度敏感,应持续关注可能发生的外溢风险。

国际组织预测2024年国际大宗商品价格仍将小幅回落。 2023年10

月,世界银行《大宗商品市场展望》报告预测,2024年,国际大宗商品价格将下降4.1%,其中,能源价格将下降4.5%,非能源价格将下降3.1%;2024年1月,世界银行《全球经济展望》报告预测,2024年国际大宗商品价格将下降3.2%,其中,能源价格将下降3.8%,非能源价格将下降2.3%;2024年1月,IMF《世界经济展望》报告预测,2024年国际原油价格将下降2.3%,非能源价格将下降0.9%。

(执笔:朱祎;成文于2024年2月)

二　世界经济形势回顾与展望

表1　国际大宗商品价格指数

商　品	2023年	2024年(预测)	2023年 1月	2月	3月	4月	5月	6月	7月	8月	9月	10月	11月	12月
名义价格指数(2010年=100)														
大宗商品	108.0	105.1	117.9	111.9	106.2	110.7	101.1	99.3	103.4	108.4	115.0	113.1	107.1	102.0
能源	106.9	103.7	119.3	110.5	103.5	109.3	96.9	95.2	100.9	108.7	117.7	115.7	106.2	99.5
非能源	110.1	108.0	115.0	114.7	111.9	113.5	109.5	107.7	108.6	107.6	109.4	107.8	109.0	107.2
农产品	110.7	112.2	112.2	113.3	111.0	114.1	111.5	109.1	109.9	108.7	110.8	109.3	110.1	108.9
饮料	107.8	100.9	97.5	102.6	102.6	108.3	106.9	108.1	106.1	107.6	108.7	107.8	115.4	121.5
食品	125.4	129.1	130.0	131.0	127.6	130.9	126.9	122.6	123.9	121.7	124.5	122.6	123.7	120.0
油类	118.9	117.3	129.4	129.8	126.1	123.0	117.0	111.3	119.4	116.0	116.2	110.5	116.4	111.8
谷物	133.0	129.6	146.5	145.5	138.3	142.6	136.9	134.4	131.0	125.3	127.8	125.5	120.1	122.7
其他食品	127.2	144.1	116.0	119.5	119.8	130.9	130.8	126.7	123.5	125.8	132.4	135.8	136.5	128.4
原材料	76.5	76.9	76.3	75.7	75.1	76.1	76.4	77.0	77.7	77.9	78.1	77.8	74.6	75.5
木材	79.1	81.2	79.3	78.3	78.4	80.0	79.7	79.9	81.2	79.9	78.1	76.7	77.9	79.8
其他原材料	73.7	72.2	73.0	72.7	71.4	71.8	72.7	73.7	73.9	75.7	78.9	79.0	71.0	70.7
化肥	153.5	132.4	174.7	164.0	158.0	156.0	152.5	138.3	145.6	157.6	157.5	161.8	157.2	119.4
金属和矿产	104.0	96.6	114.0	112.0	108.4	107.4	100.5	101.2	101.6	99.6	101.2	98.5	101.2	102.4

资料来源：世界银行。

137

专栏

越南经济增速有望回升
复苏前景面临多重压力
——2023年越南经济形势回顾及2024年展望

受世界经济增长乏力、发达国家货币政策收紧及地缘政治紧张局势等因素影响,2023年越南工业生产大幅下降,服务业、投资消费增速放缓,经济增长低于预期。2024年,随着生产持续修复、需求逐步改善,加之扩张性财政政策和宽松货币政策支持下,越南经济有望实现温和复苏,但受外部形势复杂、国内结构性矛盾制约,叠加诸多国内外风险等因素的影响,越南经济复苏前景面临多重压力。

一、2023年越南经济增速放缓

2023年,国际形势复杂多变,越南投资消费增速放缓、生产增长乏力,经济增速放缓,但物价就业总体稳定,国际收支基本平衡,经济运行总体稳定。

一是GDP增速低于预期。2023年,越南国内生产总值达4300亿美元,受服务业增长放缓、工业生产大幅下降影响,同比增长5.1%,较上年回落2.9个百分点,低于越南政府设定的6.5%的目标。其中,一季度仅增长3.4%,二季度开始增速逐步回升,分别为4.3%、5.5%和6.7%(图1)。

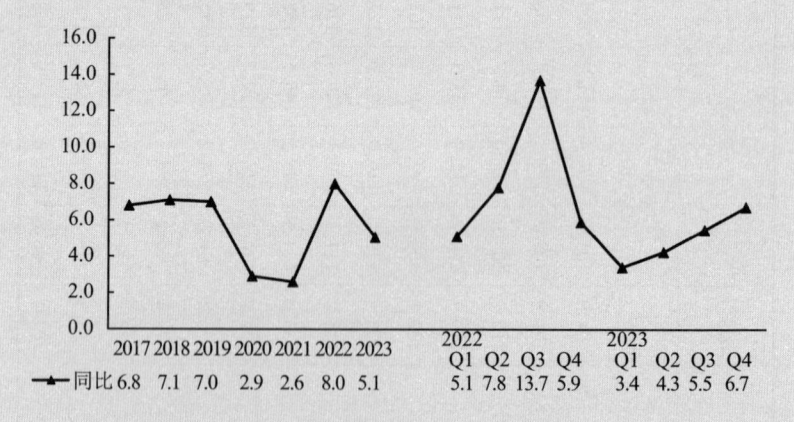

图1 越南年度和季度GDP增长速度(%)

资料来源:越南统计总局。

二是国内生产增长乏力。从工业看,受外部市场需求收缩影响,2023年工业生产同比增长3.02%,创2011年以来新低,仅拉动经济1.0个百分点。其中,加工制造业同比增长3.62%,创2011年以来新低,拉动经济0.93个百分点;生产配电增长3.79%,拉动经济0.14个百分点;采矿业同比下降3.17%,拖累经济0.1个百分点。从服务业看,2023年服务业同比增长6.82%,增速较去年降低3.29个百分点。其中,批发零售业同比增长8.82%,拉动经济0.86个百分点;运输仓储业同比增长9.18%,拉动经济0.55个百分点;金融、银行、保险业务同比增长6.24%,拉动经济0.37个百分点;住宿和餐饮服务业同比增长12.24%,拉动经济0.31个百分点。

三是消费投资增长放缓。从国内消费看,2023年,越南消费品和服务零售额为6231.8万亿越盾,同比增长9.6%,增幅较去年下降10.4个百分点;电信收入338.5万亿越南盾,同比增长2.3%,增幅较去年回落2.5个百分点。从国内投资看,2023年,越南全社会实现投资资本达3423.5万亿越南盾,同比增长6.2%,增幅较去年回落5.0个百分点;实现外商直接投资231.8亿美元,同比增长3.5%,增幅较去年回落5.6个百分点。

四是就业物价总体稳定。从就业看,2023年,越南就业人数达5130万人,同比增长1.4%;劳动年龄人口的就业不足率为2.0%,比上年下降0.2个百分点;劳动年龄人口失业率为2.3%,比上年下降0.06个百分点。2023年就业人员平均收入为710万越南盾/月,同比增长6.9%。从物价看,越南统计总局数据显示,由于部分地区按照第81号议定增加2023—2024学年学费,教育价格指数同比上涨7.4%,影响居民消费价格指数上涨0.5个百分点;2023年居民消费价格指数平均上涨3.3%,比上年扩大0.1个百分点。

五是国际收支基本平衡。越南国家银行数据显示,2023年,国际收支口径的货物进出口总额达1743.3亿美元,货物出口额为935.4亿美元,货物进口额为807.9亿美元,货物贸易顺差127.5亿美元;服务贸易进出口总额达127.9亿美元,服务贸易逆差26.3亿美元;外商直接投资46.7亿美元,对外直接投资12.5亿美元。经常账户顺差96.73亿美元,顺差规模与同期国内生产总值之比为2.2%,处于合理均衡区间。

二、2024年越南经济有望温和复苏

2024年,越南国内需求有望扩大,工业生产有望持续修复,服务业供给持续改善,在扩张性财政政策和持续宽松货币政策支持作用下,越南经济有望温和复苏。

(一)越南经济增长动能逐步改善

一是国内需求有望扩大。从消费看,随着订单数增长,2024年2月份工业企业就业人数环比增长0.3%,就业形势将延续2023年好转态势,叠加2024年7月1日起,越南将落实公共领域薪资政策改革上调薪资,消费有望2024年持续改善。从投资看,国内基础设施投资不断增长,加之越南已经与世界60多个国家签署了16项自由贸易协定,与二十国集团多个成员建立了伙伴关系,国内外投资均将继续保持良好增长势头;2024年前2个月,越南政府预算投资达59.8万亿越南盾,同比增长2.1%;在越南注册的外国投资总额达42.9亿美元,同比增长38.6%;外商直接投资达28亿美元,同比增长9.8%。

二是工业生产有望逐步修复。由于美国、欧洲等多个主要市场的商品消费逐渐出现好转迹象,带动越南出口产品订单增长。越南统计总局数据显示,2024年前两个月工业生产同比增长5.7%,增速较去年由负转正,全国56个地区的工业生产指数同比增长,仅7个地区下降。其中,制造业生产同比增长5.9%,供水、废物废水管理和处理活动同比增长2.5%,电力、燃气、蒸汽和空调生产同比增长12.2%。

三是服务业供给持续改善。从零售业看,国内消费持续改善将带动社会消费品和服务零售增长,2024年前两个月,社会消费品和服务零售总额为1031.5万亿越南盾,同比增长8.1%。从运输服务业看,工业生产的持续修复和旅游业积极复苏带动运输服务业增长,2024年前两个月,客运量同比增长9.2%,客运公里数同比增长11.8%,货运量同比增长13.9%,货运公里数同比增长13.8%。从金融服务业看,2023年总流动性同比增长10.0%,信贷机构融资同比增长10.9%,经济信贷同比增长11.1%,保费收入同比下降8.33%,2024年,越南国有企业私有化、行业经营市场化以及服务对象多元化发展将为越南银行、证券和保险机构提供良好的发展机遇。从房地产服务业看,2023年越南侨汇收入超过160亿美元,较2022年增长32%,2024年《土地法》中有关扩大居住在海外的越南人的土地使用权的规定有助于为房地产市场吸引侨汇收入。从旅游业看,得益于越南政府放宽部分签证要求,2024年前2个月越南旅游业呈现积极复苏势头,赴越南旅游的国际游客同比增长68.7%,同时,越南政府正在研究对中国、印度等潜在市场游客实施短期免签政策,将大幅增加国际游客人数。

四是宏观政策支持作用有望继续显现。首先,2023年,越南政府为应对经济困难局面采取了一系列积极的财政政策,刺激投资和消费,提高就业率和收入水平,效果有望在2024年继续显现。2023年7月1日越南继续实施增值税减免政策及其他税费支持方案;2023年7月至10月共减少增值税15.6万亿越盾。同时,2024年的新措施将进一步带动经济增长,2024年将目前适用10%税率的商品和服务降至8%,具体包括:电信、信息技术、金融、银行、证券、保险、房地产、金属、金属预制件、焦炭、精炼石油、化工产品、需缴纳特别消费税的产品、商品和服务。其次,低政策利率有望继续支持经济增长。2023年3月中旬越南央行为刺激经济宣布降息

100个基点,将贴现率从4.5%下调至3.5%,将银行间市场的隔夜贷款利率从7%下调至6%,将部分行业短期贷款利率上限从5.5%下调至5%,再融资利率维持在6%不变;从2024年情况看,低政策利率将有利于降低企业和个人成本,刺激投资和消费的需求。

此外,近期越南出口略有改善,对经济修复有一定带动作用。2024年前两个月,货物进出口总额同比增长18.6%,其中,出口同比增长19.2%,进口同比增长18.0%。

(二)2024年越南经济的初步预测

世界主要国际组织和机构的预测均显示,越南经济增长在2024年将略有回升。惠誉评级公司预测,在国内财政和货币政策支持下,越南经济将在2024年增长6.3%。亚洲开发银行和国际货币基金组织则预测越南2024年的经济增长率分别为6.0%和5.8%。世界银行2024年1月份预测越南2024年经济增长5.5%。部分国际组织和机构对越南经济的预测见下表。

表1 部分国际组织和机构对越南经济的预测(%)

国际组织和机构	2023年估计值	2024年预测值	2025年预测值
世界银行	4.7	5.5	6.0
国际货币基金组织	4.7	5.8	-
亚洲开发银行	5.8	6.0	-
惠誉国际评级	6.5	6.3	7.0

资料来源:世界银行《全球经济展望》(2024年1月);国际货币基金组织《世界经济展望》(2023年10月);惠誉国际评级(2023年11月);亚洲开发银行《亚洲发展展望》(2023年9月)。

三、越南经济持续恢复面临不少挑战

虽然越南经济增长动能逐步改善,宏观扩张政策效应有望显现,2024年经济发展面临的困难和挑战仍然很大。越南经济面临国内结构性矛盾突出,叠加国际环境复杂多变和金融风险等不确定性因素,2024年越南复苏前景仍面临多重压力。

一是国际环境复杂,外需前景存在不确定性。联合国贸发会议2023年12月份发布《世界贸易报告2023》预测,尽管全球服务贸易显示出弹性,但商品贸易增长在2023年依旧低迷,全球商品和服务贸易在2023年增长约1%,低于过去10年的平均增速,中期看全球贸易将保持低迷趋势,越南出口贸易需求很大程度上取决于世界经济和政治局势。当前地缘政治的紧张局势可能会导致原材料和能源价格上涨,通胀成本的上升通常会被转嫁给消费者,给国内消费的提升带来压力。

二是熟练劳动力短缺。熟练工人的短缺是越南制造业发展中一大难题,国际劳工组织数据显示,越南劳动力中熟练技术工人的比例仅为55%,这一比例在印度为62%,在中国为70%。越南工人的平均受教育水平约为初中水平,越南国家统计总局的数据显示,劳动力中,高中学历占26.8%,初中占71.2%。

三是基础设施落后。越南在基础设施方面的短板,尤其在交通和电力这两大基础设施领域,薄弱环节日益显现,严重制约了生产,限制了服务业的覆盖范围和服务质量。首先,交通效率低;越南全国公路总里程66.8万公里,85.8%为农村道路,国道里程2.5万公里,高速公路里程仅0.18万公里,铁路标准轨仅占6%,客运和货运占比均不足1%,交通拥堵、城际交通不便等问题凸显,货运和客运成本高企限制了工业和服务业的发展。其次,电力供给不足;2023年二季度遭遇"供电危机",北部产业园区和周边地区电力供应不足,越南政府不得不采取拉闸限电、分时输送电力、进口电力等措施解决生活和工业用电问题。

四是金融潜在风险犹存。越南外债占外汇储备的比例过高,金融风险加大。2023年6月份,联合国贸发会议发布的《世界投资报告2023》指出,受地缘政治和世界主要发达国家金融动荡影响,发展中国家持续高水平债务加大了金融风险。最新数据显示,越南的债务总额已达2345亿美元,而外汇储备仅有881亿美元,外债占外汇储备的比例高达266%。越南经济与美国联系紧密,美国是越南最大的出口市场,占商品出口总额的29.4%,美元升值导致越南外债偿还成本上升,外汇储备减少,金融风险加大。

综上,2023年,受国内生产乏力,消费投资收缩等因素影响,越南经济增长低于预期,但就业物价保持稳定,国际收支基本平衡,经济运行总体稳定。2024年,随着经济增长动能逐渐改善,宏观扩张政策效应逐步显现,经济有望实现温和复苏,但受国内结构性矛盾突出以及国际环境复杂多变等影响,越南经济持续复苏仍面临多重压力。

(执笔:黄佩佩;成文于2024年3月)

三 国际比较研究

2023年我国世界500强企业数量继续位居第一

美国《财富》杂志最新发布的2023年世界500强企业排行榜显示，我国上榜企业共有142家[①]，比上年减少3家，继续位居世界第一。美国沃尔玛连续十年蝉联全球最大公司，沙特阿美公司首次上升至第二位，中国国家电网有限公司继续位列第三。

一、中国企业数量仍居前列

世界500强排行榜企业的营业收入总和约为41万亿美元，比上年上涨8.4%。进入排行榜的门槛（最低年营业收入）也从286亿美元跃升至309亿美元。受全球经济下行影响，今年所有上榜公司的净利润总和同比减少6.5%，约为2.9万亿美元。

2023年，中国上榜企业为142家，位列第一，美国136家排名第二，日本41家排名第三，德国30家排名第四。中美两国形成双头并进的局面，遥遥领先于其他国家。

中国142家上榜公司2022年营业收入总额超11.7万亿美元，比上年提升1.7%。中国大陆（包括香港）135家上榜公司平均营业收入833亿美元，略高于全榜500家企业的平均数。汽车工业是今年中国上榜企业里的一个亮点，2023年500强排行榜上中国汽车企业共入围9家，比上年增加1家，数量世界第一。

[①] 包括台湾的7家企业。

表1 2023年世界500强营业收入前十名企业

单位：百万美元

排名	公司名称	国家	营业收入
1	沃尔玛	美国	611289.0
2	沙特阿美公司	沙特阿拉伯	603651.4
3	国家电网有限公司	中国	530008.8
4	亚马逊	美国	513983.0
5	中国石油天然气集团	中国	483019.2
6	中国石油化工集团	中国	471154.2
7	埃克森美孚	美国	413680.0
8	苹果公司	美国	394328.0
9	壳牌公司	英国	386201.0
10	联合健康集团	美国	324162.0

资料来源：《财富》网站 https://www.fortunechina.com/。

二、中国企业经营质量有待提高

虽然中国企业的数量依然保持全球领先，但今年发布的排行榜也给中国企业带来一些警示。

在上榜企业数量和排名方面，今年中国大陆（包括香港）上榜企业数量为135家，比上年减少一家，近15年来首次下滑，被上榜136家企业的美国反超。并且，与上年相比，上榜的中国大陆（包括香港）企业在排行榜中的排名多数有所下降。今年上榜的135家企业中有7家是新上榜企业，其余128家企业去年就在榜上。在这128家企业中，4家在排行榜中排名不变，35家排名上升，89家排名下降。

在营业收入方面，2023年上榜中国大陆（包括香港）企业的平均营业收入为833亿美元，略高于2023年榜单上500强的平均营业收入819亿美元，但是低于上榜美国企业的平均营业收入959亿美元。在营业利润方面，上榜中国大陆（包括香港）企业平均利润仅39亿美元，而全榜单500家企业平均利润为58亿美元，美国企业平均利润达到80亿美元，远高于中国大陆（包括香港）企业。销售收益率方面，上榜中国大陆（包括香港）企业的平均销售收益率为4.7%，大大低于《财富》世界500强企业平均销售收益率的7.1%,而美国企业则高达到8.3%。

表2 2023年世界500强利润额前十名企业

单位:百万美元

排名	500强排名	公司名称	国家	利润
1	2	沙特阿美公司	沙特阿拉伯	159,069.0
2	8	苹果公司	美国	99,803.0
3	30	微软	美国	72,738.0
4	17	Alphabet公司	美国	59,972.0
5	159	美国邮政	美国	56,046.0
6	7	埃克森美孚	美国	55,740.0
7	28	中国工商银行股份有限公司	中国	53,589.3
8	29	中国建设银行股份有限公司	中国	48,145.1
9	25	三星电子	韩国	42,397.7
10	9	壳牌公司	英国	42,309.0

资料来源:《财富》网站 https://www.fortunechina.com/。

(执笔:朱原则;成文于2023年8月)

2022年我国货物贸易进出口总额继续稳居世界首位

世界贸易组织(WTO)近日发布的全球贸易统计报告显示,2022年我国货物贸易进出口总额突破6.3万亿美元,继续稳居世界第一位。

一、2022年我国货物贸易进出口总额稳居世界首位

2022年,世界贸易持续复苏,货物进出口总额达到505256.5亿美元,比上年增长12.4%,增速下降13.7个百分点。

2022年我国货物进出口总额达到63096.0亿美元,比上年增长4.4%,继续稳居世界第一位,占全球的份额为12.5%,比位居第二位的美国高1.7个百分点;位列第3—10位的国家和地区分别为德国、荷兰、日本、法国、韩国、英国、意大利和中国香港。

表1 2020—2021年世界货物贸易进出口额排名前十位的国家和地区

单位:亿美元

2021年			2022年		
位次	国家和地区	货物进出口总额	位次	国家和地区	货物进出口总额
1	中国	60449.1	1	中国	63096.0
2	美国	46896.1	2	美国	54409.9
3	德国	30582.5	3	德国	32269.4
4	荷兰	15974.1	4	荷兰	18640.5
5	日本	15250.1	5	日本	16441.6
6	中国香港	13822.6	6	法国	14358.1
7	法国	13001.0	7	韩国	14149.6
8	韩国	12594.9	8	英国	13533.0
9	意大利	11830.6	9	意大利	13463.8
10	英国	11651.4	10	中国香港	12774.8

资料来源:世界贸易组织数据库。

二、2022年我国货物贸易出口总额居世界首位,进口居第二位

从出口看,2022年我国货物贸易出口总额35936.0亿美元,比上年增长7.0%,居世界第一位,是位居第二位的美国的1.74倍。排在第3-10位的国家和地区分别为德国、荷兰、日本、韩国、意大利、比利时、法国和中国香港。

表2 2021—2022年世界货物贸易出口额排名前十位的国家和地区

单位:亿美元

2021年			2022年		
位次	国家和地区	货物出口额	位次	国家和地区	货物出口额
1	中国	33581.6	1	中国	35936.0
2	美国	17543.0	2	美国	20647.9
3	德国	16367.4	3	德国	16554.8
4	荷兰	8400.3	4	荷兰	9655.2
5	日本	7560.3	5	日本	7469.2
6	中国香港	6699.0	6	韩国	6835.9
7	韩国	6444.0	7	意大利	6569.3
8	意大利	6156.4	8	比利时	6328.5
9	法国	5850.2	9	法国	6178.2
10	比利时	5488.7	10	中国香港	6099.3

资料来源:世界贸易组织数据库。

从进口看,2022年我国货物贸易进口总额27160.0亿美元,比上年增长1.1%,居世界第二位,比位居第一位的美国低20.0%,排在第3—10位的国家分别是德国、荷兰、日本、英国、法国、韩国、印度和意大利。

表3 2021—2022年世界货物贸易进口额排名前十位的国家和地区

单位：亿美元

2021年			2022年		
位次	国家和地区	货物进口额	位次	国家和地区	货物进口额
1	美国	29353.1	1	美国	33762.0
2	中国	26867.5	2	中国	27160.0
3	德国	14215.1	3	德国	15714.6
4	日本	7689.8	4	荷兰	8985.4
5	荷兰	7573.8	5	日本	8972.4
6	法国	7150.8	6	英国	8238.7
7	中国香港	7123.6	7	法国	8179.9
8	英国	6946.4	8	韩国	7313.7
9	韩国	6150.9	9	印度	7233.5
10	印度	5730.9	10	意大利	6894.5

资料来源：世界贸易组织数据库。

三、2023年世界贸易增幅将下滑至1.7%

WTO预测，2022年全球GDP增长率将为2.4%，高于去年10月预测的2.3%，但低于过去12年来的平均增速2.7%。2023年全球货物贸易量将增长1.7%，比去年10月预测的1.0%上调0.7个百分点，但比2022年的贸易增速下降1.0个百分点，也低于过去12年来的平均增速2.6%。展望2024年，随着经济扩张的加快，GDP增速和全球商品贸易量将分别回升至2.6%和3.2%。

WTO表示，通胀是导致贸易增长缓慢的主要因素，其中最突出的就是全球大宗商品价格上涨，尽管当前食品和能源价格已从2022年初的高位下降，但仍高于2022年前水平，这侵蚀了人们的收入和对进口商品的需求。WTO警告称，各国央行必须在抑制通胀、促进经济增长和维持金融稳定之间取得平衡，误判形势可能对全球经济和贸易产生负面影响。

(执笔：高析；成文于2023年4月)

2023年全球人才竞争力指数我国排名第40位

2023年11月7日,欧洲工商管理学院(INSEAD)等机构发布《2023年全球人才竞争力指数报告》(以下简称《报告》)。《报告》针对134个国家的监管、教育以及对外开放程度等方面进行评估,衡量各国人才竞争力。我国以52.57分居世界第40位,在32个中高收入国家中位列第一。

今年榜单的前十名为瑞士、新加坡、美国、丹麦、荷兰、芬兰、挪威、澳大利亚、瑞典和英国。前25名的国家中,有19个来自欧美。

一、我国人才竞争力持续上升

2023年版《报告》是自发布以来的第十版,《报告》衡量了过去十年全球人才竞争力的总体变化情况。我国人才竞争力指数的全球排名从2013年的第47名提升到今年的第40名,人才竞争力稳步上升。我国成为最具人才竞争力的中高收入国家。

《报告》显示,我国人才竞争力不断取得提升,主要得益于人才培养方面的不断进步。十年来,我国世界一流大学建设从第8名提升到第3名,终身学习从第47名提升到第5名,公司内部培训从第36名提升到第1名。

二、多项指标居世界前列

《报告》的评分体系包含6个一级指标、14个二级指标、69个三级指标。6个一级指标分别是人才环境、人才吸引、人才培养、人才留驻、技术与职业技能、综合知识技能。

《报告》显示,我国多项指标位于世界前列。

在一级指标中,我国人才培养居全球第 15 名,人才环境居全球第 31 名;技术与职业技能较上年提升 5 名,居全球第 47 名。

在二级指标中,我国就业能力居全球第一;市场前景居全球第 5 名,较上年提升 5 名。

在三级指标中,我国共有 4 项指标居全球第一,分别是信息通信技术基础设施(较上年大幅提升 29 名)、阅读、数学和科学,员工发展,养老金覆盖范围。多项指标居世界前列,其中容易找到熟练员工居全球第 4 名(较上年提升 8 名),创新产出居全球第 8 名,高价值出口居全球第 9 名。此外,我国今年还有一些进步较大的指标,包括云计算较上年提升 14 名,个人安全较上年提升 23 名等。

三、我国人才竞争力的短板

《报告》显示,我国人才竞争力现阶段还存在一些短板,主要表现在:

人才吸引居全球第 91 名,排名相对靠后。具体来看,金融全球化全球排名第 111 名,移民数量全球排名第 134 名,国际留学生数量全球排名第 103 名。

人才留驻居全球第 74 名,其中,环境绩效全球排名第 120 名。

技术与职业技能居全球第 47 名,其中,人均劳动生产力全球排名第 77 名,高素质专业技术人才数量全球排名第 64 名。

综合知识技能居全球第 43 名,其中,高级专家数量全球排名第 118 名,软件开发全球排名第 91 名。

人才环境虽然居全球第 31 名,相对靠前,但该指标下的监管质量仅居全球第 88 名。

人才培养居全球第 15 名,是我国排名最高的一级指标,但该指标下的使用虚拟专业网络一项仅居全球第 111 名,排名偏低。

《报告》认为,随着贸易、投资和政治方面的不确定性和国际紧张局势继续恶化,未来十年,各国对人才的竞争将变得更加激烈。

(执笔:朱原则;成文于 2023 年 11 月)

联合国可持续发展目标数据缺口情况比较

联合国可持续发展目标网站显示,全球193个经济体SDGs指标数据平均缺口率为58.0%,G20国家[①]SDGs指标数据平均缺口率为52.5%,我国缺口率[②]为55.9%,在全球193个经济体中居第83位,在G20国家中居第16位,属于数据缺口偏高的经济体。我国大部分经济类目标的数据缺口较低,而环境类和社会类目标的数据缺口较高。

一、世界各经济体SDGs指标数据缺失情况

(一)全球缺口情况

数据显示,全球193个经济体SDGs指标数据平均缺口率为58.0%(各经济体缺口率的简单平均数),缺口率较低的有墨西哥、秘鲁、哥伦比亚、泰国和智利,分别为41.6%、42.3%、42.8%、43.9%和44.4%;缺口率较高的经济体多为小岛屿国家或内陆小国,如帕劳、巴哈马、安道尔等国缺口率均在70%以上。

(二)分目标缺口情况

从17个目标看,目标7"确保人人获得负担得起的、可靠和可持续的现代能源"和目标3"确保各年龄段人群的健康生活方式,促进他们的福祉"缺口率最低,分别为13.2%和30.8%;目标13"采取紧急行动应对气候变化及其影响"和目标5"实现性别平等,增强所有妇女和女童的权能"

[①] G20国家:中国、韩国、日本、印度、印度尼西亚、沙特阿拉伯、土耳其、俄罗斯、英国、法国、德国、意大利、欧盟、南非、澳大利亚、美国、加拿大、墨西哥、巴西、阿根廷。

[②] 数据缺口率根据联合国SDGs数据库中"自2015年以来至少两年的数据"计算得出。

缺口率最高,分别达到 89.9% 和 84.7%。

(三) G20 国家缺口情况

G20 国家 SDGs 数据的平均缺口率为 52.5%。其中,墨西哥缺口率最低,为 41.6%;沙特阿拉伯缺口率最高,达到 60.1%(见图 1)。从 17 个目标看,目标 13"采取紧急行动应对气候变化及其影响"和目标 5"实现性别平等,增强所有妇女和女童的权能"缺口率最低,分别为 15.6% 和 19.0%;目标 9"建造具备抵御灾害能力的基础设施,促进具有包容性的可持续工业化,推动创新"和目标 7"确保人人获得负担得起的、可靠和可持续的现代能源"缺口率最高,分别达到 78.8% 和 78.0%。

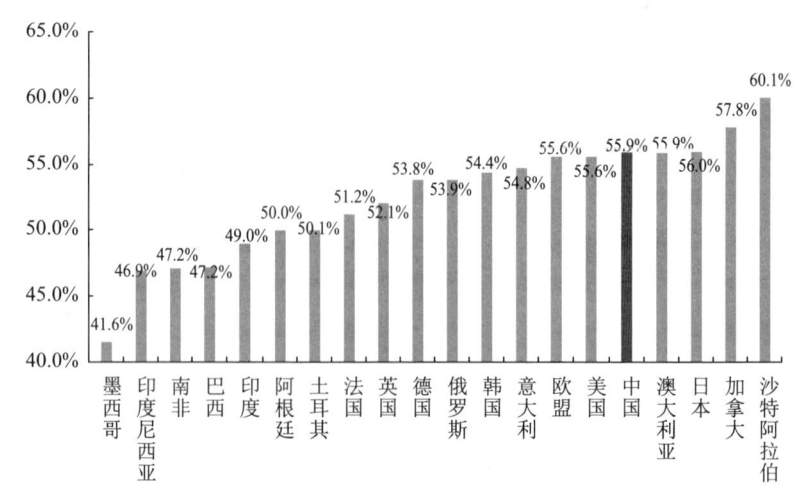

图 1　G20 国家 SDGs 数据缺口率

资料来源:联合国官网。

(四) 发达经济体与发展中经济体缺口情况比较

从世界各经济体数据缺口情况比较看出,**一是发达经济体缺口情况略好于发展中经济体**:193 个经济体中,36 个发达经济体[①]和 157 个新兴市场和发展中经济体的平均缺口率分别为 57.3% 和 58.2%;**二是发达经济体在清洁能源方面的数据缺口率远高于新兴市场和发展中经济体**:36 个发达经济体在目标 7"确保人人获得负担得起的、可靠和可持续的现代

---

① 发达经济体与发展中经济体的划分按照国际货币基金组织的划分标准。

能源"的平均缺口率为30.6%,157个新兴市场和发展中经济体在该项目标的平均缺口率仅为6.7%。

二、我国SDGs指标数据缺失情况

数据显示,我国SDGs指标数据缺口率为55.9%,各项目标间的数据缺口差异较大,有6项目标的数据缺口率在60%以上,其中目标5、目标11和目标13的数据缺口率达到90%以上;有4项在30%以下,其中目标7的数据缺口率为0,可以提供清洁能源方面的全部指标数据。

(一)分目标缺口情况

具体来看,我国目标1至17的数据缺口率分别为49.2%、59.4%、27.4%、71.4%、95.8%、33.2%、0、59.7%、26.6%、52.9%、90.2%、53.2%、94.0%、67.8%、52.6%、84.7%、31.2%(见图2)。

与世界平均水平相比,我国目标1、3、6、7、9、10、12、14、15、17的缺口率较低,目标2、4、5、8、11、13、16的缺口率较高;与G20国家相比,我国目标1、6、7、12、15、17的缺口率较低,目标2、3、4、5、8、9、11、13、14、16的缺口率较高(详见附表)。

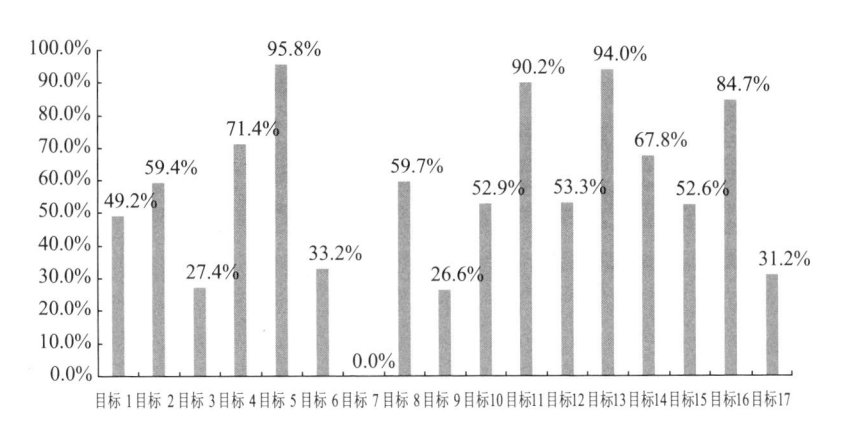

图2 中国17项SDGs目标数据缺口率

资料来源:联合国官网。

（二）分类别缺口情况

一是大部分经济类[①]目标的数据可获得性较好，数据缺口率为48.1%，其中目标9的数据缺口率在30%以下；二是环境类和社会类目标的数据缺口较高，缺口率分别为61.9%和59.8%，其中环境类目标13和社会类目标5、目标11的缺口率均在90%以上。

三、对改善我国SDGs指标数据缺口情况的建议

由于在部分指标上的统计分类还不够细、部分领域统计基础还较为薄弱等原因，我国SDGs指标数据的可获得性还有待进一步增强。为此，建议如下：**一是对标国际标准，进一步完善统计制度方法**。如利用人口普查和抽样调查进一步完善人口统计，对人口数据进行更为详细的划分，包括按民族、职业、年龄阶段、婚姻状况等进行细分。**二是加强数据共享，进一步拓宽统计数据来源**。如继续推进部门间数据应用和共享，加强与科研机构对数据的共同开发，探索运用大数据等方式生产所需数据，拓宽数据收集渠道。**三是夯实环境统计数据基础，进一步提高数据的可获得性**。加强资源环境综合统计，构建现代化数据采集体系，全面加强生态环境监测体系建设。

（执笔：张旭；成文于2023年2月）

[①] SDGs涉及经济、社会、环境等三个方面，因此将目标8、目标9、目标10和目标12归为经济类目标，目标1、目标2、目标3、目标4、目标5、目标7、目标11和目标16归为社会类目标，目标6、目标13、目标14和目标15归为环境类指标，目标17为最终需要完成的，即促进目标实现的伙伴关系。

附表

G20国家17项SDG目标数据缺口率情况

目标	内容	缺口率最低的经济体	缺口率最高的经济体	中国缺口率	世界平均水平
目标1	在全世界消除一切形式的贫穷。	墨西哥(35.8%)	加拿大(75.9%)	49.2%	63.5%
目标2	消除饥饿,实现粮食安全,改善营养状况和促进可持续农业。	墨西哥、南非(29.2%)	沙特阿拉伯(68.7%)	59.4%	57.3%
目标3	确保各年龄段人群的健康生活方式,促进他们的福祉。	印度尼西亚(13.1%)	沙特阿拉伯(27.8%)	27.4%	30.8%
目标4	确保包容和公平的优质教育,让全民终身享有学习机会。	墨西哥(46.9%)	加拿大(90.7%)	71.4%	66.0%
目标5	实现性别平等,增强所有妇女和女童的权能。	巴西(66.7%)	中国(95.8%)	95.8%	84.7%
目标6	为所有人提供水和环境卫生并对其进行可持续管理。	巴西(20.7%)	沙特阿拉伯(65.5%)	33.2%	42.8%
目标7	确保人人获得负担得起、可靠和可持续的现代能源。	中国、巴西、墨西哥、南非、印度、阿根廷、印度尼西亚、土耳其(0)	欧盟(40.4%)	0	13.2%
目标8	促进持久、包容和可持续的经济增长,促进充分的生产性就业和人人获得体面工作。	墨西哥、印度尼西亚(20.8%)	中国(59.7%)	59.7%	49.6%
目标9	建设具备抵御灾害能力的基础设施,促进具有包容性的可持续工业化,推动创新。	墨西哥、印度(14.1%)	沙特阿拉伯(45.3%)	26.6%	36.0%
目标10	减少国家内部和国家之间的不平等。	土耳其(27.1%)	日本(67.1%)	52.9%	54.3%
目标11	建设包容、安全、有抵御灾害能力和可持续的城市和人类住区。	墨西哥(57.2%)	意大利(90.6%)	90.2%	78.4%
目标12	确保采用可持续的消费和生产模式。	沙特阿拉伯(51.6%)	美国(66.7%)	53.3%	64.2%
目标13	采取紧急行动应对气候变化及其影响。	俄罗斯(78.3%)	中国(94.0%)	94.0%	89.9%
目标14	保护和可持续利用海洋和海洋资源以促进可持续发展。	英国(72.2%)	沙特阿拉伯(88.9%)	67.8%	73.2%
目标15	保护、恢复和促进可持续利用陆地生态系统,可持续管理森林,防治荒漠化,制止和扭转土地退化,遏制生物多样性的丧失。	法国(50.2%)	沙特阿拉伯(66.8%)	52.6%	55.7%
目标16	创建和平、包容的社会以促进可持续发展,让所有人都能诉诸司法,在各级建立有效、负责和包容的机构。	墨西哥(66.1%)	加拿大(89.2%)	84.7%	81.5%
目标17	加强执行手段,重振可持续发展全球伙伴关系。	中国(31.2%)	意大利(54.9%)	31.2%	44.8%

资料来源:联合国官网。

三 国际比较研究

157

国外现代化发展模式比较研究

党的二十大报告指出,"从现在起,中国共产党的中心任务就是团结带领全国各族人民全面建成社会主义现代化强国、实现第二个百年奋斗目标,以中国式现代化全面推进中华民族伟大复兴",同时也指出,"中国式现代化,是中国共产党领导的社会主义现代化,既有各国现代化的共同特征,更有基于自己国情的中国特色"。因此,深入研究国外现代化发展模式,有助于更加深刻理解中国式现代化的中国特色和本质要求。

本报告将国外现代化模式归纳为剩余价值驱动式现代化、资源依赖型现代化和外援扶助型现代化三类,在对各类发展模式进行深入分析比较的基础上,借鉴正反两方面的经验,对中国式现代化提出启示和建议。

一、现代化的概念

"现代化"一词由来已久,根据韦氏词典的解释,现代(modern)一词产生于16世纪,马克思、恩格斯的很多著作中,曾使用过现代国家政权、现代资产阶级社会、现代资产阶级等提法。现代化一词从字面理解,往往和发达、先进相联系,常被用来描述现代发生的社会和文化变迁的现象。一般而言,现代化是指人类文明发生的一种革命性变化,是从传统社会向现代社会的转变,包括追赶、达到和保持世界先进水平的国际比较和竞争。

从现代化的实践看,现代化进程始于西欧,16世纪后,西欧地区的文艺复兴和宗教改革,为工业文明的诞生创造了条件。18—19世纪,欧洲西北部的英国、荷兰、法国和德国等国家的农业社会产生了工业化,标志着现代化的起源。20世纪以来,现代化呈现出快速发展的趋势,欧美发达国家率先实现了现代化,亚洲、非洲、南美洲等地区的一些国家也进行了各自的现代化探索。

二、现代化的理论研究

现代化作为学者们研究的一个理论问题,20世纪60年代最早在美国出现,当时主要研究发展经济学、发展社会学、发展政治学等问题,尤其是在发展经济学的研究中广泛使用了现代化这个概念。

(一)现代化理论的发展阶段

随着现代化实践探索的不断深入,现代化理论也在不断发展,大致可以分为六个阶段。

第一个阶段为强调工业化发展的阶段。在该阶段,现代化理论被视为政治学、经济学、哲学、社会学等学科的组成部分,现代化发展在政治上主要体现为民主化,经济上主要体现为工业化。

第二个阶段为强调技术和经济发展的阶段。在该阶段,技术和经济的发展被看作现代化的核心,现代化应当加速工业化进程,从传统农村农业社会向城市工业社会转变。

第三个阶段为强调教育和文化现代化的阶段。世界上许多国家的发展过渡到后工业化阶段,开始寻求现代化进程的新动力,特别是教育和文化的现代化。

第四个阶段是基于发展中国家的现实问题进行现代化理论扩展,强调科学技术现代化对发展中国家经济社会的动态影响。

第五个阶段将可持续发展作为现代化理论的基础,强调在现代化发展中讲究经济效率、关注生态和谐、追求社会公平。现代化应实现经济、社会、资源和环境协调发展。

第六个阶段强调差异化的现代化发展模式,发达国家制定了重新工业化政策,旨在加速经济现代化和社会关系民主化;发展中国家则强调经济和技术发展目标的优先地位,以此为基础探寻自身的现代化发展模式。

(二)现代化理论概述

在现代化的研究过程中,形成了众多学术理论,主要有经典现代化理论、后现代化理论、依附理论、世界体系理论等,为各国现代化的实践提供指导。

1. 经典现代化理论。以美国社会学家帕森斯、政治学家亨廷顿为代表的经典现代化理论诞生于20世纪50—60年代,是对工业革命以来世界现代化进程的理论概述,认为现代化是指工业革命以来人类社会所发生的深刻变化,包括从传统经济向工业经济、传统社会向工业社会、传统政治向现代政治、传统文明向工业文明转变的历史进程及其变化(表1)。

表1 经典现代化理论的不同领域

领域	主要特点
政治现代化	权威的理性化、政治功能的专门化、全社会各阶层广泛的政治参与,包括:政治制度化、政治法治化、政治稳定化、政治和平化、政治民主化、行政高效化。
经济现代化	以农业经济为主转向工业经济为主,包括生产力的现代化和生产方式的现代化,其中生产力的现代化体现在资本积累水平、经济发展水平和经济发展的可持续能力。
社会现代化	用现代科学技术全面改善人们生存的物质条件和精神条件,包括城市化、全球化、科学技术现代化、价值观念和生活方式的现代化等。
人的现代化	人的价值观和思维方式以及行为方式和生活方式的现代化,具有信息社会的科学文化素质和开放创新的知识结构、信息容量,具有社会参与性、独立性、平等性等。
文化现代化	从农业文化转向工业文化、从工业文化转向知识文化,文化创造力和文化生活质量持续提高。

2. 后现代化理论。以美国密歇根大学教授殷格哈特为代表的后现代化理论出现于20世纪70—80年代,该理论把1970年以来先进工业国家发生的变化称为后现代化,探索了工业化以后的发展,认为工业社会并非现代化的最终目标。在经济社会方面,现代化将从产品生产经济转变为服务型经济,专业技术人员处于主导地位,专业理论知识是社会发展的源泉。在文化方面,现代化的核心社会目标是增加人类幸福,提高生活质量。

3. 依附理论和世界体系理论。两种理论从国际关系角度分析了发展中国家现代化发展的路径。以拉丁美洲学者为代表的**依附理论**认为发展中国家只有摆脱西方的剥削和控制,利用本国的力量、整合本国的资源,走自己的发展道路,才能实现现代化。以美国社会学家沃勒斯坦为代表的**世界体系理论**从现代化的全球发展趋势角度,认为人类历史形成的部族、种族、民族和国家都是在相互联系中演化和发展,广泛的国际合作是现代化的应有之义。

此外，一些学者从生态环境、外部风险等角度研究了现代化的概念，如**生态现代化理论**认为现代化应该追求经济有效、社会公正和环境友好的发展，**反思现代化理论**强调现代化是从工业社会向风险社会①的转变，**多元现代化理论**则强调文化在现代化中所起的作用。

三、国外现代化发展模式及其特征

现代化没有标准范式，有学者把经济转型视为现代化进程的基础，有学者将国家的政治制度和民主发展水平作为现代化进程的动力。本文从现代化主要驱动因素和影响因素的角度，将国外现代化发展模式归纳为剩余价值驱动式现代化、资源依赖型现代化和外援扶助型现代化三类。

（一）剩余价值驱动式现代化

1. 发展背景。

资本家追求超额剩余价值催生了工业革命，在历次工业革命中，科技进步是推动生产力发展的巨大动力，也是实现现代化的重要途径。例如，18世纪以机器代替手工劳动的工业革命，19世纪的电气技术变革带来的第二次工业革命与20世纪的第三次工业革命，本质上都是受资本家寻求劳动力替代、追求超额剩余价值的内在驱动。

各国现代化实践中，英国现代化进程启动最早、发展最快，其现代化始于17世纪中期，资产阶级革命确立的君主立宪制为现代化奠定了政治基础，凭借两次工业革命形成的超强国力牢牢确立起了殖民霸权、海上霸权和工业霸权。美国的现代化以两次资产阶级革命为先导，19世纪实行以孤立主义为特征的外交政策，开展以领土扩张为主题的西进运动，帮助美国实现了政治现代化和经济现代化。

2. 主要特征。

一是以资本为核心。西方资本主义现代化是追求资本无限增殖和剩余价值最大化的过程。美国经济学家汉密尔顿指出，现代化过程强调私有资本的合法地位，这一理论贯穿美国现代化的全过程。在第二次世界

---

① 1986年，德国学者乌尔里希·贝克提出"风险社会"概念，强调随着工业化、市场化和全球化的推动，社会公众切身地感受到生活在因市场经济、先进科技等现代性带来的风险之下，以及由此对人类社会产生的巨大挑战。

大战后至20世纪70年代初期,美国的净投资额由1950年的370亿美元增加至1970年的690亿美元,私人对外投资总额由1950年的190亿美元飙升至1970年的1190亿美元。

二是分阶段推进。西方国家经过长期的探索,由技术革命引发的工业化到城市化,再到信息化、数字化,是一个渐进的过程,持续了二三百年时间。第一阶段是19世纪到20世纪中叶的工业化和城市化,在第一次工业革命的推动下,1851年英国的城市化水平就超过了50%,率先进入城市化阶段。第二阶段表现为科技革命对生产方式、知识增长、社会发展等方面的影响,如1980年美国、西欧的电子工业产值已经超过钢铁和纺织工业,仅次于化工和汽车工业。第三阶段是心理态度、价值观和生活方式的转变。第四阶段是实现信息化、数字化的转变,如德国、英国、美国在2021年数字经济占GDP比重均超过65%。

三是凸显物质财富地位。在以资本为中心的价值导向下,西方资本主义现代化极力凸显物质财富的地位,导致收入不平等、贫富分化等问题的出现。自20世纪70年代开始,美国贫富差距不断扩大,1975年收入分组中前五分之一家庭的平均收入是后五分之一家庭的10.3倍,到2020年升至17.4倍,2021年最富有的1%人口财富总和超过了底层90%美国人的财富总和。英国进入工业革命时期后,社会收入分配不均的情况不断加重,19世纪60年代,占全社会25.6%的中上层家庭所占有的国民收入达到60.9%,而占全社会74.4%的体力劳动者家庭所占有的国民收入只有39.1%。

四是破坏环境。第一、二次工业革命期间,人类尚未意识到环境破坏带来的后果,大量的废气、废水、有害物质肆意排放,因此造成了酸雨、光化学烟雾等现象的发生。由于大规模的工农业生产和肆意砍伐,到1920年,美国东北部和中西部已经失去了96%的原始森林。德国工业在二战后得到快速恢复的同时,由此产生的酸雨致使西德34%的森林染上枯死病,先后有80多万公顷森林被毁。英国19世纪水体污染最严重的后果之一就是霍乱多次肆虐,仅1831年就在431个城市夺走了3万多条生命。

五是对外扩张掠夺。西方国家现代化服务于少数资本家的利益,早期充满了强烈的殖民主义色彩。现代化初期,在"重商主义"思想主导下,欧美国家通过殖民扩张、暴力掠夺和对外侵略等方式,不断向外扩张、掠夺资源、开拓海外市场。例如,美国侵墨战争使美国获得了西南部广阔肥沃的土地和丰富的资源,推动了西进运动的发展,有利于形成近代美国的经济布局并加快了美国工业化的进程。

3. 简要评述。

剩余价值驱动式现代化是现代化发展的最早模式。该模式以资本为核心,以工业化为重要标志,在技术进步的基础上借助扩张和殖民实现了物质财富的快速积累,但也导致了贫富分化和环境破坏。18世纪工业革命以来,欧美国家成为世界发展的前沿,为其他后发国家提供了现代化标准。

(二) 资源依赖型现代化

1. 发展背景。

资源依赖型国家通常在发展过程中对自然资源禀赋依赖程度较高,这些国家具有得天独厚的自然资源禀赋,并通过资源开发而实现现代化,其主导产业多是采掘业、初加工产业等。例如,俄罗斯的经济高度依赖于国际能源市场;沙特阿拉伯、文莱等国家作为典型的石油依赖型国家,在国际石油市场高价位的环境下,也实现了经济的快速增长。

2. 主要特征。

一是以追赶世界先进国家为主要目标。俄罗斯在现代化发展进程中,不同时期都依赖先进的外国技术和组织模式,如彼得一世时期学习并引入了当时西方国家先进的科学技术,促进了国家经济的发展和军工实力的增强,叶卡捷琳娜二世时期继续着西化改革进程,注重技术学习和思想启蒙。

二是经济结构不均衡。资源依赖型现代化利用资源禀赋优势,经济发展不均衡现象严重,且在全球化背景下,国际局势动荡和国际市场大宗商品价格变动都会对本国经济产生影响。例如,俄罗斯油气收入在俄罗斯国民收入中占比较高,受益于国际油价大涨,2021年俄罗斯石油出口额同比增长51.8%;澳大利亚的铁矿石是其经济的支柱之一,由于受铁矿石国际市场需求放缓的影响,2021年8—9月期间,澳大利亚的相关铁矿石企业市场估计的价值缩水了1090亿美元,折合人民币大约为7035亿元。

3. 简要评述。

资源依赖型现代化以自然资源禀赋为基础,以追赶世界先进国家为主要目标,通过资源出口来实现经济发展。但由于严重依赖自然资源禀赋优势,导致经济结构相对单一,经济发展不可持续。

(三) 外援扶助型现代化

1. 发展背景。

外援扶助型现代化主要是现代化进程早期依赖美英等西方国家扶助,如日本和韩国的工业化受到美国的扶助,新加坡的经济发展很大程度上依赖于英国的援助。具体来看,日本、韩国和新加坡的现代化是在二战之后的20世纪50—60年代正式开始的。日本是最先实现现代化的亚洲国家,早在1868年明治维新时期就拉开了现代化的帷幕,特别是在二战后,美国对日本经济、政治等各方面改革给予了较大的帮助,推动其现代化的进程。韩国现代化起步较晚,美国帮助韩国构建现代化的工业体系、指导韩国进行政治体制改革,助力其现代化发展。新加坡曾长期作为英国的自由港和殖民地,英国人将先进技术带到了新加坡,极大推动了新加坡的现代化发展。

2. 主要特征。

一是借助西方国家扶持。美国对日韩进行工业转移、资金支持和技术援助,使得其迅速崛起,如1953—1960年间,美国向韩国提供了17.45亿美元的经济援助,韩国在美国的经济支持下推行的"财政安定计划"使得通货膨胀率、粮食价格大幅下降,稳定了国内物价。英国的资本、技术和企业加速向新加坡转移,促进了新加坡的现代化发展,如在英国殖民统治时期,英国人大量投资于基础设施建设,修建道路、桥梁和深水港,使得新加坡发展迅速,成为繁荣的港口城市和国际贸易中心。

二是跨越式发展。日本、韩国和新加坡等国家的现代化发展在短短几十年的时间里实现了欧美国家二三百年的目标,具有典型的跨越式特征,如日本、韩国仅用了70年时间就完成了现代化进程,新加坡的现代化在短短50多年的时间实现的。

三是坚持本国文化。日本、韩国和新加坡在实现现代化的过程中,仍保持其文化独立性,如日本和韩国在引进国外技术的同时,还构建了适合本国国情的国家创新体系;新加坡的现代化是大胆果断的"拿来",但不是完全的"西化",而是结合自己的传统文化进行改造。

3. 简要评述。

外援扶助型现代化较大程度上依赖于美英等国的扶助,该类模式不仅用几十年时间跨越完成了欧美国家二三百年的现代化发展历程,而且在实现现代化的进程中保持了独特的文化。

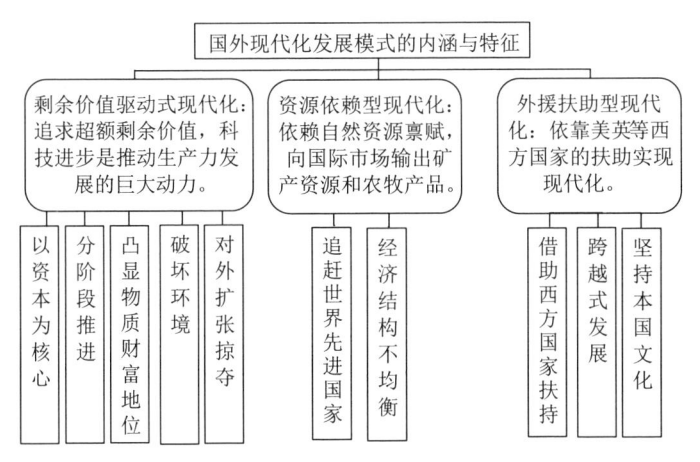

图1 国外现代化发展模式的内涵与特征

四、国外现代化发展模式的比较

各国现代化发展既有国际共同特征,又立足本国国情。一方面,各国在国际交流、国际贸易中都遵循共同的国际规则,现代化发展必然有其共性。另一方面,各国的发展阶段、资源禀赋、技术水平等国情不同,在选择发展路径时又紧密结合自身实际,导致各国现代化具有不同特点。

(一)各类现代化发展模式的共同点

一是以经济发展为前提。各国现代化发展的前提都是经济的快速发展和物质财富的积累,从而保障国民福利和生活水平提高,如工业革命背景下,现代化以工业化为推动力,使传统农业社会转向工业社会,经济得到显著增长。英国率先进行工业革命,成为第一个工业化国家和资本主义现代化的原型,数据显示,英国在 1760—1770 年开启现代化进程到 1970 年的 200 年间,人均 GNP(以 1965 年美元不变价计算)从约 220 美元上升至 2200 美元,平均每年增长 1.16%(表2)。

表2 主要现代化国家人均GDP

国　家	1990年	2021年
美　国	23889	70249
英　国	19095	46510
法　国	21866	43659
德　国	22304	51204
日　本	25371	39313
韩　国	6610	34998
新加坡	11862	72794
俄罗斯	3493	12195

数据来源：世界银行的WDI数据库。

二是以先进技术为核心。科技创新是现代化的内生动力，在世界各国现代化的进程中起着关键作用。剩余价值驱动式现代化是在工业革命的背景下诞生，第一阶段依赖于蒸汽机作为动力的技术革命，第二阶段以电力广泛应用为特征，第三阶段以原子能和信息技术的广泛应用为主要标志，现代化的发展离不开技术的进步。资源依赖型现代化和外援扶助型现代化的发展都依赖于美西方国家的先进技术。数据显示，2019年美国、德国、日本的研发支出占GDP的比重均在3%以上（表3）。

表3 主要现代化国家研发支出占GDP的比重

单位：%

国　家	2001年	2019年
美　国	2.6	3.2
英　国	1.6	1.7
法　国	2.1	2.2
德　国	2.4	3.2
日　本	2.9	3.2
韩　国	2.3	4.6
新加坡	2.0	1.9
俄罗斯	1.2	1.0

数据来源：世界银行的WDI数据库。

三是以产业结构持续优化为基础。根据配第-克拉克定理，产业结构伴随着经济发展而不断演变,主要表现在产业结构由低级向高级演进,即工业化初期第二产业较快发展并占据主导地位,到工业化后期第三产业迅速发展并逐渐占据主导地位,后工业化时期第三产业占据了绝对支配地位。以韩国为例,随着工业化的进程,第一产业在韩国经济中所占比重越来越小,由1990年的7.6%下降至2021年的1.8%,第三产业所占比重越来越大,由1990年的46.5%上升至2021年的57.0%(表4)。

表4 主要现代化国家三次产业占比

单位:%

国家	指标	1990年	2021年
美国	第一产业	1.3(1997年数据)	1.0
	第二产业	16.1(1997年数据)	17.9
	第三产业	71.8(1997年数据)	77.6
英国	第一产业	1.3	0.7
	第二产业	27.3	17.5
	第三产业	68.8	71.5
法国	第一产业	3.1	1.6
	第二产业	24.5	16.7
	第三产业	62.0	70.3
德国	第一产业	1.1(1991年数据)	0.9
	第二产业	24.8(1991年数据)	26.7
	第三产业	56.4(1991年数据)	62.9
日本	第一产业	1.9(1994年数据)	1.0(2020年数据)
	第二产业	23.5(1994年数据)	19.7(2020年数据)
	第三产业	62.9(1994年数据)	69.5(2020年数据)
韩国	第一产业	7.6	1.8
	第二产业	36.3	32.4
	第三产业	46.5	57.0
新加坡	第一产业	0.3	0.0
	第二产业	30.9	24.9
	第三产业	64.2	69.4
俄罗斯	第一产业	15.5	3.8
	第二产业	45.0	33.2
	第三产业	32.6	52.9

数据来源:世界银行的WDI数据库。

四是以城市化为载体。城市化是社会经济、社会关系、生活方式迈向现代化的综合反映,随着工业化步伐加快,农村人口大规模向城市转移,城市人口比重不断提升,城市化水平持续提高。例如,英国城市化以农村劳动力转移为基本前提,19世纪中期,随着"圈地运动"的开展和农业技术的改进,大量农民失去土地,大批农村剩余劳动力转移到城市,推动城市化发展,从而加快现代化进程。2022年,美国、英国、法国、日本、韩国等国家城市化水平均达到80%以上(表5)。

表5 主要现代化国家城市化率

单位:%

国家	1990年	2022年
美国	75.3	83.1
英国	78.1	84.4
法国	74.1	81.5
德国	73.1	77.6
日本	77.3	92.0
韩国	73.8	81.4
俄罗斯	73.4	75.1

数据来源:Wind数据库。

五是以法治为支撑。各类模式的现代化都强调要构建完备的法律体系,充分发挥全体社会成员的主动性和创造性,在最广泛的社会基础上,使更多的社会成员参与对社会生产和生活的管理。如英国《权利法案》、美国《独立宣言》和法国《人权宣言》等都确立了"天赋人权"的思想和"主权在民"的原则。但值得注意的是,以美国、英国为代表的国家在现代化的进程中只追求片面的程序民主,如英国《权利法案》虽规定国民议会实行"自由选举",但又为议员的当选资格设置了很高的门槛。

六是以国际市场为平台。美西方等国家的现代化发展是依靠强权政治和军事霸权不断扩张海外市场、掠夺海外资源实现的;资源依赖型现代化和外援扶助型现代化依靠自身资源、技术和人才优势,向国际市场提供产品和服务实现现代化发展(表6)。

表6 主要现代化国家商品贸易和服务贸易占GDP比重

单位:%

国家	指标	1990年	2021年
美国	商品贸易	15.3	20.1
	服务贸易	4.5	5.8
英国	商品贸易	37.3	37.1
	服务贸易	9.6	21.5
法国	商品贸易	35.5	43.9
	服务贸易	11.0	18.9
德国	商品贸易	43.8	71.6
	服务贸易	8.4	18.1
日本	商品贸易	16.7	30.9
	服务贸易	4.0	7.7
韩国	商品贸易	47.6	69.5
	服务贸易	7.4	13.6
俄罗斯	商品贸易	18.0(1992年数据)	44.9
	服务贸易	6.0(1994年数据)	7.4

数据来源:Wind数据库。

(二)各类现代化发展模式的不同点

一是发展动力不同。剩余价值驱动式现代化以追求资本无限增殖和剩余价值最大化为动力,资源依赖型和外援扶助型则分别依靠自然资源禀赋和西方国家援助实现现代化发展。

二是发展模式不同。剩余价值驱动式现代化以资本为核心,通过扩张掠夺和殖民的方式,实现财富的积累。资源依赖型和外援扶助型以追赶西方国家为目标,分别通过初级产品和高附加值实现现代化发展。

三是发展阶段不同。剩余价值驱动式现代化起步较早,经历了二三百年的时间,现代化标准处于世界前沿水平。资源依赖型和外援扶助型通过几十年的时间,以跨越式发展推进现代化进程。

五、国际上关于国家现代化的测度体系

随着人们对现代化的认识不断深化,现代化的测度标准和监测体系

也随之变化。

（一）箱根模型

1960年，欧洲、美国和日本学者在日本箱根召开"现代日本"国际学术研讨会，首次提出了现代化社会的8个基本特征，即现代化社会的8项测度指标。箱根模型从城市化水平、民主水平、科技知识水平和社会组织水平等四个方面对现代化进行评价（表7）。

表 7 　箱根模型

维度	评价标准
城市化水平	1. 人口高度集中于城市，整个社会越来越以城市为中心
民主水平	2. 社会成员在广泛空间的相互作用，以及在经济和政治事务中的广泛参与
	3. 村社和代代相传的社会群体普遍解体，导致个人有更大的社会流动性，个人在社会中的行为具有更广泛和多种不同的范围
科技知识水平	4. 使用非生物能源的程度比较高，广泛的商品流通和服务设施的增加
	5. 全面推广文化知识，以及随之而来的是个人更倾向于世俗化、科学化的对待周围环境
	6. 广泛而深入的大众传播网络
社会组织水平	7. 政府、商业、工业等大规模社会机构的存在，以及这些机构中日益增多的官僚组织
	8. 在一个大的民主团体领导下，民众团体加强国家统一，各国之间的相互作用日益增强、国际关系密切

（二）英克尔斯评价体系

20世纪70年代，美国社会学家、世界上最著名的现代化研究专家之一英克尔斯在前人研究的基础上，提出了现代化度量的标准。英克尔斯模型从经济总量、产业结构、文化教育和健康状况四个方面共计11项指标对现代化进行了测度，并依据当时经济社会发展水平制定了评价标准（表8）。

表8 英克尔斯评价体系

维度	指标	标准	指标类型
经济总量	1. 人均国民生产总值(GDP)	3000美元以上	正向指标
产业结构	2. 农业产值占国民生产总值比重	15%以下	逆向指标
	3. 服务业产值占国民生产总值的比重	45%以上	正向指标
	4. 非农业就业人员在总就业人员中所占比重	70%以上	正向指标
文化教育	5. 识字成年人口的比重	80%以上	正向指标
	6. 适龄青年(20—24岁)上大学的人数比重	10—15%以上	正向指标
	7. 城市人口占总人口比重	50%以上	正向指标
健康状况	8. 平均每名医生负担的人口	1000人以下	逆向指标
	9. 平均预期寿命	70岁以上	正向指标
	10. 人口自然增长率	1%以下	逆向指标
	11. 婴儿死亡率	3%以下	逆向指标

(三) 工业国家发展指标评价体系

有专家认为,发展中国家可以参照《世界发展报告》中18个市场化工业国家在1960年主要发展指标的平均值,作为制定现代化评价指标的

表9 1960年工业国家主要发展指标值

维度	指标	标准
经济发展水平	1. 人均GNP(1960年,美元)	1280
劳动力就业结构	2. 农业劳动力比重	17%
	3. 工业劳动力比重	38%
	4. 服务业劳动力比重	45%
产业结构	5. 农业产值占GDP比重	6%
	6. 工业产值占GDP比重	40%
	7. 服务业产值占GDP比重	54%
城市化	8. 城市人口占总人口比重	67%
教育	9. 中学入学率	58%
	10. 高等教育入学率(在校大学生占20—24岁人口比重)	16%
健康状况	11. 婴儿死亡率	2.9%
	12. 每名医生服务人数	820

资料来源:《世界发展报告》。

参考。工业国家主要发展指标从经济发展水平、劳动力就业结构、产业结构、城市化、教育、健康状况6个方面进行了测度(表9)。

六、国外现代化发展模式对我国的启示

中国式现代化具有各国现代化发展模式的普遍特征,但又有基于自己国情的鲜明特色。为全面贯彻落实党的二十大精神、以高质量发展扎实推进中国式现代化,借鉴国际现代化模式正反两方面的经验,提出如下建议。

一是贯彻新发展理念,推动高质量发展。现代化强调产业结构优化、先进技术和环境保护,因此要贯彻新发展理念,统筹推进"五位一体"总体布局,协调推进"四个全面"战略布局,坚定文化自信,统筹兼顾,实现经济社会全面协调可持续发展。

二是实施科教兴国战略,加强人才培养。现代化需要加强科技创新,因此人才是关键,要大力实施科教兴国战略,加大人才培养力度,加快义务教育优质均衡发展,大力发展职业教育,推进高等教育创新,加强人才国际交流,进一步强化现代化建设人才支撑。

三是优化收入分配结构。西方现代化导致贫富分化严重,为促进共同富裕,应多渠道增加城乡居民收入,做到初次分配、再次分配和三次分配互相协同,提高低收入群体的收入水平,扩大中等收入群体规模,推进共同富裕。

四是加快构建现代化产业体系。资源依赖型现代化经济结构单一导致发展可持续性不强,因此要加快构建现代化产业体系,提升传统产业在全球产业分工中的地位和竞争力,围绕制造业重点产业链,加大设备更新和技术创新,培育壮大新兴产业,加快新能源、人工智能等前沿技术研发和应用推广,实现可持续发展。

五是推进新时代高水平对外开放。现代化发展离不开国际市场,同时要适合本国国情,因此要依托我国超大规模市场优势,以国内大循环吸引全球资源要素,提升全球资源配置能力,推动共建"一带一路"高质量发展,积极推动加入国际高标准经贸协议,深度参与全球产业分工和合作。

(执笔:王金萍,张旭,王欣宇,耿申;成文于2023年10月)

中国基本实现社会主义现代化进程国际比较及启示

党的二十大报告提出,到2035年,我国经济实力、科技实力、综合国力大幅跃升,人均国内生产总值迈上新的大台阶,达到中等发达国家水平。本文结合2035年基本实现社会主义现代化的科学内涵,构建了包括经济发展、生态环境、对外开放、人民生活四个方面共29项指标,测算了2000—2020年中国式现代化建设的总体进程,并通过设定2035年基本实现社会主义现代化的各项目标值,分析比较了我国与发达经济体中等水平下限的差距,从而进一步提出到2035年我国基本实现社会主义现代化的对策建议。

一、基本实现社会主义现代化进程评价指标体系

根据2035年基本实现社会主义现代化的远景目标,参照箱根模型、英克尔斯标准等国际上对现代化的评价体系,本文从经济发展现代化、生态环境现代化、对外开放现代化、人民生活现代化等4个方面构建了29项指标(详见附表1)。

二、基本实现社会主义现代化进程测度方法及结果

考虑到不同指标之间衡量的方式、代表的性质均存在差异,使用"最小-最大标准化"法将全部指标转化为可比的无量纲数值,并在此基础上,采用等权法对2000—2020年中国基本实现社会主义现代化发展进程进行测度。

图1显示,2000年以来,中国现代化发展呈现快速上升的趋势,得分从2000年的16.8上升至2020年的40.0,各领域现代化总体均呈增长态

势。具体来看,2020 年,人民生活现代化、生态环境现代化得分分别为 48.5、42.2,领先于其他两个方面,其中人民生活现代化提升最快,年均提升 2.0 分。经济发展现代化、对外开放现代化也一直处于稳步增长态势(详见附表2)。

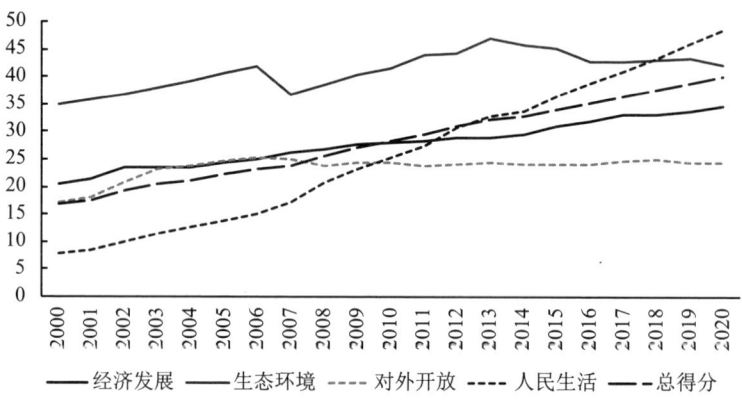

图 1　2000—2020 年中国基本实现社会主义现代化发展进程

(一) 经济实现跨越式发展

2000 年以来,中国经济实力大幅提升,创新水平不断提高,全体人民共同富裕迈出坚实步伐。结果显示,2020 年中国经济发展现代化得分为 34.6,较 2000 年的 20.6 提高 14.0 分。国民经济实现跨越式发展,2000—2020 年,人均 GDP 从 959 美元上升至 10409 美元,增长了近 10 倍。创新发展水平加速提升。城镇化水平稳步提高,2000—2020 年,城镇化率从 35.9% 上升至 61.4%,平均每年提高 1.3 个百分点。

虽然中国在经济发展现代化上取得了显著成效,但与发达经济体相比仍存在明显短板。一是人均 GDP 仍处于较低水平。2020 年,中国仅次于美国为世界第二大经济体,但人均 GDP 为 10409 美元,不足美国(63529 美元)的六分之一,远低于 34 个发达经济体[①]平均水平

[①] 根据主要国际组织对发达经济体的划分标准,选取 34 个发达经济体作为本文研究对象,包括:美国、比利时、荷兰、日本、奥地利、捷克、德国、挪威、瑞典、英国、以色列、澳大利亚、法国、丹麦、瑞士、意大利、新加坡、新西兰、加拿大、爱尔兰、西班牙、韩国、芬兰、希腊、葡萄牙、克罗地亚、塞浦路斯、爱沙尼亚、拉脱维亚、卢森堡、立陶宛、马耳他、斯洛伐克、斯洛文尼亚。

(43266美元)。二是产业结构仍不完善。2020年,中国服务业增加值占GDP比重为54.5%,远低于大部分发达经济体65%左右的水平。三是收入分配差距仍在高位徘徊。2020年,中国前10%人群收入份额为43.2%,高于34个发达经济体平均水平(34.9%),解决收入分配问题仍然任重道远。

表1 2020年经济发展水平部分指标比较

主要经济体	人均GDP(美元)	服务业增加值占GDP比重(%)	前10%人群收入份额(%)
中国	10409	54.5	43.2
美国	63529	78.1	44.4
英国	40318	72.6	35.8
法国	39055	71.2	31.0
德国	46773	63.3	37.3
日本	39987	69.5	44.2
韩国	31721	57.0	34.6
新加坡	61274	72.0	32.9
34个发达经济体平均水平	43266	66.5	34.9

数据来源:世界银行数据库,世界财富与收入数据库。

(二)生态环境持续改善

在"绿水青山就是金山银山"的理念引导下,中国空气质量逐步改善,绿色发展持续加快,2020年中国生态环境现代化得分为42.2。从空气质量看,2020年,中国人均二氧化碳排放量为7.8吨/人,优于澳大利亚(14.8吨/人)、加拿大(13.6吨/人)和美国(13.0吨/人)等经济体。从绿色发展看,森林覆盖率持续增长,从2000年的18.9%提升至2020年的23.4%。

但与其他发达经济体相比,中国空气污染防治形势依然严峻:2010年以来,中国PM2.5浓度逐年下降,但仍停留在50微克/立方米左右的较高浓度水平,远远高出世界卫生组织的5微克/立方米的标准。

表 2　2020 年生态环境水平部分指标比较

主要经济体	PM2.5 年均浓度（微克/立方米）*	人均二氧化碳排放量（吨/人）	森林覆盖率（%）
中　国	47.7	7.8	23.4
美　国	7.7	13.0	33.9
英　国	10.1	4.6	13.2
法　国	11.4	4.0	31.5
德　国	11.8	7.3	32.7
日　本	13.5	8.0	68.4
韩　国	27.4	11.0	64.4
新加坡	18.8	7.7	21.7
34 个发达经济体平均水平	12.0	6.6	35.0

注：* 为 2019 年数据。

数据来源：世界银行数据库。

（三）对外开放水平稳步提升

自 2001 年加入世界贸易组织以来，中国持续推进对外开放，对外开放现代化水平稳步提升，2020 年对外开放现代化得分为 24.3。具体来看，我国已经成为全球货物贸易第一大国，2020 年中国货物贸易进出口总值 32.16 万亿元，特别是在高新技术产业对外开放上，2020 年信息和通信技术（ICT）产品出口占全部出口产品比重达到 27.1%，仅低于新加坡（33.7%）和韩国（28.9%），远高于其他发达经济体。

表 3　2020 年对外开放水平部分指标比较

主要经济体	货物和服务贸易占 GDP 比重（%）	ICT 产品出口占全部出口产品比重（%）	外商直接投资占 GDP 比重（%）
中　国	34.8	27.1	1.7
美　国	23.4	9.7	0.7
英　国	58.1	4.2	4.9
法　国	56.9	3.8	0.6
德　国	80.4	5.2	4.1
日　本	31.4	8.9	1.2
韩　国	69.0	28.9	0.5
新加坡	332.8	33.7	22.5
34 个发达经济体平均水平	115.8	7.3	2.6

数据来源：世界银行数据库。

三 国际比较研究

(四) 人民生活水平不断提高

2000年以来,民生保障力度持续增强,医疗卫生体系不断完善,教育文化事业不断发展,基础设施建设再上新台阶。结果显示,人民生活现代化得分从2000年的7.9迅速上升至2020年的48.5,增长了近5倍。具体来看,平均预期寿命由2000年的71.9岁提高到2020年的78.1岁,增长6.2岁;2020年,初等教育毛入学率达到103.2%,略高于34个发达经济体的平均水平(102.3%)。

与发达经济体相比,中国仍存在民生事业发展不平衡不充分的问题。卫生保障支出仍然较低,2020年中国医疗支出占GDP比重仅为5.6%,不足美国(18.8%)的三分之一,低于34个发达经济体的平均水平(10.0%)。教育水平仍有差距,2020年中国平均受教育年限为7.6年,发达经济体在这一数据上则均在10年以上,德国更是高达14.1年,特别是高等教育水平,中国2020年高等教育毛入学率为58.4%,希腊、澳大利亚、韩国则在100%以上。基础设施有待进一步加强,虽然中国享有基本饮用水服务的人口占总人口比重从2000年的80.5%大幅提升至2020年

表4 2020年人民生活水平部分指标比较

主要经济体	医疗支出占GDP比重(%)	平均受教育年限(年)	高等教育毛入学率(%)	享有基本饮用水服务的人口占总人口比重(%)
中　　国	5.6	7.6	58.4	94.3
美　　国	18.8	13.7	87.6	99.9
英　　国	12.0	13.4	69.5	100.0
法　　国	12.2	11.6	69.3	100.0
德　　国	12.8	14.1	73.0	100.0
日　　本	10.9	13.4	64.6*	99.1
韩　　国	8.4	12.5	102.5	99.9
新加坡	6.1	11.9	93.1	100.0
34个发达经济体平均水平	10.0	12.6	80.0	99.7

注:*为2019年数据。
数据来源:世界银行数据库,人类发展指数报告。

的94.3%,但有17个发达经济体①在2020年已能够保障人人享有基本饮用水服务(即享有基本饮用水服务的人口占总人口比重达到100%)。

三、基本实现社会主义现代化实现程度国际比较

为准确监测我国到2035年基本实现社会主义现代化的进程,探究与发达经济体中等水平的差距,本文根据主要国际组织对发达经济体的划分标准,选取34个发达经济体作为本文研究对象,并将2035年中国基本实现社会主义现代化的各项目标值设定为2020年发达经济体中等水平的下限,具体指标设定详见附表3。

参照发达经济体同期中等水平的下限,可以看出,2020年,我国基本实现社会主义现代化进程的整体实现程度为77.0%。整体上看,人民生活类指标的实现程度较高,达到86.4%,生态环境类指标的实现程度最低,为65.6%,是我国在2035年基本实现现代化目标的重要发力点。

具体来看,在经济发展指标上,需要重点关注每百万人中研究人员数和人均GDP这两项指标,2020年的实现程度均在40%以下。在生态环境指标上,空气污染仍是我国环境面临的一个主要问题,特别是在PM2.5年均浓度方面需要加大举措。在对外开放上,推动货物贸易优化升级,创新服务贸易发展机制,是中国深度融入经济全球化进程、提升全球价值链地位的重要途径。在人民生活上,我国医疗卫生支出仍不足,2020年医疗支出占GDP比重为5.6%,实现程度为58.9%;受教育程度仍需提高,2020年平均受教育年限为7.6年,与2035年基本实现现代化的目标值12.4年相比还有较大差距。

四、政策建议

世界百年未有之大变局正在加速演变,正确认识国际国内环境发生的深刻复杂变化,准确把握时代特征和我国发展新的历史方位,要从经济、生态、民生、对外开放等多方面综合施策,统筹落实,以确保到2035年基本实现社会主义现代化的发展目标。

---

① 17个发达经济体包括:德国、英国、法国、比利时、奥地利、挪威、以色列、丹麦、新加坡、芬兰、希腊、荷兰、澳大利亚、瑞士、新西兰、爱沙尼亚、马耳他。

一是加快建设现代化经济体系。为实现到2035年科技实力大幅跃升的目标,要聚焦新一代信息技术、生物技术、新能源汽车等战略性新兴产业,加快关键核心技术创新应用,培育壮大人工智能、大数据、区块链、云计算、网络安全等新兴数字产业。随着服务业逐渐成为经济增长的主要驱动力之一,提升服务业对国民经济的支撑和拉动作用要大力推动服务业高质量发展,推进先进制造业与市场销售、现代物流等现代服务业相结合,积极发展各类生活性服务业,不断丰富文旅产品供给。在提高人均GDP、实现共同富裕方面,要加大对欠发达地区、西部和民族地区的政策支持力度,努力提高劳动报酬在初次分配中的比重,加强对高收入者的税收调节和监管。

二是大力推动绿色低碳发展。从降低环境污染方面来看,要大力发展绿色低碳产业,以传统产业升级改造为支撑,聚焦"双碳"目标,加快节能降碳先进技术研发和推广应用,推进工业、建筑、交通等领域清洁低碳转型。大力发展循环经济,完善废旧物品回收分拣体系,全面从严开展危险废物、核辐射、环保设施运行等生态环境风险隐患排查治理。从提高生态环境保护技术支撑能力上来看,要促进新能源汽车产业发展,加快推进充电基础设施建设,推动形成绿色低碳的生产方式和生活方式。

三是持续提升人民生活水平。以教育现代化支撑引领实现2035年基本实现社会主义现代化的发展目标,要推动高等教育高质量发展,紧紧围绕新能源、新材料、人工智能等战略性新兴产业需求培养高技能人才。高品质人民生活是人的发展的重要方面,一方面,要完善统一的城乡居民基本医疗保险制度和大病保险制度,加强对突发公共卫生事件的监测和防范,另一方面,要推进公共图书馆、博物馆等文化场馆免费开放,提升文艺作品创作质量和传播能力,不断丰富人民群众精神文化生活。在人民生活保障领域,要加强交通、水利、市政等民生领域基础设施建设力度,定期开展消防安全、食品安全等方面的隐患排查,扩大保障性租赁住房供给,特别是着力解决新市民、青年人等住房困难群体的住房问题。

四是扎实推进高水平对外开放。在制度层面,聚焦投资、贸易、金融、创新等对外交流合作的重点领域深化体制机制改革,构建与国际通行规则相衔接的制度体系和监管模式。在举措层面,坚持高水平"走出去"和高质量"引进来"有机统一,一方面,充分利用"一带一路"国际合作高峰论坛等国际对话机制,不断深化金砖战略伙伴关系,积极参与全球治理体系改革和建设,扩大和深化服务贸易合作;另一方面,推动更大力度、更加有效吸引和利用外商投资,合理缩减外资准入负面清单,发挥好自由贸易试验区和自由贸易港等各类平台作用,加大知识产权和外商投资合法权益的保护力度。

(执笔:张旭;成文于 2023 年 11 月)

附表1 基本实现社会主义现代化进程评价指标体系

维度分类	一级指标	二级指标	单位	指标属性
经济发展现代化	国民经济	人均GDP	美元	正向
		家庭和为住户服务的非营利机构最终消费支出占GDP比重	%	正向
		服务业增加值占GDP比重	%	正向
	创新发展	每百万人中研究人员数	人	正向
		研发支出占GDP比重	%	正向
	共同富裕	城镇化率	%	正向
		全要素生产率	—	正向
		前10%人群收入份额	%	负向
		基尼系数	—	负向
生态环境现代化	空气质量	PM2.5年均浓度	微克/立方米	负向
		人均CO_2排放量	吨/人	负向
	绿色发展	森林覆盖率	%	正向
		环境保护支出占GDP比重	%	正向
对外开放现代化	对外贸易	货物和服务贸易占GDP比重	%	正向
		经济自由度	—	正向
		ICT产品出口占全部产品出口比重	%	正向
	投资水平	外商直接投资占GDP比重	%	正向
人民生活现代化	医疗卫生	平均预期寿命	岁	正向
		每千人病床数	张	正向
		享有基本卫生服务的人口占总人口比重	%	正向
		医疗支出占GDP比重	%	正向
	教育水平	高等教育毛入学率	%	正向
		初等教育毛入学率	%	正向
		平均受教育年限	年	正向
		教育支出占GDP的比重	%	正向
	基础设施	每百人宽带用户数	户/百人	正向
		每百人移动电话数	部/百人	正向
		互联网网民占总人口比重	%	正向
		享有基本饮用水服务的人口占总人口比重	%	正向

附表2　2000—2020年中国基本实现社会主义现代化得分情况

年份	经济发展	生态环境	对外开放	人民生活	总得分
2000	20.6	35.0	17.3	7.9	16.8
2001	21.4	35.8	18.2	8.5	17.6
2002	23.5	36.7	20.8	10.0	19.4
2003	23.6	37.9	23.2	11.4	20.4
2004	23.5	39.2	23.7	12.6	21.2
2005	24.4	40.6	24.6	13.8	22.3
2006	25.1	41.8	25.3	15.0	23.2
2007	26.3	36.7	25.1	17.3	23.9
2008	26.7	38.6	23.9	20.7	25.5
2009	27.6	40.5	24.3	23.3	27.2
2010	27.9	41.6	24.4	25.4	28.3
2011	28.3	43.9	23.8	27.4	29.4
2012	28.9	44.3	24.1	30.8	31.1
2013	28.9	46.9	24.5	32.7	32.3
2014	29.6	45.8	24.1	33.8	32.8
2015	31.0	45.3	24.1	36.4	34.2
2016	31.9	42.9	24.0	38.8	35.2
2017	33.1	42.9	24.6	41.1	36.6
2018	33.2	43.2	24.9	43.4	37.6
2019	33.7	43.3	24.4	46.2	38.9
2020	34.6	42.2	24.3	48.5	40.0

附表 3　基本实现社会主义现代化评价指标各项目标值及实现程度

维度分类	指标体系		2020年中国值	2020年发达经济体中等水平下限（目标值）	实现程度	
经济发展现代化	一、国民经济	人均GDP	10409美元	26960美元	38.6%	73.4%
		家庭和为住户服务的非营利机构最终消费支出占GDP比重	38.2%	49.4%	77.3%	
		服务业增加值占GDP比重	54.5%	63.4%	86.0%	
	二、创新发展	每百万人中研究人员数	1585人	4128人	38.4%	
		研发支出占GDP比重	2.4%	2.0%	100%	
	三、共同富裕	城镇化率	61.4%	73.9%	83.1%	
		全要素生产率	0.45	0.79	57.0%	
		前10%人群收入份额	43.2%	43.0%	99.5%	
		基尼系数	38.2（2019年数据）	30.7	80.4%	
生态环境现代化	四、空气质量	PM2.5年均浓度	47.7微克/立方米（2019年数据）	9.7微克/立方米	20.3%	65.6%
		人均CO_2排放量	7.8吨/人	5.3吨/人	67.9%	
	五、绿色发展	森林覆盖率	23.4%	31.5%	74.3%	
		环境保护支出占GDP比重	0.7%	0.6%	100%	
对外开放现代化	六、对外贸易	货物和服务贸易占GDP比重	34.8%	69.0%	50.4%	82.7%
		经济自由度	6.2	7.7	80.5%	
		ICT产品出口占全部出口产品比重	27.1%	3.8%	100%	
	七、投资水平	外商直接投资占GDP比重	1.7%	0.6%	100%	

续表

维度分类	指标体系	2020年中国值	2020年发达经济体中等水平下限（目标值）	实现程度	
人民生活现代化	八、医疗卫生				86.4%
	平均预期寿命	78.1岁	81.2岁	96.2%	
	每千人病床数	4.3张（2018年数据）	3.4张	100%	
	享有基本卫生服务的人口占总人口比重	92.4%	99.0%	93.3%	
	医疗支出占GDP比重	5.6%	9.5%	58.9%	
	九、教育文化				
	高等教育毛入学率	58.4%	70.8%	82.5%	
	初等教育毛入学率	103.2%	100.1%	100%	
	平均受教育年限	7.6年	12.4年	61.3%	
	教育支出占CDP的比重	3.6%	5.0%	72.0%	
	十、基础设施				
	每百人宽带用户数	33.9户/百人	34.2户/百人	99.1%	
	每百人移动电话数	120.6部/百人	117.5部/百人	100%	
	互联网网民占总人口比重	70.1%	89.1%	78.7%	
	享有基本饮用水服务的人口占总人口比重	94.3%	99.9%	94.4%	
2035年基本实现社会主义现代化实现程度				77.0%	

四 国际热点问题研究

主要经济体激发民间投资活力的经验启示

激发民间投资活力是增强经济发展内生动力的关键因素之一。主要经济体在通过完善体制机制、制定相关政策等促进民间投资方面积累了一些有益的经验和做法,对我国当前如何激发民间投资的活力具有一定启示和借鉴意义。

一、部分经济体促进民间投资的主要做法

(一)建立完善的经济法律法规,营造有利于民间投资的法律环境

美国政府及国有单位经济及政策的决策活动被纳入较完备的公法体系,在履行其弥补市场缺陷功能的同时,避免政府滥用权力和随意性决策。企业和国民的经济活动被纳入较完备的私法体系,财产权、经营权得到强有力保护。

在开放环境中,美国还建立了较完善的国际经贸和投资法律体系,有效保护本国国民和企业的投资、资产和经营权益不受外来力量的侵犯。例如,《反托拉斯法》禁止任何可能限制竞争或形成垄断的行为;《反倾销法》规定,在美国商务部认定商品倾销的事实和美国国际贸易委员会认定倾销行为对美国产业造成损害的事实基础上,对倾销者采取严厉的关税报复措施;《反补贴法》规定,如被证实进口商品曾得到出口国政府的补贴或其他援助,进而造成或可能造成对美国工业部门的损害,则向进口商品征收反补贴税。

第二次世界大战以后,日本和欧共体也都致力于建立健全的经济法律体系,制订刺激投资和保障投资者权益的法律。

（二）综合运用财政和金融政策工具，保持宏观经济稳定，提升民间投资者信心

在经济景气时期，发达经济体一般实行比较稳健的财政支出政策，以平衡的财政政策为目标，避免过度赤字对民间投资产生挤出效应。在经济低迷时期，通常采用积极的财政政策和扩张性的货币政策，财政上实施扩大支出与减税的政策措施，货币政策上则实施低利率水平、量化宽松等措施，以提振经济景气，提升民间投资者信心。

新冠疫情暴发后，美国政府出台多种经济政策促进消费和投资，推动经济恢复。财政政策方面，受疫情影响，2020年3—4月美国个人消费支出较疫情前大幅下跌，特朗普政府决定实施大规模财政刺激计划以提振居民消费需求，于2020年3月和12月先后出台2.2万亿美元和9000亿美元的财政刺激措施，2021年3月美国个人消费支出总额已修复至疫情前水平。2021年3月，拜登政府推出了1.9万亿美元的新冠纾困救助法案，推动美国个人可支配收入大幅提升，带动个人消费支出进一步增长并创下历史新高。**多轮财政刺激同时为美国各类企业直接提供补贴及政府贷款，并向小企业额外提供贷款和赠款**，如2.2万亿美元的法案中为企业补贴8770亿美元，包括向受疫情影响的企业提供5000亿美元的政府贷款和为小企业提供3670亿美元的贷款和赠款。此后数次补充立法，包括降低对贷款宽限的要求、延长付款延期期限、允许获得"薪资保护计划"贷款的企业延迟支付工资税、延长小企业薪资保护申请等。**货币政策方面**，由于大规模的财政刺激导致财政压力急剧攀升，美联储推出常规政策与非常规政策相结合的货币政策以支持财政政策的实施。2020年3月，美联储直接降息至零利率，并宣布无限量释放流动性，扩大资产购买规模，吸纳大量政府债务，基本上在一个月内释放的流动性与金融危机后4年的释放规模相当。

欧洲国家在金融危机期间为企业投资提供大量政策支持。德国政府于2008年11月和2009年1月先后出台两套经济振兴计划，其中9亿欧元用于支持中小企业的研发活动以增强其创新能力；设立1150亿欧元"德国经济基金"，通过特别项目分别向大、中型企业发放250亿欧元和150亿欧元的信贷。**法国政府**与相关银行签署协议，动用资金220亿欧元支持中小企业融资；针对2008年10月—2010年1月从事新投资业务的企业减免专业税,此项财政补贴金额约 10 亿欧元。法国政府还**针对行业给予专项补贴支持**,拨款 2 亿欧元成立"行业投资基金"以支持汽车厂商和零部件厂商在技术装备领域的战略投资,同时向汽车行业援助 4 亿欧元,用于鼓励研发新型清洁汽车。

(三)拓宽民间投资领域,引导民间投资方向

一是实施广泛的行业准入,创造条件促进本国民间资本进入国家垄断行业和基础产业部门。主要国家不断扩大民间资本的行业准入,推进国有企业转制,将产权、经营管理权转让给民间资本。例如,**意大利**1993 年向私人出售了一批国有银行、保险公司、高速公路、航空公司等国有企业;**法国**政府 1999 年将国有里昂信贷银行私有化,出售国有法国电讯公司的部分国家股权;**英国** 2020 年颁布的《国家基础设施战略》采用政府和社会资本合作(PPP)模式,与私营部门共同投资基础设施项目,同时使用一系列工具来支持私人投资项目,引领私人资本在基础设施项目方面发挥主导作用,以帮助政府实现经济增长目标;新冠疫情后,**韩国**利用 PPP 模式,联合选择大规模研发项目进行投资,提高民营企业对政府研发规划和投资的参与度。

二是允许本国民间资本进入军事工业。美国军事工业基本由民间企业经营,如波音公司即由私营企业经营上市,现在既是美国最大的军事工业企业,也是世界上最大的民用航空工业企业。美国政府则通过军事研究开发合同、军事采购合同和严格的安全制度对民间军事工业企业实施有效的管理和控制。随着欧洲防务联合进程加快,**欧盟**国家的军工科研与开发、生产、维修等领域都不同程度地对民间资本开放,如欧洲战斗机公司、空中客车公司均吸收了较大比例的民间资本。**日本**没有专门的军工厂,军队需要的各种装备都是通过政府订货和采购,由民间企业进行生产。

三是放松政府对经济活动的限制措施,引导民间资本投向新兴产业和前沿产业。发展新兴产业与前沿产业是经济未来转型和发展的一项长远战略,成为各国政府全力打造的化解投资疲软、振兴国内经济、领跑全球经济的新的增长点。**美国**政府在金融危机后积极出台新能源、环保等政策,推动美国经济绿色转型,如通过以旧换新等方式促进经济环保的汽车消费,投资先进车辆及电池和燃料技术等方面的研发和使用,以及投资

必要的基础设施建设以减少美国在运输领域对石油的依赖；新冠疫情后出台《2022 年芯片与科学法案》，由政府与私营部门共同参与，为美本土芯片行业提供巨额补贴，为半导体和设备制造提供投资税收抵免，以增强美国芯片在全球产业链的核心地位。新冠疫情后，在"下一代欧盟"复兴计划框架下，**德国**政府通过 500 亿欧元的"未来方案"，引领民间资本聚焦数字化转型、电动交通、氢能、铁路交通和建筑等领域；**法国**政府将绿色氢能、低碳发展、量子计算和网络安全等确定为优先投资领域，刺激了企业投资、居民消费，恢复了经济增长。**韩国**政府在疫情后通过多种补贴引导民间资本投向新兴产业，在电动汽车、氢能源汽车等领域主导或参与国际标准制定，集中建设了一批大数据平台、人工智能中心、5G 通信网络等基础设施。

（四）开辟多种融资渠道，增强民间投资能力

部分经济体通过完善并丰富融资体系、为企业提供多种信贷政策支持、鼓励风险投资等方式使民间投资主体在融资方面拥有更多选择渠道，激发并增强民间投资能力，持续扩大有效投资。

一是不断推动金融体系发展，丰富并拓宽融资渠道。主要发达经济体在已具备较为成熟的银行业体系基础上，不断推动金融市场发展，积极拓宽多元化融资渠道。例如，美国除为企业融资提供商业银行贷款渠道外，还提供股权融资、债券融资等资本市场渠道，基金会、保险公司均可为企业提供融资。特别是经济萧条时期，美欧推出融资渠道拓展计划以丰富民间投资主体的融资来源。例如金融危机时期，美国政府直接对濒临清盘的金融机构注资，并动用外汇稳定基金为货币市场基金提供临时担保，同时向非银行机构的金融公司提供贷款；欧盟委员会创建小额贷款机构，鼓励个人创业和支持小企业融资；英国成立由国家控股的金融投资有限公司，管理政府通过注资计划换得的银行股份，以保证银行能持续为个人及企业提供贷款。新冠疫情时期，美联储扩大了商业票据的种类，提供增信、贷款和抵押以及企业日常的流动性需要；英国推出企业融资工具计划，英格兰银行获批可直接在资本市场上购买投资级公司的商业票据。

二是为中小企业融资提供贷款担保、贴息贷款、优惠贷款等政策支持。例如，金融危机时期，德国政府将 1150 亿欧元用于对本国企业的担保和信贷，帮助企业渡过经济难关；法国信托局提供 1.1 亿欧元资金，用于对中小企业的银行贷款提供担保；英国政府将2008—2009年度小企业贷款担保额提高20%。新冠疫情以来，德国政府通过放宽企业贷款条件、承担风险等方式为企业提供无上限贷款援助；2023年，韩国政府将出口企业贸易贷款额度从2022年的351万亿韩元增至360万亿韩元。

三是鼓励民间资金进入风险资本市场。美国于1958年出台《中小企业投资法案》，通过设立政府风险基金，引导和促进更多民间资金进入风险资本市场，支持企业早期发展并创建新企业。得益于风险投资的政策支持，美国在通信、半导体、计算机、软件、生物工程和医药卫生等高技术领域进行大量投资，成就了一批世界级大公司。欧盟及其成员国也鼓励风险投资业的发展，对投资于信息、环保、生物等产业的风险资金提供利率、税收等方面的优惠政策，20世纪90年代欧洲已有500多家风险投资公司，21世纪初期欧洲风险资金超过400亿美元，规模仅次于美国。日本于1963年制定中小企业投资法，形成了以政府为主导、以大财团为主体这种极具本国特色的风险投资模式。

二、对我国的启示及建议

(一) 积极为民间投资提供良好的法治环境和制度保障

从主要发达经济体经验看，良好的法治环境是激发民间投资活力的重要保障。法治具有固根本、稳预期、利长远的保障作用，是民营经济发展的"定心丸"。要从法律和制度上把对国企民企平等对待的要求落实到位。**在法治保障上**，全面梳理涉企法律法规和政策文件，清理和修订违反公平开放透明市场规则的法律和政策规定，梳理当前民间投资政策措施，制定民间投资促进法，为民间投资提供强有力的法律制度保障；健全执法司法对民营企业的平等保护机制，依法保护民营企业产权和企业家合法权益，让民间资本形成稳定且良好的预期，促进民间投资可持续增长。**在市场准入上**，健全市场准入负面清单管理及动态调整机制，排查清理各类显性和隐性壁垒，在能源、铁路、通信等基础设施、社会事业领域进一步引入市场竞争机制，反对地方保护和行政垄断，破解制约民间投资的堵点问题。**在要素使用上**，资金、土地等基础生产要素的提供应一视同仁，安排各类政府性投资资金时，对民间资本公平对待，继续通过政策性开发性金融工具支持民间资本参与重大项目。

（二）加大民间投资发展政策支持力度

借鉴国外民间投资的经验和做法，结合我国的基本国情，当前尤为重要的是坚持"两个毫不动摇"，加大政策支持力度，用市场办法、改革举措激发民间投资活力。**一是发挥政府资金引导带动作用**。加大对专精特新、产业龙头、实体制造等企业支持力度，提升民营企业投资能力，引导民间资本参与新型基础设施、新型城镇化、交通水利等重大工程和补短板领域建设，拓宽民间投资领域。**二是供需两端共同发力，提升民间投资质效**。在供给端，优化产业链供应链生产布局，提高民间生产和投资的持续性稳定性；鼓励民营企业增加研发投入，推动设备更新和技术改造，扩大战略性新兴产业投资，提高自主创新能力，掌握拥有自主知识产权的核心技术。在需求端，加大政府采购支持中小企业力度，积极扩大联合体投标和大企业分包，降低中小企业参与门槛。**三是推动助企纾困政策落地，降低民间投资成本**。完善民营企业困难问题反映报送机制；进一步降低企业物流、用工费用；加大增值税留抵退税政策力度，有效降低民间投资成本。

（三）建立长期机制着力加强民间投资增长后劲

一是完善民间投资激励与约束机制。健全合理扩大有效投资的激励与约束机制，既要积极构建鼓励民间投资的市场环境，又要进一步健全约束机制，统筹发展和安全，有效防范债务风险。**二是创造稳定的内外部环境，增强民间投资信心**。既要保持政策稳定性与连贯性，也要进一步加大对外开放的深度与广度，鼓励和帮助民营企业走向国际市场。**三是推进投融资体制改革，提高企业资金的可持续性**。充分发挥资本市场对实体经济的服务作用，引导金融机构加大对民间投资项目支持力度，提高企业资金稳定性和可得性；为减少外部和周期性因素对企业投资资金的影响，应优化企业债券发行制度，支持并规范私募股权基金、创业投资基金等长期股权投资平台健康发展。

（执笔：李婧婧，郝悦，朱祎，耿申；成文于 2023 年 4 月）

国际大宗商品价格下行趋势凸显

近期,随着需求放缓和供给改善,叠加全球流动性收紧和金融市场避险情绪升温,国际大宗商品价格普遍回落。未来,全球经济滞胀风险仍存,紧货币周期仍未结束,加大国际大宗商品价格下行压力。据世界银行预测,俄乌冲突导致的国际大宗商品价格上涨周期已基本结束,2023年国际大宗商品价格将出现疫情以来最大跌幅,但仍高于2015—2019年平均水平。

一、近期国际大宗商品价格震荡下行

今年以来,随着疫情形势缓和及地缘冲突影响减弱,国际大宗商品供给持续改善,但经济增长放缓和全球流动性收紧抑制国际大宗商品需求增长,导致价格承压下行。据世界银行数据,4月份,国际大宗商品价格指数为111.5(2010年=100),同比下跌25.3%,创2021年9月以来次低,其中,能源价格指数为109.4,同比下跌28.6%,创2021年9月以来次低,非能源价格指数为115.8,同比下跌17.9%,创2022年12月以来次低。**非能源大宗商品价格普遍回落**。4月份,农产品和原材料价格指数分别同比下跌12.3%和13.2%;化肥价格指数同比下跌46.9%,连续7个月下跌,创2021年7月以来新低;金属和矿产价格指数同比下跌22.2%,连续3个月下跌,创2022年11月以来新低。**能源价格大幅下跌**。高频数据显示,3月20日,OPEC一揽子油价跌至70.77美元/桶,同比下跌37.7%,创2021年12月20日以来新低,此后持续在70—90美元/桶区间震荡;5月9日小幅上涨至76.31美元/桶,同比下跌32.1%。3月29日,纽约商品交易所天然气期货收盘价为1.98美元/百万英热单位,同比下跌64.4%,创2020年9月22日以来新低,5月9日反弹至2.26美元/百万英热单位,同比下跌67.9%,为2020年以来相对低位。

```
         180.0  2010年=100
         170.0
         160.0
         150.0
         140.0
         130.0
         120.0
         110.0
         100.0
          90.0
          80.0
               2022年                              2023年
                4月 5月 6月 7月 8月 9月 10月 11月 12月 1月 2月 3月 4月
--●-- 能源   153.2 163.6 173.5 171.8 172.8 158.2 146.2 139.4 130.9 119.3 110.5 103.5 109.4
—▲— 非能源 141.1 134.5 128.9 117.6 117.7 115.2 113.6 114.3 115.4 117.4 117.3 114.6 115.8
```

图　国际大宗商品价格指数

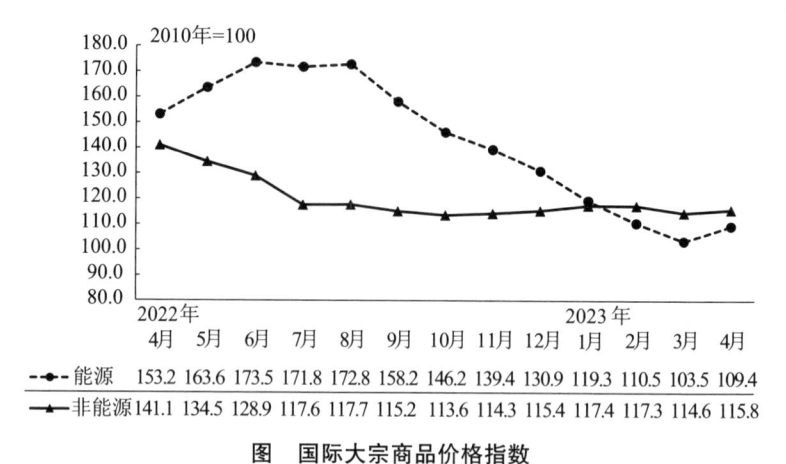

数据来源：世界银行。

二、需求走弱叠加货币紧缩加大国际大宗商品价格下行压力

一是全球经济增长放缓，国际大宗商品需求承压。4月份，国际货币基金组织（IMF）发布《世界经济展望》预测，2023年世界经济增速将较2022年回落0.6个百分点至2.8%，若金融环境持续紧缩，2023年世界经济增速将进一步下降0.3个百分点至2.5%，为2001年以来（除2009年全球金融危机和2020年疫情冲击以外）最低增速。市场需求下滑令全球制造业陷入收缩，特别是发达经济体制造业产出持续低迷、新订单明显减少，全球贸易前景趋弱。4月份，S&P Global全球制造业PMI为49.6%，连续8个月低于50%荣枯线；4月份，联合国贸发会议发布《贸易和发展报告》预测，由于全球经济活动减弱，叠加金融环境趋紧抑制贸易和投资活动，2023年全球货物贸易额预计增长2.1%，增速较上年回落0.6个百分点。

生产和贸易持续走弱导致国际大宗商品需求增长放缓。据世界银行最新发布的《大宗商品市场展望》报告，2023年1月，OECD经济体金属需求同比下降13.0%，为2021年以来最大降幅，除中国外的非OECD经济体同比下降1.3%，均连续6个月下降；据联合国粮农组织4月份预测，2022/23年度世界谷物消费量和贸易量预测值分别较2021/22年度下降

0.7%和2.2%；据国际能源署数据，2023年一季度，国际原油需求同比上涨0.8%，较2022年同期增速回落4.6个百分点，为2022年以来次低增速，预计二季度至四季度增速保持在2.3%—2.5%区间，2023年全年需求增长2.0%，较2022年增速回落0.3个百分点。

二是全球供应链压力缓解，国际大宗商品供给改善。近期，供应链条件逐步恢复正常。集装箱货运价格持续回落，3月10日当周，上海出口集装箱运价指数（SCFI）为907（2009年10月16日=1000），连续7个月下跌，创2020年5月以来新低，同比下跌80.4%；2月16日，波罗的海干散货指数（BDI）为530，创2020年6月以来新低，同比下跌72.0%，基本恢复至疫情前水平，近期粮食和铁矿石订单增多推动BDI指数回升，5月4日反弹至1545，较3月末回升156点，但仍处2021年以来相对低位。全球供应链瓶颈逐渐消退。4月份，欧洲地区积压订单和交货时间均有所减少，全球供应链压力指数降至-1.3，创2008年11月以来新低，且连续3个月为负，基本恢复至正常水平。

生产和运输条件持续恢复支撑国际大宗商品供给稳定增长。据国际能源署数据，2023年，由于美国原油产量增加，全球原油供给将稳定在1亿桶/天以上，较2022年增长1.2%；据世界银行报告，从长期看，由于新矿投产，非洲、澳大利亚和巴西铁矿石供应将稳步增长，随着能源价格回落和中国铝冶炼厂产能恢复，全球铝供应量将有所增加；据美国农业部预测，2023年，美国小麦、玉米、大豆种植面积将较2022年分别增加41.2、34.2和0.6亿亩，据联合国粮农组织4月份预测，2023年世界小麦产量将达到7.85亿吨，预计将创有记录以来次高，得益于种植面积扩大和有利的天气条件，2023年巴西和南非玉米产量将分别创历史新高和次高。

三是紧货币周期尚未结束，金融市场流动性持续收紧。为缓解通胀压力，主要经济体持续收紧货币政策。5月3日，美联储再次加息25个基点，为疫情以来第10次加息，基准利率区间升至5.00%—5.25%，为2007年9月以来最高。美联储表示，美国通胀回到目标水平尚有距离，短期内美联储货币政策或难转向，且目前银行业危机尚不会加速政策转向。5月4日，欧洲央行加息25个基点，基准利率升至3.75%，达2008年以来最高利率。欧洲央行表示加息进程尚未结束，下一步将继续确保政策利率水平能够推动通胀尽快恢复至2%的中期目标。4—5月，挪威、澳大利亚、马来西亚均加息25个基点,瑞典保持50个基点的加息幅度。进一步趋紧的金融环境抑制国际大宗商品投资需求,在一定程度上限制了大宗商品价格上涨空间。

四是美欧银行业危机蔓延,市场避险情绪升温。 近期美欧银行业流动性危机持续发酵,美国多家地区性银行接连倒闭,以及瑞信银行危机等"黑天鹅"事件令市场恐慌情绪升温。尽管美联储联合日本、欧洲、英国、瑞士、加拿大五大央行采取协调行动增加流动性供应,并及时介入以防止危机进一步蔓延,但当前各经济体反映主要银行违约风险仍相对较高。4月份,IMF发布《全球金融稳定报告》表示,近期银行资本不足和信用风险敞口过大的问题集中爆发,金融风险有可能从银行业蔓延至其他实体,据测算,在高利率冲击下,发达经济中77%的小微企业利息保障倍数低于1,较2022年二季度实际值高4个百分点,除中国外的新兴经济体中72%的小微企业利息保障倍数低于1,较2022年二季度实际值高5个百分点。在金融市场不确定性持续加大的背景下,实体企业债务压力增大,投资者避险情绪升温,抑制企业工业生产和投资活动增长,削弱大宗商品需求前景。

三、预计2023年国际大宗商品价格将延续回调态势

下阶段,受需求放缓、供给改善、全球流动性收紧等因素影响,国际大宗商品价格将延续回调态势,若美欧银行业危机蔓延导致市场避险情绪持续升温,将进一步加大国际大宗商品价格下行压力。4月份,IMF发布《世界经济展望》报告指出,全球供应链瓶颈正在缓解,俄乌冲突造成的能源和食品市场混乱正在消退,且多数央行同步实施的大规模紧缩货币政策效应持续显现。2023年,石油价格预计将下跌24.1%,较1月份预测值下调7.9个百分点,非燃料大宗商品平均价格预计将下跌2.8%,较1月份预测值上调3.5个百分点。

国际大宗商品价格将以疫情以来最快速度下跌。 据世界银行最新发布的《大宗商品市场展望》报告,2023年,国际大宗商品价格指数预计较上年下降21.2%,较2020年降幅扩大0.7个百分点,创2015年以来最大降幅。受高基数效应影响,能源价格指数大幅下降25.8%至113.2(2010年=100),但仍高于2015—2019年71.8的平均水平。其中,预计布伦特

原油价格将达到84美元/桶,较上年下降15.9%;欧洲天然气价格急剧下降52.9%,但仍将是2015—2019年平均水平的近三倍;澳大利亚煤炭价格预计下降42.0%,但仍接近2008—2009年粮食危机期间的高位。

非能源大宗商品中,除贵金属外,其他商品价格均有所回落。由于需求弱于预期,2023年,非能源大宗商品价格指数将较上年下降9.6%,创2015年以来最大降幅。其中,化肥价格指数预计下降36.9%,创1974年以来最大降幅,但仍接近2008—2009年粮食危机期间的高位;由于全球制造业需求或将持续疲软,中国经济复苏预计将主要以服务业为导向,工业金属需求将持续低迷,但受产能恢复和关键金属(铜、镍和锌)新矿投产的支持,工业金属供应将强劲增长,金属和矿产价格指数预计下降8.4%,为近3年最低水平;农产品价格指数预计下降7.2%,若黑海地区的谷物出口保持稳定,预计食品价格将下降7.9%,但仍将保持在1975年以来的次高水平。在全球经济增长前景不确定性加大、对通胀的持续担忧和金融市场风险加剧的背景下,避险情绪升温,作为避险资产的贵金属需求上升,预计推动贵金属价格指数上涨5.5%,创1960年有记录以来新高。尽管主要国际大宗商品价格从2022年高位逐步回落,有助于缓解全球通胀压力,但应持续关注由贸易限制措施引发的能源和金属供应中断、地缘政治紧张局势加剧、中国经济复苏强于预期以及不利的天气变化等可能再次推高国际大宗商品价格的多重因素。

(执笔:朱祎;成文于2023年5月)

专栏

国际比较项目与购买力平价

一、什么是国际比较项目？

国际比较项目（International Comparison Program，简称 ICP）是联合国统计委员会、世界银行等国际机构组织实施的一项全球最大的国际统计合作项目，目的在于通过收集各经济体价格数据和 GDP 支出数据来测算购买力平价（PPP），并以 PPP 作为货币转换系数（因子），测度和比较各经济体实际经济规模和价格水平，为国际比较提供一个新视角。目前该项目每 3 年开展一轮。各轮次 PPP 测算方法可能存在差异。新一轮结果公布后，需调整之前轮次的测算结果。

二、什么是购买力平价？

购买力平价（Purchasing Power Parity，简称 PPP）是 ICP 生成的主要指标。PPP 是反映经济体间交换同一组货物和服务的货币比率。以单一商品巨无霸汉堡为例，其在中国和美国的售价分别是 25 元人民币和 5.65 美元，则以美国为基准，巨无霸汉堡的 PPP＝25 元人民币/5.65 美元 ＝4.42。以一篮子商品和服务为例，假设在美国购买一篮子商品和服务需要花费 100 美元，在中国购买同样一篮子商品和服务需要花费 400 元人民币。以美国为基准，一篮子商品和服务的 PPP＝400 元人民币/100 美元＝4，即 1 美元的实际购买力等于 4 元人民币。在实际生活中，按照人民币兑美元 7.05 的汇率进行换算，则 1 美元可兑换 7.05 元人民币，这与购买力平价测算结果会有明显差异。

三、PPP 如何测算？

PPP 计算的基本思路是，先利用规格品价格数据计算 155 个基本分类的 PPP，再以国民经济核算的基本分类支出为权重，向上加权计算得到最终（小类、中类、大类、主要总量和 GDP）的 PPP。我国所在的亚太区对于基本分类 PPP 使用国家产品虚拟（CPD）法计算，基本分类以上的 PPP 使用 GEKS 法计算。

PPP 的测算分两阶段进行。第一阶段，由经济体将价格数据和支出数据提交至区域执行机构，区域执行机构负责测算区域结果。第二阶段，由区域执行机构将数据提交至世界银行，由世界银行 ICP 全球办公室测算全球最终结果。

1. 在区域执行机构层面：

步骤 1，通过单个规格品（如"白米"等）的价格，使用 CPD 法计算各经济体以区域基准货币（亚太区为港币）表示的基本分类 PPP；

步骤2,使用GEKS法汇总各经济体基本分类PPP,得到各经济体区域PPP,用本币GDP除以区域PPP,得到各经济体区域PPP法GDP;

步骤3,计算各经济体在本区域经济总量中的份额。

2. 世界银行层面

步骤4,利用部分重要规格品,计算不同区域链接因子,通过链接因子,得到各经济体以全球货币(美元)表示的基本分类PPP;

步骤5,使用GEKS法汇总各经济体基本分类PPP,得到各经济体全球PPP初步值;

步骤6,各经济体本币GDP除以其全球PPP初步值,得到各经济体全球PPP法GDP,再按照区域进行加总,得到区域经济总量;

步骤7,经济体的最终全球PPP法GDP=经济体在本区域的份额(步骤3)×区域的经济总量(步骤6),这一过程被称为物量再分配,以保持结果的区域固定性;

步骤8,经济体的最终全球PPP=经济体本币GDP/经济体最终全球PPP法GDP。

四、PPP应用都有哪些?

PPP在国际组织的分析研究中发挥着重要作用。PPP的用途和用户包括:可持续发展目标监测(SDG)(联合国)、人类发展指数HDI编制(联合国开发计划署)、《世界发展指标》中的国际贫困线下的贫困发生率、经济规模和价格水平测算(世界银行)、《世界经济展望》中国家经济总量和增长率及国家配额公式计算(国际货币基金组织)、欧洲结构和投资基金配置(欧盟),等等。

(执笔:杨家亮,张伟;成文于2024年3月)

国际组织警示世界经济长期低增长风险增大

近期,受需求疲弱、高通胀、金融市场动荡、地缘政治冲突等因素影响,世界经济恢复势头转弱,主要经济体经济同步趋缓。5月份,联合国《世界经济形势与展望》预测,2023年世界经济增速将从上年的3.1%放缓至2.3%,2024年预计增长2.5%,持续低于3.0%的世界长期平均增长水平(2000—2019年)。国际组织指出,在全球贸易及投资低迷、流动性收紧、债务脆弱性上升等诸多不利因素影响下,全球GDP潜在增长率逐步下移,世界经济陷入长期低增长风险加大。

一、近期世界经济恢复势头趋缓

高频数据显示全球经济恢复势头逐渐减弱。 彭博月度全球GDP增长跟踪(Global GDP tracker)作为反映世界经济走势的高频指标,对世界经济前景有较好预警作用。4月份,该指标同比增长2.9%,增速连续两个月放缓,且低于一季度4.2%的平均水平,反映出当前全球经济恢复放缓。**二季度主要经济体经济增速预计将维持较低水平。** 5月26日,亚特兰大联储预测,二季度美国经济环比折年率增速为1.9%,为2022年二季度以来次低,且较5月中旬预测值下调1.0个百分点。5月15日,欧盟委员会预测,二季度欧元区经济环比增长0.2%;同比增长0.7%,较一季度回落0.6个百分点,为2021年一季度以来新低。5月17日,日本经济研究中心预测,二季度日本经济环比增速为0.3%,较一季度回落0.1个百分点,维持较低水平。

二、联合国预期今明两年世界经济将维持较低增速

5月16日,联合国发布《世界经济形势与展望》中期报告预测,2023

年世界经济增速将由上年的3.1%放缓至2.3%,虽较1月份预测值上调了0.4个百分点,但仍远低于3.0%的世界长期平均增长水平(2000—2019年);2024年预计增长2.5%,较1月份预测值下调0.2个百分点,维持较低增速。联合国报告指出,由于主要发达经济体在消费、就业等部分领域表现好于预期以及中国经济预计将有较为强劲的复苏,2023年世界经济增速有所上调,但在全球贸易及投资低迷、流动性收紧、债务脆弱性上升等不利因素影响下,世界经济下行风险依然较大。

发达经济体经济增速普遍放缓。联合国报告预测,2023年发达经济体经济增速将由上年的2.7%回落至1.0%,2024年将增长1.2%。其中,2023年美国经济预计增长1.1%,较上年回落1.0个百分点,近期银行业危机暴露了潜在的金融脆弱性,同时通胀仍具韧性,在居民减少消费和企业削减投资影响下,预计下半年美国经济活动将继续放缓;欧元区预计增长0.9%,较上年回落2.6个百分点,由于能源供应受地缘政治动荡影响仍具较大不确定性,叠加银行及房地产市场在金融环境收紧下发生危机的风险加大,经济前景面临较大下行压力;英国预计由2022年的增长4.0%转为下降0.1%,为2020年以来首次负增长;由于外部需求疲弱、对外贸易条件恶化,2023年日本预计增长1.2%,与上年基本持平,较1月份预测值下调0.3个百分点。

发展中经济体复苏有所分化。预计2023年,发展中经济体经济增速将由上年的3.9%升至4.1%,较1月份预测值上调0.2个百分点;2024年增速将加快至4.2%,但各地区经济走势有所分化。分区域看,在中国经济较快复苏带动下,2023年东亚经济增速将由上年的3.2%加快至4.7%,其中,得益于消费和投资较快恢复以及各项稳增长政策措施支持,中国经济将增长5.3%,保持较快增速;受高通胀、金融条件收紧、外需疲软以及极端天气、地缘冲突等潜在风险影响,2023年南亚经济增速将由上年的5.6%放缓至4.7%,且较1月份预测值下调0.1个百分点,其中,印度经济增速将由上年的6.8%放缓至5.8%;此外,西亚(3.1%)及非洲(3.4%)经济增速将分别较上年回落3.5和0.1个百分点,较1月份预测值均下调0.4个百分点;受财政空间受限、通胀居高不下以及各经济体自身结构脆弱性等不利因素影响,拉丁美洲和加勒比地区(1.4%)经济快速走弱,增速较上年回落2.4个百分点,其中,巴西经济增速仅为1.0%,

较上年回落 1.9 个百分点;受俄乌冲突及相关制裁措施影响,转型经济体(0.6%)经济预期维持较低水平,其中,俄罗斯(-0.6%)经济将继续萎缩。

三、世界经济陷入长期低增长风险加大

从国际组织对世界经济今明两年的预测看,虽然经济预期较前期有所上调,但当前世界经济增速远低于历史平均水平,同时经济增长中枢正在下移,预示着世界经济陷入长期低增长风险显著加大。世界银行《长期增长前景下降:趋势、预期和政策》报告指出,过去十年间(2011—2021年),几乎所有发达经济体和近60%的发展中经济体GDP潜在增长率低于2000—2010年的平均水平。受疫情、俄乌冲突以及全球高通胀、货币政策持续收紧等多重负面冲击,全球及各经济体GDP潜在增长率呈现高度同步的下移。世界银行预测,2022—2030年全球GDP潜在增长率均值将较2011—2021年下降0.4个百分点至2.2%,为2000年以来最低增速;发达经济体GDP潜在增长率将下降0.2个百分点至1.2%;发展中经济体GDP潜在增长率将下降1.0个百分点至4.0%;同时,GDP占全球总量约80%的经济体潜在增长率均将有不同程度放缓。此外,若贸易投资乏力、劳动力供给不足未能有效改善,以及受极端突发事件冲击,全球GDP潜在增长率均值将由2.2%的水平进一步下降0.2—0.9个百分点。此外,联合国报告指出,预计2023年发达及发展中经济体人均GDP增速均将显著低于2000—2019年1.3%和4.0%的历史平均水平,这进一步强化了世界经济疲弱的长期趋势。

四 国际热点问题研究

表 联合国对世界、地区和经济体 GDP 增速预期(%)

经济体	2022年	2023年 5月份预测值	2023年 较2023年1月份预测变化	2024年 5月份预测值	2024年 较2023年1月份预测变化
世 界	**3.1**	**2.3**	**+0.4**	**2.5**	**-0.2**
发达经济体	**2.7**	**1.0**	**+0.6**	**1.2**	**-0.4**
美 国	2.1	1.1	+0.7	1.0	-0.7
欧元区	3.5	0.9	+0.8	1.4	-0.2
英 国	4.0	-0.1	+0.7	1.1	+0.1
日 本	1.1	1.2	-0.3	1.0	-0.3
发展中经济体	**3.9**	**4.1**	**+0.2**	**4.2**	**+0.1**
东 亚	3.2	4.7	+0.3	4.3	0.0
中 国	3.0	5.3	+0.5	4.5	0.0
南 亚	5.6	4.7	-0.1	5.8	-0.1
印 度	6.8	5.8	0.0	6.7	0.0
西 亚	6.6	3.1	-0.4	3.3	-0.1
非 洲	3.5	3.4	-0.4	3.5	-0.3
拉丁美洲和加勒比地区	3.8	1.4	0.0	2.4	-0.1
巴 西	2.9	1.0	+0.1	2.1	+0.1
转型经济体	-1.7	0.6	—	2.2	—
俄罗斯	-2.1	-0.6	+2.3	1.4	-0.1

资料来源:联合国《世界经济形势与展望》(2023年5月16日)。

(执笔:郝悦;成文于2023年5月)

下半年国际大宗商品价格下行压力仍存但多重因素加大价格不确定性

上半年,国际大宗商品价格持续下行,6月份回落至近2年低位。下半年,在高通胀高利率低增长冲击下,国际大宗商品价格仍存下行压力,但原油和粮食价格走势或将有所分化。受供给收紧、亚洲需求扩大、美元指数走低等因素影响,国际油价中枢或将上移,但全球工业生产活动仍较为疲软,抑制油价上涨空间,因此,国际油价或将维持区间震荡;全球粮食供需较为宽松,加大国际粮价下行压力,但俄乌冲突进一步升温或将加剧价格波动。

一、上半年国际大宗商品价格降至近两年低位

据世界银行数据,6月份,国际大宗商品价格指数为99.9(2010年=100),创2021年5月以来新低,环比下跌1.8%,较上年末下跌20.5%;能源价格指数为95.2,创2021年6月以来新低,环比下跌1.8%,较上年末下跌27.3%;非能源价格指数为109.5,再创2021年4月以来新低,环比下跌1.9%,较上年末下跌5.1%。其中,农产品和化肥价格指数分别环比下跌2.4%和9.3%,较上年末下跌2.8%和25.9%,分别创2021年10月和2021年6月以来新低,金属和矿产环比上涨0.7%,较上年末下跌5.9%,创2022年11月以来次低。

国际原油价格窄幅波动。 5月以来,OPEC一揽子油价持续在70—80美元/桶区间震荡,6月30日升至76.1美元/桶,较5月末上涨4.2%,但较上年末下跌6.3%。**主要粮食价格普遍下跌。** 6月份,美国小麦价格环比下跌6.0%,较上年末下跌10.6%,创2021年9月以来新低;国际玉米和国际大豆价格环比均下跌0.5%,较上年末分别下跌11.7%和8.3%,均创2021年12月以来新低。据芝加哥期货交易所(CBOT)数据,

6月30日，小麦、玉米、大豆期货价格分别较上年末下降18.3%、27.0%和11.9%。

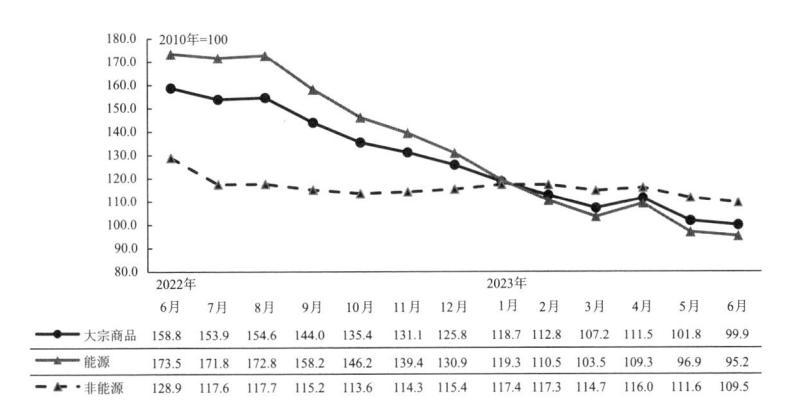

图　国际大宗商品价格指数

	2022年6月	7月	8月	9月	10月	11月	12月	2023年1月	2月	3月	4月	5月	6月
大宗商品	158.8	153.9	154.6	144.0	135.4	131.1	125.8	118.7	112.8	107.2	111.5	101.8	99.9
能源	173.5	171.8	172.8	158.2	146.2	139.4	130.9	119.3	110.5	103.5	109.3	96.9	95.2
非能源	128.9	117.6	117.7	115.2	113.6	114.3	115.4	117.4	117.3	114.7	116.0	111.6	109.5

数据来源：世界银行。

二、下半年国际大宗商品价格下行压力仍存，但不确定性加大

全球经济增长动能放缓加大国际大宗商品价格下行压力。 6月7日，OECD发布《经济展望》报告表示，在高通胀高利率等负面冲击叠加的情况下，预计2023年世界经济增速将较上年回落0.6个百分点至2.7%，为金融危机以来除疫情外的最低增速。其中，全球贸易增长疲软是拖累经济的重要因素。2023年，全球贸易量预计增长1.6%，较上年回落3.4个百分点，远低于2013—2019年3.4%的平均增速。下阶段，由于全球需求持续低迷、贸易前景趋弱，全球经济增长动能不足，加大国际大宗商品价格下行压力。6月6日，世界银行《全球经济展望》报告预测，2023年，国际大宗商品价格指数预计较上年下降23.2%，其中，能源价格指数下降28.6%，非能源价格指数下降9.6%。

（一）国际原油供需博弈，价格或将维持区间震荡

部分产油国为提振油价自愿减产，原油供给或将再度出现紧张局面。 7月初，沙特宣布将自愿减产100万桶/日的措施延长至8月，原油产量将降低至900万桶/日，达到2021年6月以来的最低水平，俄罗斯宣布8月份将原油出口量削减50万桶/日，产量可能降低至930万桶/日，达到

2021年初的水平。此外，近期地缘局势升温引发市场对俄罗斯原油供应担忧，OPEC一揽子原油价格5月份以来首次突破80美元/桶，7月14日涨至82.1美元/桶，创4月26日以来新高。

工业生产前景疲弱将抑制原油价格上涨空间。 OECD《经济展望》报告指出，面对持续高于目标的通胀，各国央行预计将保持高利率，大多数国家将采取紧缩财政措施以应对债务压力，将进一步抑制工业生产活动。据共识公司6月份发布的《国际经济调查与预测》，下半年，美国、欧元区、日本工业生产同比平均增速分别为-1.4%、0.3%和-0.3%，远低于上年同期2.7%、2.1%和2.3%的平均增速。工业前景疲弱将拖累原油需求增长，降低原油价格预期。**但亚洲地区能源需求整体向好对油价具有一定的支撑作用。** 上半年，中国累计进口原油2.82亿吨，同比上涨11.7%，为近3年来首度突破两位数增长；5月份，印度从俄罗斯进口原油量达195万桶/日，创历史新高。若下半年亚洲地区原油需求持续向好，将支撑油价区间震荡。

金融市场风险情绪有所升温，美元指数下行或将推高原油价格。 6月份以来，美国债务上限谈判取得积极进展，银行业危机化解，叠加美国通胀率大幅回落，市场预期美联储加息或接近尾声，市场风险偏好逐渐回升，美元指数进入下降通道。7月13日，美元指数跌至99.76，为2022年4月以来的最低值，美元指数的下滑，将带动以美元计价的原油价格出现反弹。摩根大通预计布伦特原油价格第三季度将升入80美元/桶区间，年底约为86美元/桶。

（二）国际粮食供需宽松，但地缘冲突或将加剧价格波动

主要粮食产量预期乐观。 据联合国粮农组织（FAO）7月份发布的最新供需预测，2023/24年度，全球玉米和大豆产量分别为12.1亿吨和4.0亿吨，较上年分别增长4.2%和8.0%，期末库存分别为3.0亿吨和5300万吨，较上年增长4.3%和16.7%；受上年高基数效应影响，全球小麦产量为7.8亿吨，下降2.3%，但期末库存为3.1亿吨，增长0.9%。主产国粮食播种面积和产量有所增加。据巴西农业咨询公司DATAGRO预测，2023年南美大豆播种面积为6654万公顷，产量为1.9亿吨，较上年分别增长3.2%和2.6%；据加拿大农业部6月份发布的《主要作物展望报告》，2023年加拿大小麦总产量为3575.2万吨，增长5.7%；据美国农业

部7月份发布的《供需报告》预测,2023年美国玉米产量为3.9亿吨,增长11.6%。

国际粮食贸易持续低迷。据FAO 6月份发布的《粮食展望》报告预测,2023年全球粮食支出将增至1.98万亿美元,较2022年增长1.5%,远低于2021年17.5%和2022年11.4%的增速,其中,发达经济体的粮食进口继续增加,但最不发达国家的粮食进口支出预计将下降1.5%,粮食净进口发展中国家的进口支出将减少4.9%。据FAO 7月份预测,2023年,全球粮食贸易量较上年下降0.2%,其中,小麦和玉米分别下降3.4%和0.8%,大豆小幅增长2.1%。据美国农业部7月份《供需报告》预测,由于出口市场竞争激烈,2023年,美国小麦、玉米、大豆价格将较上年下降15.1%、27.3%和12.7%。

地缘政治风险加剧粮价波动。2022年上半年,受俄乌冲突影响,粮食出口受限,粮价快速上涨,据世界银行数据,5月份粮食价格指数涨至169.0,创1960年有记录以来新高。2022年7月,俄罗斯、乌克兰、土耳其和联合国共同签署了黑海粮食协议(以下简称"协议"),同意设立联合协调中心,对乌克兰农产品经黑海出口运输提供安全保障,也保障俄罗斯粮食与化肥进入国际市场。联合国称,签署协议一年以来,已有超过3200万吨粮食商品从乌克兰出口到全球45个国家,缓解了粮食供给紧张和市场恐慌情绪,粮价逐步回落。2023年7月17日,俄罗斯外交部表示,由于协议主要目标没有实现,将自7月18日起停止续期,再度引发市场对粮食供给的担忧,据CBOT数据,7月18日,小麦、玉米和大豆期货价格当日分别上涨2.3%、5.2%和1.3%。

(执笔:朱祎;成文于2023年7月)

美国经济运行风险隐患对我国的影响研判及政策建议

今年以来,在强劲的劳动力市场、超预期的居民消费和扩张性财政政策支撑下,美国经济展现较强韧性。但是随着货币紧缩滞后效应逐渐显现,美国经济面临较大下行压力。9月19日,OECD发布《经济中期展望》报告,预计美国GDP增速将由2023年的2.2%放缓至2024年的1.3%,远低于其潜在增长率。面对美国经济运行中风险隐患的影响,我国应高度警惕并积极研究应对策略,以妥善应对各种挑战。

一、美国经济面临多重风险隐患

(一)再通胀风险升温,为持续更高更久的政策利率提供支撑

再通胀风险升温。 自2022年3月美联储采取货币紧缩政策以来,美国通胀水平逐步回落,CPI同比涨幅从2022年6月的9.1%回落至2023年6月的3.0%,但7、8月份分别反弹至3.2%和3.7%。同时,核心通胀仍处高位,8月份核心CPI同比上涨4.3%,仍远超2.0%的目标水平。通胀升温的潜在风险显现。**一是国际油价大幅反弹**。7月份以来,国际原油价格快速上涨,OPEC油价9月28日升至97.5美元/桶,创2022年10月以来新高,较6月末上涨28.0%;10月份有所回落,但随着巴以冲突升级,油价再次上行。国际能源署预计四季度原油供需缺口将达200万桶/日,或将支撑油价保持高位。**二是大规模劳资纠纷将加剧通胀压力**。近期,美国汽车、医药等行业出现罢工事件,若涨薪目标达成,将推高相关行业劳动力成本,且罢工令供给偏紧的劳动力市场更趋紧张,加大工资推动型通胀压力。

美联储为抑制通胀或将持续收紧货币政策。 美联储9月份会议纪要宣布维持政策利率不变,但释放了未来大概率将进一步加息的政策信号,并且大幅调低了明年的降息预期,点阵图的中长期利率路径远超市场预期。美联储官员表示,美国通胀风险仍偏高,利率可能在更长时间保持高位,中性利率水平已经上行。

(二)持续的超高利率导致债务问题严重

高利率加剧政府偿债压力。2022年以来,为应对前期量化宽松政策带来的高通胀,美联储激进加息极大收紧市场流动性,美国国债利息偿付成本增加,进一步推高债务风险。**从美债规模和增速看,**截至10月5日,美国国债总额为33.5万亿美元,较2019年末增加约10万亿美元。据IMF数据,2022年美国一般政府债务占GDP比重高达121.4%,远超2019年的108.7%。**从国债到期规模看,**圣路易斯联储预测,约30%的存量国债将于2023年到期,52%的国债将于2024—2032年到期;美国国会预算办公室预测,利息支出占GDP比重将由2022年的1.9%升至2032年的3.6%。更高的利率水平加剧政府偿债压力,美国财政前景堪忧。

高利率加重居民债务负担。从家庭总负债看,据纽约联储《家庭债务和信用报告》数据,截至2023年二季度,美国家庭债务总额达17.06万亿美元,较2022年一季度增加1.22万亿美元。截至10月5日当周,美国30年抵押贷款利率升至7.49%,为2000年12月以来最高水平。较高的抵押贷款利率不仅抑制消费需求,也使美国居民的债务负担进一步加重。**从信用卡负债看,**2023年二季度,美国消费者信用卡欠款高达1.03万亿美元,同比增长16.2%。由于政策利率上行,信用卡利率也随之上调,根据信用卡网站Credit Cards调查数据,截至5月10日,信用卡平均年利率达20.68%,创历史新高。受高通胀和高利率影响,超过1/3的美国成年人信用卡债务超过了应急储蓄。

企业债务风险或将持续上行。美联储大幅加息显著提高企业再融资成本,部分企业在低成本债务到期时无力偿还,陷入违约甚至破产境地。**企业破产申请数明显上升,**截至9月20日,彭博企业破产指数上升至81.02,显著高于2022年3月24.57的低点;**企业评级下调风险增加,**标普报告显示,二季度所有公司评级调整中,65%被下调评级;**大量企业债将集中到期,**高盛估计,未来两年将有1.8万亿美元的企业债务到期;**企业债违约率有所上升,**标普数据显示,今年前8个月有69家美国企业债务违约,较上年同期增长176%。

（三）强劲的消费支出难以为继

居民超额储蓄耗尽。据旧金山联储测算，截至 2023 年 6 月，美国居民超额储蓄不足 1900 亿美元，预计将于今年三季度耗尽；据摩根大通测算，美国居民超额储蓄于 2021 年 8 月达到 2.1 万亿美元峰值，2023 年 6 月跌至 -910 亿美元；据美联储测算，美国居民超额储蓄已于 2023 年一季度耗尽。

巨额学生贷款即将恢复还款。据美国信用报告机构益博睿数据显示，美国目前共有 4500 万人背负学生贷款债务，总计约 1.7 万亿美元；阿波罗全球管理公司报告指出，学生贷款恢复还款将导致美国消费支出每月减少约 90 亿美元，每年减少约 1000 亿美元。随着信用卡贷款利率的持续上升，美国家庭债务压力加剧，或将进一步限制家庭消费支出。

（四）主要行业活动不断走弱

需求疲软导致制造业活动持续收缩。据 S&P Global 数据显示，近 11 个月中，美国制造业 PMI 除 2023 年 4 月的 50.2% 微幅扩张外，其余 10 个月均处于收缩区间。分项指数中，新订单指数连续 5 个月收缩，新出口订单指数连续 16 个月收缩，显示需求依旧疲软。**服务业活动处于收缩边缘**。9 月份，美国服务业 PMI 为 50.1%，较上月回落 0.4 个百分点，连续 4 个月回落，跌至荣枯线边缘，创 1 月份以来新低。

（五）金融市场面临较大不确定性

美国银行业前景恶化，评级机构下调美国主权债务评级和银行业评级。今年以来，美国银行业资产端面临亏损和资产质量恶化的局面，从数家银行倒闭发展到裁员潮席卷银行业，美国各大银行今年裁员规模或将超过 1.1 万人，美联储也计划裁员 300 人，银行业危机不断发酵，引发市场对于美国金融脆弱性加剧的担忧。国际三大评级机构穆迪、标普、惠誉认为美国银行业前景正在恶化，8 月份以来纷纷下调美国银行的信用评级。同时，惠誉将美国长期外币债务评级从 AAA 下调至 AA+，为 1994 年以来首次调低美国主权债务信用评级。

美债收益率曲线持续深度倒挂。美国十年—两年期国债收益率自 2022 年 7 月首次出现倒挂以来，倒挂幅度随着美国连续加息持续扩大，2023 年 7 月 3 日达到 108 个基点，创 1981 年 9 月以来新高。一方面，美债收益率曲线倒挂是美国经济的前瞻指标，经济衰退通常发生在倒挂后的6至36个月之间;另一方面,收益率倒挂意味着美国银行和非银行金融机构面临着短端成本高于长端投资收益的困境,或将加剧信贷条件紧缩,强化美国经济衰退路径。

市场避险情绪不断升温,美国股市泡沫可能破裂。为应对疫情的冲击,2020年美国开启超量化宽松的政策模式,大量资金流入金融市场和房地产市场等,助长金融泡沫。美国纳斯达克股票指数收盘价从2020年3月22日低点6860.67升至2021年11月19日历史最高16057.44,累计上涨134.1%。2022年以来,随着美联储货币政策持续收紧,美国股市遭受重创,纳斯达克股指于2022年12月28日跌至10213.29,为2020年6月以来最低,较高点下跌36.4%,并创下互联网泡沫破灭之后20年来该指数的最长连跌纪录。短期内,美国金融市场面临更趋严峻的政策环境以及经济下行压力,或将导致金融市场动荡加剧。

(六)多重因素叠加,美国经济衰退风险不低

当前,美国超额储蓄支撑下的消费支出难以为继、高利率接近临界点,近期经济领先指标、初次失业救济金申请人数、持续失业救济金申请人数以及新房实际开工数等经济指标均发出衰退预警信号,显示美国经济衰退风险不低。

未来,随着财政扩张力度转弱,叠加货币紧缩滞后效应进一步发酵,美国经济衰退风险仍然较大。9月19日,OECD发布最新《经济中期展望》报告,预计2024年美国GDP增速将由2023年的2.2%大幅回落至1.3%,远低于其潜在增长率。主要金融机构如花旗银行、德意志银行预测2024年美国经济增长乏力,预计年度经济增速低至0.4%和0.1%,甚至于明年二、三季度出现负增长。

表 主要金融机构对美国2024年GDP同比增速预测(%)

金融机构	2024年	一季度	二季度	三季度	四季度
摩根士丹利	1.2	1.3	1.2	1.0	1.4
花旗银行	0.4	1.0	0.0	-0.2	0.4
美林银行	1.1	1.6	1.2	0.9	0.7
德意志银行	0.1	0.4	-0.3	-0.4	0.6
巴克莱银行	0.9	1.4	0.8	-0.1	0.0

二、对我国的影响分析

(一) 金融市场外部环境恶化

未来一段时间内,美联储超高政策利率导致美元保持强势,我国资本流出压力持续存在。2022年4月11日中美十年期国债收益率首次出现倒挂,2023年9月27日倒挂幅度扩大至189.07个基点,创历史新高。人民币相对于美元快速贬值,截至10月9日,人民币汇率(美元兑人民币中间价)从2022年3月1日的近5年最高收盘价6.3014下跌12.2%至7.1789,其中2022年11月4日收于7.2555,为2008年以来最低。受利率倒挂及人民币贬值等因素影响,2022年6月以来,北向资金合计成交净买入额不断下降,2023年8月,北向资金净流出近900亿元,创下单月历史新高,9月份继续保持流出趋势。8月份,我国资本账户流出490亿美元,为2015年12月以来最大规模的资本外流。随着美联储紧缩预期再度升温,美元指数或将继续保持高位,我国仍将面临资本流出压力。

由于2024年美国经济增速预计下行,美联储或将开启降息周期,将造成我国美元资产贬值。据国家外汇管理局数据,截至6月末,我国外币外债余额为9.78万亿美元,其中美元债务占85%;截至9月末,我国外汇储备规模为3.1万亿美元。美联储降息或将导致美元指数快速走低,对我国美元资产的安全性带来不利影响,并加大我国偿还外债的风险。**全球资本流向发生转变,加剧我国金融市场波动**。美国经济下行开启降息周期将释放更多流动性,在我国经济回升向好的背景下,境外过剩的流动性通过贸易和资本流动逐渐进入包括我国在内的新兴市场国家。大量短期的无序资本流动将加剧我国金融市场波动并对国际收支平衡造成冲击。

(二) 出口下行压力增大

美国仍为我国重要的贸易伙伴。一方面,美国在我国出口所占比重仍然较高。今年前8个月,我国对美国出口份额为14.7%,美国是我国第三大出口伙伴国,我国在美国进口占比为13.5%,我国是美国第四大进口伙伴国。另一方面,我国对美国存在较为明显的转口贸易。国际贸易中心数据显示,2022年美国43.0%的鞋靴、31.5%的针织服装、29.0%的非针织服装、27.7%的家具从东盟进口,而东盟自我国进口上述产品的比重均超50%,这意味着我国与美国贸易虽然表面弱化,实则十分紧密。

美国经济下行拖累我国出口增长。历史数据表明,当美国经济处于下行阶段,经济内生动力转弱时,其进口增速往往出现较快下滑,进而影响我国出口。当前,美国进口已处于下行通道,受此影响,前8个月我国对美国货物出口额累计同比下降17.4%,拖累我国出口3.0个百分点,是主要拖累项。若未来美国经济出现下行甚至衰退,对我国出口的负面影响或将更加显著。

(三)结构性价格上涨压力仍存

能源和粮食价格上行风险仍然较大。近期,国际大宗商品价格现反弹迹象,据世界银行数据,9月份,国际大宗商品价格指数环比上涨6.1%,连续3个月上涨,创今年以来新高。OECD《经济中期展望》报告指出,国际能源供应持续偏紧,且供应中断的可能性仍然很高,能源价格的再度飙升将给全球通胀带来新推动力,并损害大宗商品进口国的经济增长;极端天气、部分主产国的出口限制措施、黑海粮食协议终止、乌克兰使用欧洲替代供应路线的范围仍存在不确定性,以及巴以冲突升级,将冲击全球粮食供应,对粮食价格带来上涨压力。食品和能源价格在我国CPI和PPI中占有较大权重,且对下游产品价格产生重要影响,若能源和粮食价格再度大幅上涨,将对我国产生结构性价格上涨压力。

美联储降息将推动国际大宗商品价格上涨。今年以来,由于全球需求持续低迷、贸易前景趋弱,经济增长动能不足,国际大宗商品价格整体回落。10月10日,IMF发布《世界经济展望》报告预测,2023年国际原油价格将较上年下降16.5%,非能源大宗商品价格将下降6.3%。若美联储2024年降息以维持美国经济增长,投资者将抛售美元资产,推升大宗商品投资需求,叠加美元贬值,将再次推动国际大宗商品价格上涨,从而抬升我国经济发展成本,导致我国结构性价格上涨压力增大。

三、政策建议

(一)维护我国金融市场稳定

一是密切关注国内外风险因素,特别是主要发达国家的政策走向,积极应对欧美货币紧缩政策带来的资本流出、货币贬值等压力。二是加强宏观经济政策调控,实施稳健的货币政策,加大对实体经济的支持力度,发挥好货币政策工具总量和结构双重功能,强化对重点领域和关键环节的支持力度。三是加强和完善金融监管,进一步推动宏观审慎管理框架建设,完善资金双向流通机制,提高金融市场风险防范能力。

(二)推动外贸稳规模优结构

一是鼓励外贸企业迎难而上,稳住对欧美等发达经济体出口,并积极开拓发展中国家市场和东盟等区域市场。二是稳外贸政策不断加力提效,加大对外贸企业特别是中小微企业的融资增信支持力度,扩大出口信用保险覆盖范围和承保规模,加大出口退税力度。三是深化外贸创新发展,支持有竞争力的优势产品持续提档升级,加快发展跨境电商等新业态新模式,不断挖掘外贸增长潜力。

(三)防范结构性通胀风险

一是持续加强自身供给能力,夯实国内粮食稳产增产、能源市场平稳运行的有利条件,密切关注并妥善应对国内外通胀形势变化。二是完善关键商品的产供储销体系,强化市场预期管理,做好粮食、能源等关键大宗商品的保供稳价工作。三是强化大宗商品市场监管,加强大宗商品价格监测预警,打击囤积居奇、哄抬价格等行为,坚决遏制过度投机炒作。

(执笔:李婧婧,郝悦,朱祎,王猛猛,赵宇欣;成文于2023年10月)

2024年世界经济形势研判及对我国影响和对策建议

今年以来,世界经济复苏进程缓慢且不均衡,主要经济体货币政策持续收紧对经济的滞后影响正在显现,部分国家政府债务风险导致对经济的财政支持下降,地缘政治紧张局势加剧拖累经济增长,世界经济仍然面临持续的下行压力。10月10日,IMF发布《世界经济展望》报告,预计世界经济增速将从2022年的3.5%回落至2023年的3.0%和2024年的2.9%。

一、世界经济形势研判

(一)世界经济仍面临多重风险因素

10月10日,IMF发布《世界经济展望》预测,2024年世界经济增速为2.9%,远低于2000—2019年3.8%的历史平均水平。其中,随着货币政策收紧负面影响逐渐显现,发达经济体经济增速预计从2023年的1.5%回落至2024年的1.4%;新兴市场与发展中经济体面临货币政策空间受限、财政压力加大和粮食安全状况恶化等挑战,经济增速温和回落,从2022年的4.1%回落至2023年及2024年的4.0%。

主要经济体经济增速放缓。据IMF预测,尽管美国经济短期内展现出较强韧性,但随着工资增长放缓、超额储蓄消耗殆尽,叠加紧缩性货币政策滞后效应,经济增速预计从2023年的2.1%放缓至2024年的1.5%;由于通胀压力并未消除,高通胀导致需求疲软、消费不振,叠加高利率抑制投资活动,预计2024年欧元区经济增速为1.2%,较7月份预测值下调0.3个百分点,但较2023年0.7%的经济增速有所恢复;在宽松货币政策提振、需求释放、入境旅游增加和汽车出口反弹等推动下,预计2024年日本经济增速为1.0%,较7月份预测值持平;新兴和发展中经济体中,受投资下降和房地产市场结构性压力影响,中国2024年经济增速预计为4.2%,低于7月份4.5%的预测值;由于消费强于预期,印度经济增长保持强劲,预计2024年增速为6.3%,较7月份预测值持平;俄罗斯(1.1%)和巴西(1.5%)增速较上年分别放缓1.1和1.6个百分点。

多重风险因素加大世界经济下行压力。IMF指出,世界经济主要面临六种不利因素:一是气候变化和地缘政治冲击可能导致大宗商品价格进一步波动;二是劳动力市场趋紧和加薪需求可能加大持续的通胀压力;三是通胀意外上行或将迫使货币政策重新评估,导致金融市场重新定价;四是美国和欧元区贷款标准收紧,新兴和发展中经济体借贷成本仍然较高,债务危机风险上升;五是地缘经济碎片化影响经贸往来,阻碍多边合作;六是粮食和燃料价格飙升可能导致社会动荡,损害经济活动并阻碍改革进程。多因素影响下,世界经济或将面临多重风险因素的联合放大效应,下行风险仍然较大。

(二)通胀压力持续存在

2024年全球通胀回落幅度有限,核心通胀粘性较强,通胀预期上调。IMF报告预测2024年全球消费价格同比涨幅将从2023年的6.9%放缓至5.8%,但较7月份预测值上调0.6个百分点。**主要经济体通胀水平仍明显高于央行2.0%的目标水平。**2024年,美联储激进加息将进一步推动美国通胀下降,其通胀有望从2023年的4.1%回落至2.8%;欧元区和英国受紧缩货币政策和能源价格下降影响,通胀将持续下降,但抑制通胀仍需时间,通胀预期分别为3.3%和3.7%;土耳其(62.5%)和阿根廷(93.7%)仍将深陷恶性通胀之中。

气候变化和地缘政治冲击使全球不确定性上升,打击市场信心且阻碍全球遏制通胀的进程。新一轮巴以冲突或增加全球经济不确定性,可能对国际原油、黄金等资产价格产生直接影响。

(三)高利率或将持续更久

自2021年底以来,各国央行为抑制通胀进行大幅加息,发达经济体平均加息约400个基点,新兴经济体平均加息约650个基点。主要经济体中,**欧美等主要经济体将接近或跨过利率峰值,**截至2023年10月初,美联储加息11次,累计加息525个基点至5.25—5.50%;欧洲央行加息10次,累计加息450个基点至4.50%;英国加息14次,累计加息515个基点至5.25%;新兴和发展中经济体货币政策有所分化,土耳其和俄罗斯仍处于加息周期;巴西等部分新兴经济体率先迈出降息步伐,9月20日,巴西央行宣布第二次降息50个基点至12.75%。

IMF预测,约89%的经济体通胀水平于2024年仍将超过目标水平,至少到2025年才能回归目标水平。持续存在的通胀压力或将迫使各央行将政策利率在较长一段时间内维持高位,造成投资乏力、债务高企、需求不足和金融市场不确定性增加,进而加大全球经济下行压力。

(四)高利率导致全球债务风险上升

高通胀、高利率背景下,全球债务总额再创新高。据国际金融协会(IIF)数据显示,2023年上半年全球债务增加10万亿美元,达到创纪录的307万亿美元,其中80%以上来自发达国家。全球债务中,政府债务约为153万亿美元,非金融企业债务约为104万亿美元,家庭债务约为50万亿美元。

高利率加剧政府偿债压力。据IMF预测,2024年,美国一般政府债务占GDP比重高达126.9%,远超2019年的108.7%,2028年将攀升至137.5%;欧元区占比为88.3%,其中法国(110.5%)和意大利(143.2%)债务占比较高;英国和加拿大占比分别为105.9%和103.3%。**高利率加剧居民债务负担**。紧缩性货币政策提高举债成本,导致居民偿债能力下降和债务违约激增。一方面,发达经济体超额储蓄即将消耗殆尽,信用卡和汽车贷款拖欠率有所上升;另一方面,利率上行引发按揭贷款偿付问题,或将导致房价下跌。**企业债务风险或将上行**。10月份,IMF最新《全球金融稳定报告》指出,未来一年,随着全球超过5.5万亿美元的企业债务到期,企业债务问题将进一步恶化。下阶段,若加息和收紧信贷标准影响强于预期,偿债负担的增加将导致财政支出受限、失业率上升和破产率增加。

(五)金融市场不稳定性上升

美联储等发达经济体央行加快货币政策紧缩步伐,持续加息导致全球金融环境明显收紧,在经济政策和地缘政治危机高度不确定的环境中,全球金融稳定风险大幅上升。

银行业前景恶化。今年以来,美欧激进加息导致银行业风险事件频发,国际金融市场动荡加剧。其中,美国银行业资产端面临亏损和资产质量恶化的局面,从数家银行倒闭发展到裁员潮席卷银行业,银行业危机不断发酵,引发市场对于美国金融脆弱性加剧的担忧,国际评级机构下调美国主权债务评级和银行业评级。**非美元货币加速贬值**。10月17日,美元指数较8月末上涨2.5%,其中10月3日为107.07,创2022年11月以来最高收盘价;主要发达经济体货币兑美元中,欧元较2023年1月高点累计贬值3.1%,英镑贬值1.8%,日元贬值14.7%;新兴和发展中经济体货币兑美元中,人民币贬值6.5%,印度卢比、南非兰特和韩元分别贬值2.7%、10.3%和9.3%。**新兴经济体资本外流**。由于发达经济体将在更长时间维持较高利率,新兴经济体资本市场持续承压。据国际金融协会(IIF)数据,9月份,新兴市场资本流出达138亿美元,其中股票投资组合和债券投资组合分别流出120亿美元和18亿美元。

(六)多种因素拖累贸易前景

先行指标显示全球贸易仍显疲软。2022年以来,作为全球贸易先行指标的S&P Global全球制造业PMI新出口订单指数呈低位波动态势。2023年9月,全球制造业PMI新出口订单指数为47.7%,连续19个月低于荣枯线,表明全球制造业产品需求仍处低位。

受全球货币紧缩、通胀高企、美元升值和地缘政治等因素的影响,主要国际组织大幅下调2023年全球贸易增速预期,10月5日,WTO发布最新《全球贸易展望与统计》报告,预计2023年全球货物贸易量增长0.8%,较4月份预测值下调0.9个百分点。未来,随着通胀放缓和主要经济体货币政策转向,部分行业可能趋于稳定和反弹,**2024年全球贸易增速或将温和回升,但主要发达经济体贸易增速仍低于历史平均水平**。IMF最新《世界经济展望》报告预计2024年全球货物和服务贸易量增速将从2023年的0.9%恢复至3.5%。其中,发达经济体进口增速预计为3.0%,出口增速为3.1%,分别较2023年提高2.9和1.3个百分点,但均低于2015—2019年的平均水平。

二、对我国的影响分析

(一)金融市场仍然面临较大压力

未来一段时间内,美联储超高政策利率或将导致美元保持强势,人民币贬值及资本流出压力持续存在。2022年4月11日中美十年期国债收益率首次出现倒挂,2023年10月19日倒挂幅度扩大至226.13个基点,创历史新高。人民币相对于美元快速贬值,截至10月20日,人民币汇率(美元兑人民币中间价)从2022年3月1日的近5年最高点6.3014下跌12.2%至7.1793,其中2022年11月4日收于7.2555,为2008年以来最低。受利率倒挂及人民币贬值等因素影响,2022年6月以来,北向资金合计成交净买入额不断下降,2023年8月,北向资金净流出近900亿元,创下单月历史新高,9月份继续保持流出趋势。8月份,我国资本账户流出490亿美元,为2015年12月以来最大规模的资本外流。由于美联储超高政策利率仍将持续较长一段时间,美元指数或将继续保持高位,在未来一段时间内我国仍将面临人民币贬值及资本流出压力。

由于2024年美国经济增速预计下行,市场预期美联储在2024年下半年或将开启降息周期,造成我国美元资产贬值风险。据国家外汇管理局数据显示,截至6月末,我国外币外债余额为9.78万亿元,其中美元债务占85%;截至9月末,我国外汇储备规模为3.1万亿美元,其中美元资产占较大比例。美联储降息或将导致美元指数快速走低,对我国美元资产的安全性带来不利影响。**全球资本流向发生转变,加大我国金融市场波动。**若美国经济下行开启降息周期将释放更多流动性,在我国经济回升向好的背景下,境外过剩的流动性通过贸易和资本流动进入包括我国在内的新兴市场国家。大量短期的无序资本流动或将加大我国金融市场波动并对国际收支平衡造成冲击。

(二)外需减弱增大出口下行压力

历史数据表明,当欧美等发达经济体经济处于下行阶段,经济内生动力转弱时,其进口增速往往出现较快下滑,进而影响我国出口。IMF预测2024年全球贸易增速或将温和回升,但主要经济体仍恢复缓慢,加大我国出口能否持续恢复的不确定性。据IMF预测数据,2024年,美国货物和服务进口增速为-0.1%,连续两年增速为负;欧元区国家中,德国(3.5%)和意大利(3.2%)进口增速均低于其2015—2019年历史平均水平;英国进口增速为1.2%,远低于3.6%的历史平均水平;新兴和发展中经济体中,巴西和墨西哥进口增速分别为-0.3%和1.0%。**下阶段,在外需减弱影响下,加之欧美加快推进产业链供应链本土化、近岸化、盟友化和去风险化,我国出口下行压力仍存。**

(三)结构性价格上涨压力仍存

能源和粮食价格上行风险仍然较大。 近期,国际大宗商品价格现反弹迹象,世界银行数据显示,9月份,国际大宗商品价格指数环比上涨6.1%,连续3个月上涨,创今年以来新高。9月OECD发布《中期经济展望》报告指出,国际能源供应持续偏紧,且供应中断的可能性仍然很高,近期巴以冲突升级进一步加大了这种可能性;极端天气、部分主产国的出口限制措施、黑海粮食协议终止、乌克兰使用欧洲替代供应路线的范围仍存在不确定性,将冲击全球粮食供应,对粮食价格带来上涨压力。食品和能源价格在我国CPI和PPI中占有较大权重,且对下游产品价格产生重要影响,若能源和粮食价格再度大幅上涨,将对我国产生结构性价格上涨压力。

此外,若美联储2024年降息以维持美国经济增长,投资者将抛售美元资产,推升大宗商品投资需求,或将再次推动国际大宗商品价格上涨,导致我国结构性价格上涨压力增大。

三、政策建议

(一)维护我国金融市场稳定

一是密切关注国内外风险因素及主要发达国家的政策走向,进一步深化金融供给侧结构性改革,积极应对欧美货币紧缩政策带来的资本流出、货币贬值等压力。二是继续实施稳健的货币政策,把握好逆周期和跨周期调节,保持货币信贷总量适度,同时增强金融支持实体经济的稳定性,加大对重点领域和关键环节的支持力度。三是加强和完善金融监管,进一步推动宏观审慎管理框架建设,强化金融风险源头管理,完善资金双向流通机制,提高金融市场风险防范能力。

(二)推动外贸稳规模优结构

一是鼓励外贸企业迎难而上,稳住对欧美等发达经济体出口,并积极开拓发展中国家市场和东盟等区域市场。二是稳外贸政策不断加力提效,加大对外贸企业特别是中小微企业的融资增信支持力度,扩大出口信用保险覆盖范围和承保规模,加大出口退税力度。三是深化外贸创新发展,支持有竞争力的优势产品持续提档升级,加快发展跨境电商等新业态新模式,不断挖掘外贸增长潜力。

(三) 防范结构性通胀风险

一是持续加强自身供给能力,夯实国内粮食稳产增产、能源市场平稳运行的有利条件,密切关注并妥善应对国内外通胀形势变化。二是完善关键商品的产供储销体系,强化市场预期管理,做好粮食、能源等关键大宗商品的保供稳价工作。三是强化大宗商品市场监管,加强大宗商品价格监测预警,打击囤积居奇、哄抬价格等行为,坚决遏制过度投机炒作。

(四) 坚持对外开放,加强国际合作

一是坚定不移地实行对外开放政策,加强顶层设计,推动中国管理、规则和标准走向世界,提升我国在国际舞台上的影响力和话语权。二是积极参与全球供应链重塑,加快补齐我国产业链供应链短板弱项,提高其韧性和抗风险能力。三是增强国内国际两个市场两种资源的联动效应,扩大与"一带一路"沿线国家和地区的贸易往来,深化双向投资、拓展产业合作、加强三方合作和多边合作。

(执笔:李婧婧,郝悦,朱祎,王猛猛,赵宇欣;成文于 2023 年 10 月)

多重因素致我国对东盟出口下滑 东盟对我国出口支撑作用或将继续减弱

近期,我国对东盟出口有所转弱,货物出口额同比连续5个月两位数负增长且为2020年2月以来低位,我国对东盟主要国家出口增速普遍转负,部分产品在东盟国家进口所占份额较快回落。短期原因,主要受全球贸易低迷、美欧消费疲软以及东盟经济增长动能趋缓影响,长期看,东盟加快推进产业转型升级减少对我国进口依赖度,叠加我国与东盟双边贸易不平衡性持续存在,制约我国与东盟贸易发展。综合多重因素,预计下阶段我国对东盟出口将延续负增长,东盟对我国出口的支撑作用或将继续减弱。

一、近期我国对东盟出口转弱

今年一季度,我国对东盟货物出口额占我国总出口比重达17.4%,东盟成为我国第一大出口目的地,在美欧推行"去中国化"、制造业回流等政策下,东盟已成为拉动我国出口的主要力量。但近期数据显示,我国对东盟出口有所转弱。

我国对东盟出口增长趋缓。1—9月,我国对东盟货物出口额累计3883.0亿美元,同比下降4.8%,增速较上半年由正转负,其中,9月份出口同比下降15.8%,为2020年2月以来低位,连续5个月两位数负增长。从拉动作用看,9月份对东盟出口拖累我国出口2.6个百分点,拖累程度达到了2016年以来高位,且在主要经济体中为主要拖累项。从出口份额看,9月份东盟在我国出口中所占份额为14.7%,较一季度17.4%的高位较快回落,跌至次于美国的我国第二大出口目的地。

我国对东盟主要国家出口增速普遍转负。9月份,我国对新加坡货物出口额同比下降36.1%,为有记录以来次低;对菲律宾(-26.5%)、马来西亚(-13.2%)、印尼(-19.1%)出口增速均连续4个月两位数负增长;对泰国(-4.4%)、越南(-2.9%)出口增速均连续5个月负增长。从东盟自我国进口看,部分国家自我国进口同比增速低于其进口总体增速。8月份,印尼自我国进口同比下降21.1%,降幅大于印尼进口增速9.0个百分点,连续4个月低于印尼进口总体水平;新加坡自我国进口同比下降20.5%,连续5个月负增长,降幅大于新加坡进口增速4.8个百分点,连续4个月低于新加坡进口总体水平。

部分产品在东盟国家进口所占份额下滑。机电产品、贱金属、化工产品、纺织原料及制品等是我国对东盟主要出口产品。9月份,我国对印尼(-20.3%)、马来西亚(-22.6%)、菲律宾(-22.6%)机电产品出口同比增速连续4个月两位数负增长,对泰国(-3.9%)、新加坡(-30.9%)机电产品出口均连续5个月负增长;对泰国、菲律宾、马来西亚、印尼化工产品出口均连续7个月负增长,且为2021年以来相对低位;对泰国、菲律宾、印尼纺织原料及制品出口降幅均超20%;对菲律宾、新加坡、缅甸贱金属出口降幅均超30%。从我国产品在东盟国家进口所占份额看,8月份,我国部分机电产品在越南进口所占份额(17.7%)降至2022年以来相对低位,纺织原料及制品、化工产品、贱金属进口所占份额也均较一季度有不同程度回落;机器和运输设备(54.2%)、杂项制品(8.4%)在马来西亚进口所占份额均降至2022年以来相对低位。

二、多重因素导致我国对东盟出口放缓

从短期看,一是全球贸易持续低迷。10月5日,世界贸易组织(WTO)发布《贸易统计及展望》,预计2023年全球货物贸易量将增长0.8%,较4月份预测值下调0.9个百分点。10月10日,国际货币基金组织(IMF)发布《世界经济展望》,预计2023年全球货物和服务贸易量将增长0.9%,较上年回落4.2个百分点,远低于2000—2019年4.9%的平均增速。此外,领先指标显示,全球商品贸易持续低迷。9月份,S&P Global全球制造业PMI新出口订单指数为47.7%,连续19个月处于收缩区间,为2008年金融危机以来最持久的贸易收缩状态。

二是美欧生产消费疲弱间接影响我国转口贸易。近年来,东盟不仅承接着我国产业链转移,在美欧推行"去中国化"政策下,我国部分货物

绕道东盟出口美欧。国际贸易中心(ITC)数据显示,2022年美国43.0%的鞋靴、35.9%的稻草秸秆、31.5%的针织服装、29.0%的非针织服装、27.7%的家具以及欧盟23.9%的稻草秸秆、11.0%的针织及非针织服装自东盟进口,而上述产品东盟自我国进口比重均超50%,表明我国对美欧存在转口贸易。当前,在高利率及高通胀影响下,美欧生产、消费表现相对疲软。9月份,美国制造业PMI(49.8%)连续5个月低于荣枯线,欧元区(43.4%)连续15个月收缩。9月份,美国零售额同比增长3.4%,仍为2021年3月以来较低增速;8月份,欧元区零售量同比下降2.1%,连续11个月负增长。受此影响,8月份美国自东盟进口额同比下降9.6%,连续7个月负增长,为2016年4月以来低位,其中自越南、印尼进口降幅超15%;欧元区自东盟进口额同比下降26.2%,连续6个月负增长,为有记录以来新低。由于美欧自东盟进口下滑,东盟自我国进口也会相应下降。

三是东盟经济恢复放缓制约其进口需求。 由于东盟属于外向型经济体,今年以来受全球经济增长放缓、需求萎缩、高通胀等因素影响,东盟经济恢复动能减弱。据东盟与中日韩宏观经济研究办公室(AMRO)10月份《季度经济展望》预测,2023年东盟经济增速较7月份预测值下调0.1个百分点至4.4%,较上年增速回落1.2个百分点。其中,对外依存度较高的越南、马来西亚较上年大幅回落3.3和4.5个百分点至4.7%和4.2%。9月份,东盟制造业PMI放缓至49.6%,创2021年8月以来新低。AMRO报告指出,在全球利率可能更长时间保持高位的环境下,若美欧经济出现衰退,将导致东盟与中日韩区域经济增长率降至3.0%以下。9月份,印尼进口额同比下降12.4%,连续4个月负增长,新加坡(-11.8%)连续11个月负增长,马来西亚(-21.2%,8月)降幅较上月扩大5.2个百分点,为2020年5月以来新低。

从长期看,一是东盟国家产业转型升级,对我国进口依赖度现下降迹象。 尽管东盟部分产品进口较为依赖我国,但当前部分东盟国家实施工业化战略,积极推动产业转型升级,部分产品从依赖进口逐渐转向本地生产。例如,越南着力发展配套工业减少原材料进口依赖,目前纺织和制鞋原材料自给率已达40%—45%,汽车零部件、电子及通信设备零部件自给率约为15%—20%;印尼连续多年实施进口产品替代战略,优先削减机械、化工、金属、纺织、汽车、橡胶等产品进口,2022年进口产品替代率为35%。随着东盟国家生产规模不断壮大、产业转型升级,一旦其相关产品生产工艺发展成熟,必将降低对我国进口依赖度。2022年,我国在印尼进口地毯等纺织制品份额由2019年的65.5%大幅降至9.6%;皮革制品、蚕丝、非针织服装降幅超10个百分点;越南铁道车辆、轨道及信号装置进口份额降幅超50个百分点,皮革制品、锌铝等贱金属进口份额也均不同程度下降。

二是东盟与我国双边贸易不平衡问题凸显,对我国实施贸易限制措施呈增长趋势。自2012年起,我国对东盟贸易额呈现持续顺差,今年1—9月,我国对东盟贸易顺差达1067.5亿美元,其中对越南、新加坡、菲律宾持续顺差,合计顺差占同期对东盟贸易顺差总额的90.4%。据东盟秘书处数据,2022年东盟对我国贸易逆差扩大至1408亿美元,我国持续为东盟最大的贸易逆差来源国,其中越南、泰国、菲律宾等对我国贸易逆差呈扩大趋势。由于东盟与我国贸易长期失衡,导致其对我国实施的贸易限制措施逐年增长。据世界贸易组织(WTO)数据,近十年东盟国家合计对我国实施的反倾销及数量限制措施共162起,较2002—2012年增长31.7%,其中印尼、马来西亚、新加坡、越南对我国发起的限制措施均不同程度增加。双边贸易的不平衡发展使得东盟对我国限制措施增多,将一定程度阻碍我国与东盟的贸易往来。

三、预计下阶段东盟对我国出口支撑作用仍将减弱

一是短期内我国对东盟出口或将继续走弱。一方面,当前美欧延续货币紧缩政策,叠加核心通胀依然高企,市场需求难有明显改善,我国转口贸易将受到一定制约;另一方面,随着东盟国家工业扩张放缓、信心转弱、就业改善有限拖累内需,或将导致东盟进口延续下滑态势。从领先指标看,观察发现,东盟制造业PMI走势领先于我国对东盟出口同比增速1—2个月,9月份东盟制造业PMI延续回落态势,或预示着短期内我国对东盟出口恐难以扭转继续负增长的局面,东盟对我国出口的支撑作用或将继续减弱。

二是我国对东盟出口长期趋势性、结构性问题值得关注。观察发现,我国对东盟出口同比增速自2022年三季度以来便已有放缓迹象。尽管

近期我国对东盟出口增长转弱主要受短期因素影响,但长期看,一方面,东盟持续推进工业化战略、促进产业转型升级,不仅将制约我国对其出口,甚至还将削弱我国出口产品的比较优势,冲击我国在全球价值链中的地位;另一方面,中国与东盟双边贸易呈现长期不平衡性,且有加剧趋势,这将加大双方发生贸易摩擦的风险,不利于双边贸易持续稳定发展。

四、政策建议

一是促进稳外贸政策措施落实落地。继续抓好海关优化营商环境16条以及其他各项稳外贸政策措施的落实落地,密切跟踪评估实施效果;根据外贸发展形势和企业实际诉求,继续充实政策工具箱,不断调整和完善有关政策,减轻我国出口下行压力。

二是持续推进更高水平对外开放。在全球贸易壁垒不断增加、美欧推行"去中国化"政策下,应积极推进共建"一带一路",加强中俄、中非经贸合作,充分利用RCEP等自贸协议,深挖外贸市场需求,以更高水平开放打造国际合作和竞争新优势。

三是推进产业升级增强外贸产品国际竞争力。引导劳动密集型产业数字化转型、智能化升级,加快发展智能制造、绿色制造、服务型制造;增强产业质量竞争力,加快产品质量提档升级,对标国际先进标准,推进内外贸产品同线同标同质,提高出口商品品质和单位价值,提升国际竞争力。

四是提升中国—东盟自贸区贸易便利化水平。推动中国—东盟自贸区3.0版建设,促进贸易投资自由化、便利化。扩大对东盟成员国的零关税产品范围;发挥进口博览会、东盟博览会等平台作用,加强区域合作及投入,提升互联互通水平;发挥国内超大规模的市场优势,进一步扩大自东盟成员国的进口。

(执笔:郝悦;成文于2023年10月)

中美经济周期交替分析及对我国的影响和政策建议

今年以来,美国经济增长较为强劲,但近期消费、投资以及部分先行指标显示经济"高点已至",而我国经济逐步企稳恢复,多项指标回升向好,经济底部特征渐显,两国经济周期错位较为明显,经济交替点或将到来。在此背景下,美国经济见顶回落、货币政策转向将扩大我国货币政策调整空间,有利于金融外部环境改善,并缓解出口下行压力,但仍需高度警惕其对我国金融及价格领域造成的波动及其衍生风险。

一、中美经济呈现周期交替

(一)中美经济周期错位明显

中美 GDP 走势有所背离。疫情以来,受防疫措施不同、应对疫情财金政策和力度不同以及俄乌冲突等因素影响,中美经济增速出现过多次错位。今年三季度,两国经济走势背离较为明显,美国 GDP 同比增长 2.9%,为 2022 年一季度以来最快增速,较上季度加快 0.5 个百分点,连续 3 个季度加快,且高于 1.8% 的潜在增长率;我国 GDP 同比增长 4.9%,较上季度回落 1.4 个百分点,低于 5.0%—6.0% 的潜在增长率。

通胀分化程度较大。近期美国通胀压力仍然较大,10 月份,CPI 同比上涨 3.2%,为近 5 个月次高,同时核心通胀仍处高位,核心 CPI 同比上涨 4.0%,远超 2.0% 的目标水平,表明通胀上行风险仍存。而我国通胀低位运行,自 2 月份以来 CPI 同比涨幅持续低于 2.0%,10 月份同比下降 0.2%,核心 CPI 同比上涨 0.6%,均维持在相对低位。

货币政策存在错位。为应对高通胀,美联储实施强紧缩货币政策,自 2022 年 3 月至今累计加息 11 次,联邦基金利率目标区间升至 5.25%—5.50%,达 2001 年以来最高水平。我国持续实施稳健的货币政策,为稳

图 中美 GDP 季度同比增速

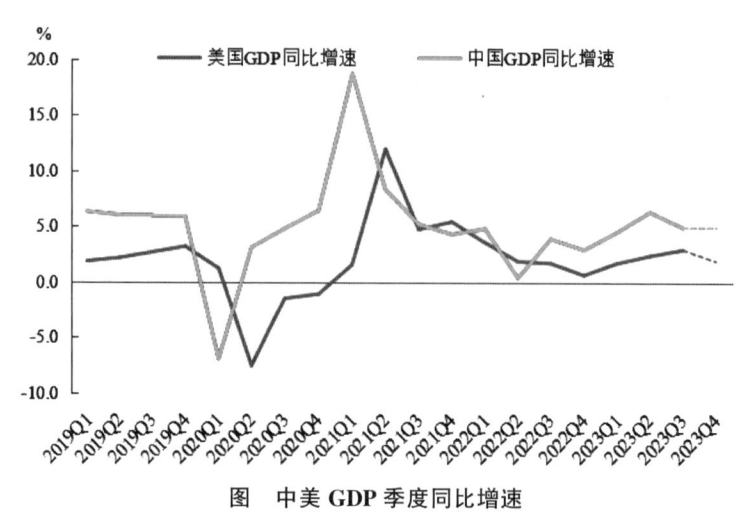

注：2019Q1—2023Q3 为官方公布实际值，2023Q4 为国际货币基金组织（IMF）预测值。
数据来源：美国经济分析局、国家统计局、IMF。

定经济增长、缓释下行压力，2022 年以来央行 4 次下调金融机构存款准备金率，累计下调 1.0 个百分点，同时 1 年期贷款市场报价利率（LPR）由 2022 年初的 3.70%降至 3.45%，处于历史低位。受两国货币政策错位影响，2022 年 4 月 11 日中美十年期国债收益率首次出现倒挂，2023 年 10 月 19 日倒挂幅度扩大至 226 个基点，创历史新高。

（二）美国经济"高点已至"

当前美国经济增长强劲，但随着超额储蓄耗尽、新增就业减少等因素导致 GDP 主要拉动项的消费支出难以为继，高利率导致企业投资增长放缓，叠加部分先行和前瞻性指标显示下行压力持续存在，美国经济将见顶回落。

强劲的消费支出难以为继。 一是居民超额储蓄即将耗尽。据旧金山联储银行测算，截至 6 月末，美国居民超额储蓄已不足 1900 亿美元，预计于三季度耗尽。二是劳动力市场降温令薪资收入减少。10 月份，美国新增非农就业人数降至 15.0 万人，为 2020 年 12 月以来次低；失业率（3.9%）升至 2022 年 1 月以来最高水平，而企业时薪增速持续回落，私人非农企业员工平均时薪环比增长 0.2%，创 2022 年 2 月以来新低。在高通胀背景下，薪资收入减少将令居民不得不缩减消费支出。三是加息对消费的抑制作用逐渐显现。在紧缩货币政策作用下，美国消费信贷增速显著放缓,10月份,消费贷款同比增长4.5%,增速连续3个月回落,较加息前(2022年2月)回落5.4个百分点,且已低于历史衰退时期5.0%的中位数水平。

投资增速或将放缓。一是主要领域投资趋于降温。三季度,固定资产投资环比折年率增速为0.8%,较上季度回落4.4个百分点。其中,非住宅投资转弱,环比折年率增速为-0.1%,较上季度由正转负。二是投资预期有所转弱。历史经验表明,美国投资周期主要由设备投资周期决定,而制造业平均时薪同比增速是设备投资同比增速的领先指标,领先其3—12个月,该指标自8月份以来持续放缓,或预示着设备投资增速将在年末或明年上半年转弱,并拖累整个投资周期。

先行和前瞻性指标预示美国经济下行压力持续较大。一是经济增速预期大幅放缓。11月8日,亚特兰大联储GDPNow预测,美国四季度GDP环比折年率增速为2.1%,远低于三季度4.9%的增速。IMF预测,四季度GDP同比增速为1.9%,低于三季度2.9%的同比增速。二是多项指标处于预警区间。尽管三季度美国经济强劲增长,但经济领先指标、持续申领失业救济金人数和新房实际开工数等指标仍处预警区间,提示美国经济增速将趋于放缓。三是部分先行指标不及预期。10月份,ISM制造业PMI较上月下降2.3个百分点至46.7%,为近3个月新低,连续12个月低于荣枯线;新订单、库存及就业分项指数均持续萎缩。此外,萨姆法则[①]预示美国经济存在衰退可能,10月份,美国失业率3个月移动平均值为3.83%,较过去12个月最低点(1月份3.4%)上升0.43个百分点,接近萨姆法则阈值。

(三)中国经济底部特征渐显

今年下半年以来,我国经济运行中的积极因素不断积累,消费、工业、贸易等多项经济指标呈现底部企稳特征,表明当前经济回升势头逐渐巩固,未来有望迎来周期性反弹。

消费市场加速回暖。在扩内需促消费政策持续发力下,近期国内需求逐步改善。1—10月,社会消费品零售总额累计同比增长6.9%,增速

---

① 萨姆法则,指当失业率的3个月移动平均值相对于过去12个月的低点上升0.5个百分点及以上时,标志着美国进入经济衰退的早期阶段。

较上年同期加快6.3个百分点,从月度数据看,2月份社会消费品零售总额同比增长3.5%,结束连续3个月负增长,从2022年4月-11.1%的低点逐渐回升;10月份同比增长7.6%,为近5个月新高,连续9个月正增长。

工业生产稳步回升。1月份,规模以上工业增加值同比下降9.8%,为2020年2月以来最低,此后呈逐步企稳回升态势,10月份同比增长4.6%,为近6个月最高。同时企业收益现好转迹象,前三季度,规模以上工业企业利润总额累计同比下降9.0%,降幅较上半年收窄7.8个百分点。其中,8月份同比增长17.2%,为2022年下半年以来首次正增长,9月份(11.9%)继续保持两位数增长。

对外贸易现改善迹象。今年以来在外需持续疲软背景下,我国对外贸易承压前行,近期呈现企稳态势。10月份,货物进出口总额同比下降2.5%,降幅较上月收窄3.7个百分点,连续3个月收窄,为年内最小降幅。其中,进口同比增长3.0%,为近8个月首次正增长;出口同比下降6.4%,降幅较前期明显收窄,呈边际改善态势。

政策持续释放积极信号。为应对复杂严峻的外部环境,稳住国内经济大盘,加快经济复苏步伐,今年以来我国一系列稳经济举措接续发力,房地产和汽车市场陆续松绑推动消费回暖,印花税征收减半活跃资本市场、提振投资者信心,万亿国债增发释放积极信号等。各项政策逐步落实到位,积极效应进一步释放,为我国经济筑底回升保驾护航。

因此,当前美国经济"高点已至",而我国经济底部特征渐显,近期IMF、高盛、瑞银以及德意志银行等国际组织和机构预测四季度中国经济同比增速有望加快至4.9%—5.3%,2024年全年增速将在4.4%—4.8%区间,美国四季度经济同比增速将回落至1.6%—2.0%,2024年经济增速将在0.8%—1.5%区间。我国经济增长企稳回升展现了较强潜力和活力,伴随着美国经济见顶回落,中美经济周期交替点将至。

二、中美经济周期交替对我国的影响

(一)有利影响

货币政策调整空间扩大。当前,受美联储连续两次暂停加息,叠加美国部分经济数据转弱影响,市场对美联储加息周期结束及经济高景气见顶的预期增强。在此背景下,截至11月14日,中美十年期国债收益率利差倒挂幅度为179个基点,较10月19日最大倒挂幅度收窄47个基点,中美利差的收窄意味着我国资本外流压力已有所缓和,我国货币政策空间较前期相对充裕。2024年,若美国经济见顶下行,美联储开启降息周期,外部政策环境对我国货币政策的掣肘将进一步减弱,届时我国货币政策灵活调整空间将有所扩大,进而为稳定宏观经济运行提供更加有利的政策环境。

金融外部环境将得以改善。11月14日,芝加哥商品交易所"美联储观察"工具显示,12月份美联储维持利率不变的概率为94.5%,2024年1月为90.8%,随着美国加息进程接近尾声甚至未来将出现转向,全球流动性有望由紧转松,我国金融外部环境将得以改善。**一是人民币贬值压力将有所缓解**。由于美联储暂停加息,近期人民币汇率结束此前连续贬值态势,近一个月持续在7.175—7.180区间波动。未来若美国经济放缓叠加货币政策转向宽松,对美元的支撑作用减弱,人民币贬值压力将进一步缓解。**二是利好资本市场**。从历史经验看,美联储降息周期开启后6—12个月,我国股市将出现较为明显的上涨。在我国经济底部企稳、全球流动性由紧转松支撑下,市场风险偏好回升,外资或更看好我国资本市场韧性和经济中长期向好势头,推动我国资本市场净流入较快增长。**三是有助于投资增长**。外部金融条件的改善将为包括我国在内的新兴市场国家营造更加有利的投融资环境,叠加我国不断加大吸引外商投资力度,各项促投资政策措施落地见效,我国实体经济投资有望加快增长。

对非美国家出口将有所改善。尽管美国经济见顶下行将拖累我国对美出口,但全球政策环境有望转向宽松,有助于提振市场需求,10月份WTO发布《全球贸易展望与统计》指出,随着全球通胀放缓和利率开始下调,2024年在市场需求逐步回暖带动下,预计全球货物贸易量将由2023年的0.8%回升至3.3%。非美国家进口活跃度将有所增强,其中2024年亚洲、中东地区货物进口增速分别为5.8%、4.6%,有望实现较快增长,南美(3.3%)、欧洲(1.6%)进口增速均由负转正,非洲(3.1%)将延续正增长态势。在此影响下,我国出口面临的下行压力将进一步减弱,对非美国家出口或将回升。

(二) 不利影响

加剧我国金融市场波动。若未来美国经济见顶下行,开启降息周期,而我国经济筑底企稳、逐步回升向好,中美经济周期差异将促使市场过剩的流动性通过贸易和资本流入我国,可能导致人民币被动升值,降低我国出口竞争力、加大外汇储备波动、加剧国际收支失衡,极端情况下还会陷入人民币预期升值和热钱流入的恶性循环。此外,大量短期资本的无序流动将涌入大宗商品、股票等市场套利,令资产价格泡沫快速堆积,一旦资金快速撤出将加剧我国金融市场波动,对经济和金融稳定造成冲击。

结构性价格上涨及波动风险增加。10月份世界银行发布《国际大宗商品市场展望》指出,地缘政治冲突和极端天气频发加剧了国际大宗商品价格上涨和波动,三季度,国际能源平均价格指数环比上涨8.6%,其中,原油平均价格环比上涨11.3%,期间中东地缘冲突升级令原油价格一度飙升35%;三季度,部分粮食价格结束此前连续下跌趋势,环比涨幅超10%。若美联储2024年降息以维持美国经济增长,投资者将抛售美元资产,推升大宗商品投资需求,叠加美元贬值,或将推动国际大宗商品价格特别是能源和粮食价格上涨,加大价格波动幅度。而我国能源以及大豆、玉米、小麦等部分粮食较为依赖进口,且食品和能源价格在我国CPI和PPI中占有较大权重,国际能源及粮食价格的大幅波动将通过贸易、金融等渠道向国内传导,令我国结构性价格上涨压力及波动风险加大。

三、政策建议

(一) 加强政策储备,统筹做好政策衔接

加快贯彻落实已出台的各项政策,同时,利用中美经济周期交替的窗口期,因时制宜出台各项促经济、稳发展政策措施,注重做好跨周期调节,保持货币政策的稳健性,充实货币政策工具箱。统筹做好今明两年工作的有效衔接,充分利用政策空间,加强货币供应总量和结构双重调节,促进货币政策与财政政策协调联动。

(二) 优化金融服务,防范化解金融风险

着力营造良好的货币金融环境,提升跨境投融资便利化,利用好金融外部环境改善的有利条件,吸引外资并促进长期资本形成,提升金融服务实体经济能力,形成良性循环。密切关注主要经济体货币政策走向,加强预测预警和分析研判,合理引导预期,防范投机资本在短期内无序流动,防范风险跨区域、跨市场、跨境传递共振,维护金融市场稳健运行。加强外汇市场管理,保持人民币汇率在合理均衡水平上的基本稳定。

(三)密切监测大宗商品市场,预防结构性价格上涨

持续加强自身供给能力,夯实国内粮食稳产增产、能源市场平稳运行的有利条件,密切关注并妥善应对国内外大宗商品市场供需和价格变化,防范结构性价格上涨风险。完善关键商品的产供储销体系,强化市场预期管理,灵活运用国家储备开展市场调节。强化大宗商品市场监管,加强价格监测预警,坚决遏制过度投机炒作,健全商品期货期权品种体系,提高重要大宗商品价格影响力。

(四)优化出口结构,推动高水平对外开放

促进外贸市场多元化发展,稳住对欧美等发达经济体出口,引导企业积极开拓发展中国家市场和东盟等区域市场,扩大出口目的地范围并做好出口产品的差异化,增强外贸发展韧性。充分发挥自由贸易协定效能,优化跨境贸易营商环境,不断提升自由贸易协定的综合利用率。持续推动外贸稳规模、优结构,积极培育和提升外贸新动能,促进高水平对外开放。

(执笔:郝悦,朱祎,王猛猛,赵宇欣;成文于2023年11月)

发达经济体推进产业数字化的经验做法及对我启示

党的二十大报告中指出:"加快发展数字经济,促进数字经济和实体经济深度融合,打造具有国际竞争力的数字产业集群。"数字经济作为推动现代化产业体系建设的重要引擎,随着对各产业领域的持续渗透,产业数字化对经济发展的贡献不断增强。本文通过分析主要发达经济体在战略顶层设计、数字基础设施建设、数字化人才培养等方面积累的经验和做法,提出对我国加快产业数字化转型的启示。

一、主要发达经济体推进产业数字化的一些做法

(一)加强顶层设计,强化战略引领作用

产业数字化转型是一项长期性、复杂性、系统性工程,尤其在探索阶段,需要依靠前瞻性、全局性政策引领,统筹战略布局和安排资源投入。

美国是全球最早布局产业数字化转型的国家,聚焦大数据和人工智能等前沿技术领域,先后发布《联邦大数据研发战略计划》《国家人工智能研究和发展战略计划》等前沿政策指引,依托新一代信息技术等创新技术加快发展技术密集型的先进制造业;发布《智能制造振兴计划》《先进制造业美国领导力战略》等一系列战略规划,提出保证先进制造作为美国经济实力引擎和国家安全支柱的地位。美国还成立了国家人工智能倡议办公室、人工智能咨询委员会等战略实施和咨询机构,专门负责监督和实施国家 AI 战略,就与人工智能相关的问题提供建议。

日本从提升行政机构数字化入手,设立"日本数字厅",统筹数字经济领域行政管理,实现数字经济领域的集中统一领导,建立数字化转型加速研究会等研究机构,汇总数字化转型加速方案,加强全社会的数据协作和共享。**欧盟**发布《欧洲数据战略》《2030 数字罗盘:欧洲数字十年之

路》等文件对欧盟数字化进行了总体规划,出台《通用数据保护条例》《欧洲的数字主权》等多项法案构建了欧盟数据的主权战略。**德国**以"工业4.0战略"为核心,发布《2025数字化战略》和《国家工业战略2030》,巩固德国在制造业领域的领先地位。

(二)聚焦重点领域,全面推动各行业数字化转型

一是在推进制造业数字化方面,依托先进的数字信息技术加快发展制造业。**美国**《先进制造业国家战略》提出了完善先进制造业创新政策、加强产业公地建设和优化政府投资的三大原则,明确了加快中小企业投资、提高劳动技能、建立健全伙伴关系、调整优化政府投资和加大研发投资力度等五大目标;建立制造业创新中心,广泛集聚研发和创新资源,加强政产学研合作创新,涵盖数字制造、智能制造、制造业网络安全等重点领域。**日本**积极推动新兴技术在日本企业中的应用普及,并将其扩展至大企业与中小企业之间交易、物流系统构建、维持供应链稳定等方面;以大型企业为中心、在周围同时接入中小企业的方式,形成了一种创新型的企业互联形式,为企业实现转型升级提供了一个良好的协同创新平台。**欧盟**《欧盟新工业战略》以数据应用、贸易环境、低碳转型、循环经济、技术创新为具体战略举措。

二是在推进服务业数字化方面,通过使用大数据、物联网等数字技术,提高服务业领域行业的效率和质量。**日本**强调利用数字技术促进城市发展,积极使用数字技术感知和收集城市基础数据,拓展远程办公、远程学习、远程医疗服务,并将"出行及服务"作为交通运输服务目标,全面打造智慧城市样板。**新加坡**"智慧国2025"发展蓝图通过采集和传输全国宽带网络、无线网络等各类数据,分析、研判并提出服务于公众的电子政务、智慧交通的决策;"服务与数字经济蓝图"通过推出面向信息和通信技术领域中小企业的云平台、建立新的数字服务实验室等方式,重点提升本国服务业领域的数字创新能力。

三是在推进农业数字化方面,通过建立农业数据库、加强农业数字技术平台建设、优化农业管理与共享等方式实现农业数字化发展。**美国**作为世界上农业信息化程度最高的国家之一,建设了 PEST BANK 数据库、BIOSIS PREVIEW 数据库等一系列与农业有关的数据库,为数字化农业的发展提供必要的数据信息;借助卫星系统获取湿度、风力、土壤成分等农业数据,利用农业种植品种、种植密度、病虫防治等系统为农户提供精准建议,实现成本降低、资源节约的目的。**日本**从财政支出、数字化产品补贴、信贷支持等方面建立了一整套完整的农业政策体系,还通过将电子设备纳入农业生产机具的购买补贴、无偿提供农业数字化的研发成果、允许免费访问农业数字化数据库等方式,广泛普及农业数字化设施,因地制宜加快农业数字化的建设速度。**欧盟**将农村数字服务平台、创新生态系统、智慧农村建设放在农村发展目标的首位,确保农业部门和农村地区与数字经济紧密相连。

四是多措并举加快中小企业数字化转型。**美国**设立了51个制造业拓展伙伴中心,帮助中小企业加快先进技术应用,着力激发中小企业创新活力,在研发项目申请、人才培训等方面提升中小企业在创新活动中的参与度和话语权。**德国**先后制定了中小企业数字化转型行动计划、《数字化战略2025》等,加强中小企业资金保障,如"数字·现在"计划预算2.03亿欧元用于向中小企业数字化项目提供资金支持。**法国**在新冠疫情期间投入3.85亿欧元支持中小企业数字化转型,并对数字化解决方案进行招标,帮助中小企业扩展电商业务。**韩国**中小企业数字化转型从数字技术应用、中小企业智能工厂建设、制造数据交易和利用、强化数字治理并提升数字化服务水平等方面推进产业数字化发展。

(三)加强数字基础设施建设,充分发挥数字基建优势

发达经济体在推进产业数字化进程中,把加强宽带网络、信息通信等基础设施建设作为发展数字经济的基础和前提,加快进行新型数字基础设施的建设与合作。**美国**"再工业化战略"将互联网接入、宽带普及、智能电网改造等项目作为基础设施建设工程,《美国创新和竞争法案》提出建立无线网络供应链创新基金、推动移动互联网宽带市场发展。**日本**积极推进5G网络基站与"地域版5G"的建设工作,总投资达到3万亿日元,通过官民协作的方式,加大对5G及后5G时代技术开发的支持力度。**欧盟**提出"欧洲云计划"和欧洲数据基础设施建设等倡议,计划在2021—2027年投资约7000亿欧元支持成员国数字基础设施建设,包括开发可供科研机构和政府部门使用的数据共享平台等。**英国**设立4亿英镑数字基础设施投资基金,与地方公共基金共建境内全光纤宽带网络,增加4G网络覆盖并拨款推动5G技术开发应用。**澳大利亚**《数字经济战略2030》

投资3170万澳元(约合1.59亿元人民币)用于5G和6G移动网络、制定支持数字环境的可信身份标准等基础建设。

(四)强化数字化人才培养,造就高水平人才队伍

为弥补数字人才缺口,发达经济体在数字化理念培养、技术能力提升、吸纳数字人才等领域加强力度。**美国**《机器智能国家战略》提出以机器智能技术重塑教学,大力培养满足机器智能时代要求的劳动者,包括将机器智能技术纳入各级各类教育的必修科目,积极推进政府、银行、技术企业和学校多方合作,帮助学校普及机器智能基础设施,为将机器智能技术广泛整合到教学中做准备。**日本**建立了人工智能多层次人才培养体系,对各个教育阶段提出相应的数字化教学目标,如在小学与初中教育层面提供数据科学与人工智能基础课程,在高等教育层面推进科研与实践相结合的高校与企业联合人才培养模式,在社会职业教育层面鼓励高校与企业合作面向社会人员开展人工智能培训等。**欧盟**从2010年就开始制定培育全民数字素养和数字技能的战略规划,如《欧洲技能议程:促进可持续竞争力、社会公平和抗逆力》《数字教育行动计划(2021—2027)》等规划,以落实持续提升欧洲公民数字素养的发展目标。**德国**2020年生效的《技术劳动移民法》,进一步放宽了对技术工人移民的教育资格约束,并针对信息通信技术等特殊行业人才制定了"绿色通道",极大地简化了其申请移民的流程条件。

(五)加强支援平台建设,打造优质服务环境

通过促进创新成果转化、引导社会资本对产业数字化进行投资等方式营造良好环境推动产业数字化转型。**美国**通过开展大规模的政府和社会资本合作项目,加快推动先进制造技术研发与成果转化,启动"先进制造技术路线图计划",引导社会资本加大投入支持制定5G、6G、人工智能、量子技术、数字制造等重点领域技术发展。**德国**建设了大量中小企业工业4.0卓越中心和中小企业测试床,为国内企业提供认识和了解数字化的机会和具体的数字化改造实施方案。**法国**指定了4个区域作为推进大数据技术应用发展的加速器,以灵活运用卫星数据和技术,创造出新兴产业和服务方式,在不同领域探索新的发展方向。

(六)加强数字经济国际合作,把握数字经济发展国际机遇

围绕数字经济积极开展双多边国际合作,是推动各国产业转型升级的客观要求。**美国与英国、日本**等经济体围绕人工智能研发、5G 基础设施、量子通信技术等方面开展研发合作，如《数字战略（2020—2024）》希望利用援助资金和与技术公司合作等优势，抢占发展中国家的数字市场，在全球范围内构建以美国为主导的数字生态系统，进而增进美国数字经济发展效益。**欧盟和日本**建立了数字领域伙伴关系，希望在 5G 和 6G 等信息通信领域以及人工智能领域扩大合作，并在半导体行业危机下共同强化供应链，促进行业发展。**新加坡**加快在贸易和商业中部署数字技术的国际合作，参与推进《东盟-澳大利亚数字贸易框架倡议》，与英国签订《英国-新加坡数字经济协定》，以把握数字经济的市场机遇。

二、我国产业数字化转型面临的制约因素

一是自身数字转型能力不够导致"不会转"。产业数字化转型对企业全员的数字素养与技能提出了全新要求，但多数企业面临数字人才匮乏、数字化能力不足等痛点问题，如管理者缺乏数字化认知与理念、业务人员的数字化水平较低、数字化人才供给不足等，难以支撑数字化转型需求。

二是数字化改造成本偏高造成"不能转"。产业数字化转型涉及硬软件设备购买、人力资源培训等多个方面，要求长期持续的高成本投入，且存在建设周期长、成效不显著等问题，影响企业转型信心。此外，产业链、供应链整合协同能力不足，市场上软件、云计算等技术和业务服务水平良莠不齐，也制约着数字化转型进程。

三是数字化转型管理体系建设不够致使"不敢转"。产业数字化转型是一项涉及战略、数据、技术、服务等领域的复杂性系统工程。目前，产业数字化转型在资源共建共享、跨部门协同方面存在明显短板弱项，系统数据相互独立，无法实现数据共享，难以实现数字技术与生产经营的深度融合。

三、对我国的启示及建议

（一）完善产业政策，强化战略性领域顶层设计。强化供需对接、人才培养、融资支持、交流合作等系列配套政策举措，推进人工智能、数据安全等重点领域和行业制度和规范标准等建设。建立统筹协调机制负责产

业数字化转型政策的制定与协调,形成上下联动、部门协同的政策合力。

(二)**深化重点产业数字化转型,推进数字技术扩散融合**。在推进制造业数字化方面,构建以企业为主体、市场为导向、产学研用深度融合的技术创新体系,特别是针对中小企业,不断加大政策倾斜和资金支持力度,推动产业链供应链上下游、大中小企业融通创新。**在推进服务业数字化方面**,持续推动医疗、教育等生活性服务业全链条数字化应用,支持推进"互联网+"建设,全面加快商贸、物流、金融等服务业数字化转型。**在推进农业数字化方面**,加强大数据、物联网、人工智能等技术深度应用,提高数字化农具产品补贴,加快农村数字普惠金融体系建设,发展智慧农业。

(三)**夯实产业数字化人才支撑,多种方式探索人才培养途径**。探索高效灵活的人才培养、激励和保障政策,建立数字人才培训和评价体系,不断优化数字人才引进举措。提高全社会数字素养和技能,针对不同教育阶段因"龄"施教,积极推进政企校合作和科研成果转化,重点开展大数据、云计算等数字技能培训,大力推行线上线下相结合的培训方式,壮大高水平数字技术工程师和高技能人才队伍。

(四)**优化产业数字化发展环境,培育转型支撑服务生态**。建立市场化服务与公共服务双轮驱动,技术、资本、人才、数据等多要素支撑的数字化转型服务生态。面向重点领域数字化转型需求,围绕研发设计、生产运营、经营管理等企业价值链关键环节,培育专业化服务机构,助力企业全领域、全方位、全流程转型升级。

(五)**积极参与数字经济国际合作,营造良好发展环境**。围绕多双边经贸合作协定,拓展与东盟、欧盟的数字经济合作伙伴关系,与非盟和非洲国家研究开展数字经济领域合作。围绕农业信息化、数据跨境流动、信息平台建设等领域,深化政府间数字经济政策交流对话,拓展前沿领域合作。

(执笔:张旭,郭义民,王欣宇;成文于2023年5月)

专栏

我国创新发展蹄疾步稳　国际竞争力不断增强

党的十八大以来,在以习近平同志为核心的党中央坚强领导下,我国坚持把科技创新摆在国家发展全局的核心位置,持续深入实施创新驱动发展战略,积极主动融入全球创新网络。从自主创新到自立自强、从跟跑参与到领跑开拓,取得了历史性成就。2013—2023 年,我国全球创新指数①(Global Innovation Index,简称 GII)排名由第 35 位提升至第 12 位,已经成功进入创新型国家行列。但同时应注意到,创新发展不平衡的问题仍然存在,制约着我国创新能力的进一步提升。党的二十大报告中指出,到 2035 年,我国发展的总体目标之一是实现高水平科技自立自强,进入创新型国家前列。为此,更加需要持续关注并深入分析提升创新能力的着力点。

一、我国创新发展蹄疾步稳,集群产出表现亮眼

多年来,我国全球创新指数稳中有进,持续上升,尤其是党的十八大召开以来创新能力和水平提升显著。我国全球创新总指数 2013 年位居世界第 35 位,2016 年首次跻身世界前 25 强(第 25 位),较 2010 年的历史最低排名(第 43 位)上升了 18 位,2018 年首次跻身世界前 20 强(第 17 位),2022 年排名创历史最高(第 11 位),较 2010 年上升 32 位,2023 年我国创新总指数位居世界第 12 位,为历史第二高水平。

(一)虽然创新投入出现短期波动,但长期以来平稳增长,领域内大多数因素指数增长迅速,且程度高于创新强国。

据《2023 年全球创新指数报告》(以下简称《报告》)数据显示,2023 年,我国的创新投入分指数居世界第 25 位,较上年下降 4 位,新加坡位居榜首,居第 2 位至第 4 位的分别为美国、瑞士和瑞典。从长期发展看,2013—2023 年,我国创新投入分指数基本实现平稳增长,由 45.2 增长至 55.4,增幅达 22.6%,排名上升 21 个位次。

创新投入领域共包含 5 个体现创新活动的国家经济因素:制度要素、人力资本

---

① 全球创新指数(GII)由世界知识产权组织于 2007 年起每年以《全球创新指数报告》的形式进行发布,旨在为处在不同发展阶段的国家进行创新生态系统的构建和创新政策的制定时提供参考。《报告》着眼于各经济体的创新投入和创新产出两方面,设置了制度要素、人力资本与研究、基础设施、市场成熟度、商业成熟度、知识与技术产出、创意产出共七大类 80 项细分指标,对全球 132 个经济体的创新生态系统表现进行综合评价排名。

与研究、基础设施、市场成熟度和商业成熟度。通过对比传统创新强国①可以发现,在2013—2023年各创新强国投入增长乏力,部分因素指数出现负增长的情况下,我国创新投入领域的5个因素指数均表现为正增长。其中,制度要素投入,虽然其基础较为薄弱,但排名上升相较于其他4个因素最为显著,从2013年的第113位跃居至第43位,提升了70个位次,在创新投入领域中对GII总指数排名提升的贡献最大。2013—2023年该指数的年均增长率为2.2%,而同期的创新强国中,仅有新加坡保持了0.7%的正增长。人力资本与研究投入,2013—2023年年均增长2.1%,排名上升14位,2023年位居第22位。基础设施投入,2013—2023年该因素排名由第44位上升至第27位,指数增长在5个因素中最为迅猛,增长41.7%,年均增速达3.5%,而同期创新强国该因素的年均增速均不高于2.0%。市场成熟度投入,其为2023年我国创新投入领域内表现最好的一项因素,位居第13位。2013—2023年该因素指数年均增长0.5%,对比传统创新强国,是唯一保持正增长的经济体。商业成熟度投入,2023年该因素位居第20位,由于部分优势指标的数据缺失导致其排名较上年下降8位,2013—2023年年均增长2.3%,对比传统创新强国,增长速度仅次于瑞典(3.8%)和芬兰(2.8%)。

纵观二、三级指标,2023年,我国创新投入优势主要集中在基础教育和市场规模等方面,共有8项细分指标排名跻身世界前3位。其中,居第1位的共有2项,

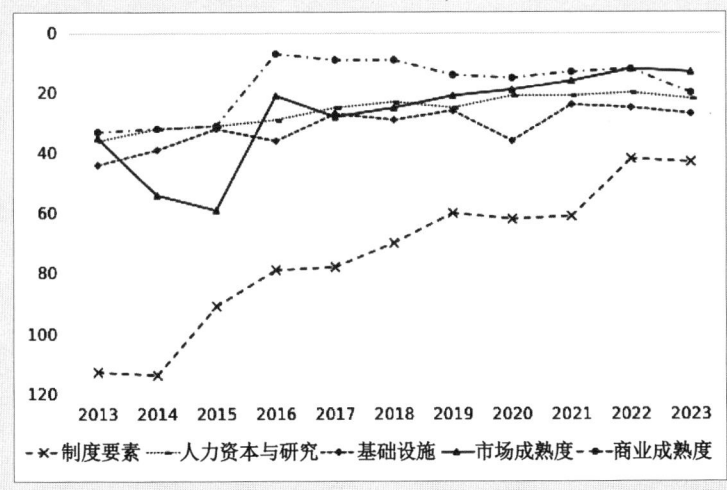

图1 2013—2023年我国创新投入领域5项因素指数排名情况
资料来源:全球创新指数数据库及世界知识产权组织。

---

① 《全球创新指数报告》中未作明确分组,本文中传统创新强国定义为2013—2023年GII总指数排名均在前10位的8个经济体,即瑞士、美国、瑞典、英国、荷兰、新加坡、芬兰和丹麦。

分别是阅读、数学和科学 PISA① 得分及国内市场规模。根据 OECD 数据显示,我国是唯一在阅读、数学和科学三项测试维度均达到 Level 4 的经济体,远高于 OECD 国家平均水平。关于国内市场规模,《报告》显示,2022 年我国以购买力平价计算的国内市场规模超 30 万亿美元,自该项指标 2016 年首次加入 GII 评价体系,我国连续 8 年居世界首位。

表1　2013—2023 年中国与各创新强国创新投入领域 5 项因素指数年均增长率

经济体	制度要素	人力资本与研究	基础设施	市场成熟度	商业成熟度
瑞　士		0.8	1.2	-1.8	1.7
美　国	-1.0	-0.8	0.8	-0.5	1.7
瑞　典	-1.9		0.7	-1.8	3.8
英　国	-2.2	0.5	0.7	-2.0	1.1
荷　兰	-1.2	1.0	0.8	-2.2	1.6
新加坡	0.7		0.6	-1.4	
芬　兰	-1.1	-1.2	1.9	-0.7	2.8
丹　麦	-1.3	-0.4	2.0	-3.4	2.2
中　国	2.2	2.1	3.5	0.5	2.3

资料来源:由全球创新指数数据库及世界知识产权组织公布数据计算得出。
注:空格表示部分国家的某些因素年均增速不足本表最小单位数。

(二)创新产出领域处于全球领先地位,知识产权输出数量优势显著

2023 年,我国的创新产出分指数继续保持世界第 8 位。瑞士位居榜首,居第 2 位至第 4 位的分别为英国、瑞典和美国。从长期发展看,我国在创新产出领域优势表现在起点较高,并且持续增长态势显著。2013—2023 年,我国创新产出分指数由 44.1 增长至 55.2,增幅达 25.2%,排名累计上升 17 个位次。自 2018 年起连续 6 年保持在世界前 10 位行列,产出表现强劲。

创新产出领域包括知识与技术产出和创意产出两个重要因素。长期以来,我国在这两方面的创新表现呈现不同特点(见图 2)。其中,知识与技术产出长期保持领先水平,2013—2023 年,该因素指数年均增长 0.9%,排名虽有短期波动,但自 2013 年以来稳居世界前列,始终保持在前 7 位,2023 年位居第 6 位。创意产出则呈现出厚积薄发的增长态势,排名由 2013 年的第 96 位跃升至 2023 年的第 14 位,

---

① PISA(the Programme for International Student Assessment)即"国际学生评估项目",由经合组织(OECD)举办,每三年进行一次,用于评估 15 岁学生运用阅读、数学和科学知识与技能应对现实生活挑战的能力。《2023 年全球创新指数报告》中采用 2015—2018 年轮 PISA 结果。

十年间提升 82 个位次,其指数由 31.9 增长至 48.9,年均增幅达 4.4%,增长速度显著高于同期传统创新强国。

纵观二、三级指标,2023 年我国在创新产出领域的优势主要体现在专利申请数量方面。共有 6 项细分指标位居世界前 3 位,其中 4 项名列榜首,领先全球的细分指标数量仅次于美国(共 7 项细分指标居世界首位),与瑞士、冰岛并列第 2 位。排名居首的 4 项指标分别是本国人实用新型申请数量、劳动生产率增长、本国人商标申请数量和创意产品出口占比,充分说明我国知识产权的输出能力整体较强。

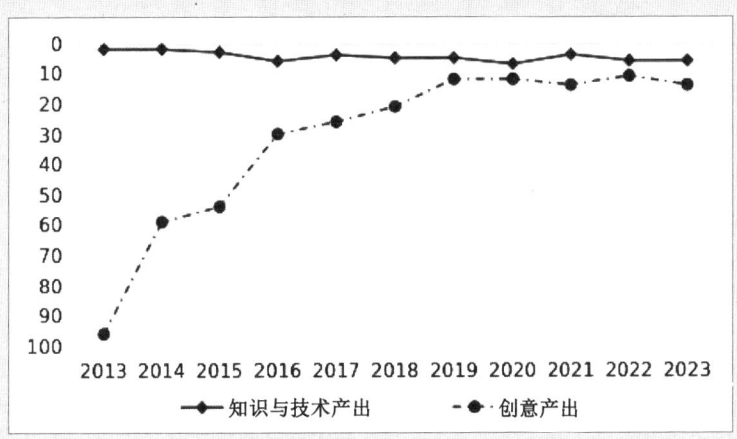

图 2　2013—2023 年我国创新产出领域 2 项因素指数排名情况
资料来源:全球创新指数数据库及世界知识产权组织。

表 2　2013—2023 年中国与各创新强国创新产出领域 2 项因素指数年均增长率

经济体	知识与技术产出	创意产出
瑞　士	0.6	-0.5
美　国	1.7	0.7
瑞　典	1.6	0.3
英　国	1.9	0.4
荷　兰	0.9	-1.0
新加坡	1.3	0.3
芬　兰	1.9	-1.3
丹　麦	2.0	-0.5
中　国	0.9	4.4

资料来源:由全球创新指数数据库及世界知识产权组织公布数据计算得出。

(三)百强科技集群表现亮眼,集群产出增长明显

科技集群是根据一个地方的专利申请活动和发表的科学论文来界定的,将发明家和科学学者高度聚集的地方定义为科技集群。据《报告》"全球百强科技集群"排行榜显示,今年中国共有 24 个科技集群上榜,较上年增加 3 个,首次超越美国,居世界首位。美国共拥有 21 个百强科技集群;其次德国 9 个;日本、加拿大、印度和韩国各 4 个。

我国的科技集群具有数量多、分布广的特点,且深圳-香港-广州以及北京两大集群分别为全球第二和第四大科技集群,它们在地域上南北呼应,在领域上辐射各项前沿科学研究,成为就业、投资和增长的催化剂。此外,今年上海-苏州集群超越美国圣何塞-旧金山集群,上升至第 5 位,这也使得我国在全球前五大科技集群中占据 3 个席位。

二、中国创新国际竞争力不断增强,但与发达国家的差距仍然存在

(一)创新投入领域面临人才储备及绿色创新转型问题,创新投入力度仍需加大

近年来我国不断加大在创新投入领域的力度,成效较为显著。自 2019 年起,在中等偏上收入组中已由弱势项转变成强势项,但与部分发达国家之间的差距仍未完全消弭。2023 年,我国创新投入指数为 55.4,与日本(61.6)、韩国(61.4)相对接近,但与美国(68.7)、瑞士(68.3)、瑞典(68.1)和芬兰(67.8)等欧美发达国家相比,还存在一定程度的差距。美国作为发达国家,其 2013—2023 年创新投入的年平均值比我国高 29.4%。且为确保其科学技术的全球领导地位,美国仍在不断加大科研投入,近年来发布多项法案,提出在未来几年将面向包括半导体芯片在内的前沿科学领域提供千亿级美元的科研经费。这在一定程度上说明,美国的高投入是其创新实力持续的主要来源。

聚焦细分指标可以发现,我国在创新投入领域还存在一定短板。一是高技术领军人才储备不足。《报告》显示,我国研究人员数量仅居第 48 位,根据联合国教科文组织的最新数据显示,2021 年我国每百万人中的研究人员数为 1687.1 人,而同期高收入经济体的平均水平已超过 4650.3 人,约为我国的 3 倍,可见我国人才缺口仍然较大;二是虽然近年来我国不断推动经济社会发展向绿色化、低碳化转型,但总体上绿色创新能力还有待加强。据耶鲁大学发布的环境绩效指数(EPI)报告显示,2022 年我国的环境绩效指数为 28.4,比 2013 年增长 11.4%,在 180 个经济体中居世界第 160 位,这与我国的创新能力整体水平相差甚远。表 3 数据显示,在创新领先国家中,欧洲国家的环境绩效表现同样处于世界领先地位。虽然丹麦的创新能力仅领先我国 3 个位次,但其在生态可持续方面表现拔群,EPI 指数居世界第 1 位,远超我国;法国和日本等与我国创新能力相当的国家在绿色发展方面也遥遥领先我国,均居世界前列。因此,近年来我国虽然创新水平追赶速度快,但在绿色发展和环境保护等方面,追赶发达国家仍有较长的路要走。

四 国际热点问题研究

表3 2023年有关经济体全球创新指数及用于构建指标体系的环境绩效

经济体	创新指数排名	创新指数	环境绩效排名	环境绩效指数	环境绩效增幅（2013—2022）
瑞 士	1	67.6	9	65.9	8.2
瑞 典	2	64.2	5	72.7	15.8
美 国	3	63.5	43	51.1	3.3
英 国	4	62.4	2	77.7	23.0
新加坡	5	61.5	44	50.9	3.7
芬 兰	6	61.2	3	76.5	21.0
荷 兰	7	60.4	11	62.6	5.9
德 国	8	58.8	13	62.4	2.2
丹 麦	9	58.7	1	77.9	14.9
韩 国	10	58.6	63	46.9	1.8
法 国	11	56.0	12	62.5	6.4
中 国	12	55.3	160	28.4	11.4
日 本	13	54.6	25	57.2	3.2
以色列	14	54.3	57	48.2	1.9
加拿大	15	53.8	49	50.0	4.0

资料来源：WIPO《2023年全球创新指数报告》及耶鲁大学《2022年环境绩效指数》。
注：根据WIPO发布的《报告》显示，用于构建2023年创新指标评级体系的环境表现仍然使用2022年耶鲁大学公布的数据。

(二) 创新产出领域两大主要因素发展参差不齐，呈现"量优质忧"局面

我国创新能力地位的提升很大程度上依靠于创新产出的良好表现，但值得注意的是，产出领域各因素发展不均衡的问题较为突出。以2023年为例，我国创新领域产出的优势主要源于专利数量指标的评估，而有关质量效益等因素的发展相对还存在一定程度的滞后性，致使我国创新产出领域各因素排名分化较为严重，一定程度上制约了创新能力的进一步提升。其中，互联网在线创意是较为明显的短板之一，综合排名居世界第123位，是制约创新产出进一步提升的症结所在；通用顶级域名是衡量在线创意的关键指标之一，我国在这项细分指标上表现较为落后，位居第74位。由于经验及重视程度有限，我国有关企业在2012年首轮申请新的通用顶级域名中的参与度不高，截至2022年3月，在全球约1500个顶级域名中，由中国运营的通用类顶级域名仅有22个，占比不足1.5%。

三、启示及政策建议

（一）加大创新领域投入力度，加强领域内多元健康发展

充分发扬和利用我国集中力量办大事的体制优势，坚持创新驱动发展战略，继续加大创新投入的深度和广度。充分落实好党的二十大报告中指出的推动绿色发展、加快发展方式绿色转型的要求，加强创新的基础设施建设，重点关注相对弱势的生态可持续等相关指标，加大对各行业绿色创新的支持力度，同时加强环境监管。

（二）调整创新产出结构，量质齐升推动创新产出进一步提升

目前我国创新产出领域大部分领先国际的都是以数量规模化指标为基础，如本国人商标和专利申请数量等。建议在后续的发展中，适度调整创新产出结构，在保持量化发展优势的基础上，加大力度提升质量创新方面的产出能力。一是要把握机遇，合理配置资源，第二轮新的顶级域名申请可能在近几年内再次开放，中国企业应充分吸取以往经验，提升技术实力和参与积极性，蓄势待发，在数字时代打造世界品牌，扩大国际影响力；二是要加大对文化创意产业的扶持力度，完善创意人才的培养制度，以高等教育为抓手，关注好、引导好高校资源，做好校企联动，为企业输送创意人才。

（三）积极布局关键技术领域，把握创新驱动增长的先机

《报告》指出，2019年新型冠状病毒大流行后经济复苏迟缓，利率居高不下，加之地缘政治冲突，种种原因导致创新发展前景不明，但数字时代和深度科学两股创新浪潮仍然可能成为发展的关键。其中，数字时代创新浪潮建立在超级计算、人工智能和自动化的基础之上，将助力基础科学的进一步发展；深度科学创新浪潮以生物技术、纳米技术和新材料为基础，会对健康、食品、环境和交通出行等社会运行关键领域产生重要影响。为了顺应高质量发展的要求，势必要把握机遇，以创新作为发展的新动力。继续深耕尖端技术的基础性研究，注重增强自身原始创新，解决关键技术领域的"卡脖子"难题，畅通国内大循环，并塑造我国在国际大循环中的主动地位。

（执笔：李海阳；成文于2023年12月）

五 统计数据

1.01 全球消费者价格涨跌率

单位:%

年份 月份	世界	发达国家	发展中国家
2017年	**2.4**	**1.4**	**3.4**
2018年	**2.5**	**1.7**	**3.2**
2019年	**2.1**	**1.4**	**2.8**
2020年	**1.6**	**0.4**	**2.8**
2021年	**3.4**	**2.4**	**4.5**
2022年	**8.3**	**7.9**	**8.9**
1月	6.0	4.9	7.0
2月	6.6	5.7	7.2
3月	6.9	6.3	7.6
4月	7.7	6.9	8.6
5月	8.0	7.7	9.2
6月	8.8	8.6	9.6
7月	9.4	8.8	9.8
8月	9.0	8.7	9.5
9月	9.2	8.8	9.3
10月	9.2	9.1	9.3
11月	8.9	8.9	9.0
12月	8.8	8.1	9.1
2023年	**5.9**	**4.9**	**6.1**
1月	8.5	7.7	8.9
2月	8.5	7.6	9.2
3月	7.3	6.7	7.7
4月	6.6	5.8	7.5
5月	6.2	5.7	6.5
6月	5.5	5.4	5.5
7月	4.7	4.6	4.8
8月	4.8	4.2	5.1
9月	4.6	4.0	5.1
10月	4.3	3.7	4.5
11月	3.9	3.2	4.7
12月	3.8	3.6	4.3

资料来源:世界银行。

1.02 世界工业生产同比增速

单位:%

年份	月份	世界	发达国家	发展中国家
2017年		4.2	2.3	5.2
2018年		3.6	2.0	4.9
2019年		1.0	-0.8	3.8
2020年		-3.9	-6.8	-1.9
2021年		8.1	5.7	10.4
2022年		3.3	2.1	4.3
	1月	4.0	1.2	5.7
	2月	5.1	3.5	5.6
	3月	3.4	2.0	5.2
	4月	0.6	1.5	-0.2
	5月	2.8	2.2	3.2
	6月	3.4	2.2	3.7
	7月	2.8	1.5	4.0
	8月	3.9	3.5	3.6
	9月	4.5	4.6	5.0
	10月	3.4	2.5	4.0
	11月	1.7	0.7	2.5
	12月	0.0	-1.1	1.0
2023年		0.9	-1.2	3.3
	1月	0.5	-0.7	2.0
	2月	0.5	-0.4	1.9
	3月	0.5	-1.1	2.0
	4月	1.1	-0.6	3.2
	5月	2.2	-0.9	4.0
	6月	1.1	-1.2	4.0
	7月	1.1	-1.6	3.0
	8月	1.1	-2.4	5.0
	9月	1.1	-2.4	3.9
	10月	1.1	-1.8	3.9
	11月	2.2	-1.5	4.9
	12月	3.3	0.9	4.9

资料来源:世界银行。

注:为经季节调整数据。

1.03　国际市场初级产品价格指数

（2010年=100）

年份　　月份	能　源	非能源	农产品	肥　料	金属矿
2017年	69.4	83.7	86.9	74.3	78.2
2018年	89.4	85.1	86.6	82.5	82.5
2019年	78.3	81.6	83.1	81.4	78.4
2020年	52.7	84.1	87.1	74.6	79.1
2021年	95.4	112.1	107.7	152.3	116.4
2022年	152.6	122.1	119.3	235.7	115.0
1月	121.3	122.8	115.4	234.7	125.2
2月	133.3	127.6	120.8	220.7	131.2
3月	166.7	137.6	129.1	257.7	141.3
4月	153.2	138.7	130.4	293.7	138.1
5月	163.6	132.1	129.8	259.9	122.5
6月	173.5	126.5	124.8	253.0	115.7
7月	171.8	115.2	115.6	240.4	100.2
8月	172.8	115.7	115.2	229.6	103.8
9月	158.2	113.1	113.8	232.7	97.8
10月	146.2	111.4	113.0	217.9	96.1
11月	139.4	111.9	112.4	201.9	100.9
12月	130.9	113.0	111.6	186.6	107.6
2023年	106.9	110.1	110.7	153.5	104.0
1月	119.3	115.0	112.2	174.7	114.0
2月	110.5	114.7	113.3	164.0	112.0
3月	103.5	111.9	111.0	158.0	108.4
4月	109.3	113.5	114.1	156.0	107.4
5月	96.9	109.5	111.5	152.5	100.5
6月	95.2	107.7	109.1	138.3	101.2
7月	100.9	108.6	109.9	145.6	101.6
8月	108.7	107.6	108.7	157.6	99.6
9月	117.7	109.4	110.8	157.5	101.2
10月	115.7	107.8	109.3	161.8	98.5
11月	106.2	109.6	111.0	157.2	101.2
12月	99.6	107.8	109.7	119.4	102.4

资料来源：世界银行。

1.04 国际市场初级产品年平均价格预测

商 品	单 位	2021年	2022年	2023年	2024年预测	2025年预测	2023年涨幅（%）	2024年涨幅（%）
能源								
煤炭（澳大利亚）	美元/吨	138.1	344.9	172.8	130.0	110.0	-49.9	-24.8
原油（布伦特）	美元/桶	70.4	99.8	82.6	81.0	80.0	-17.2	-2.0
天然气（欧洲）	美元/百万英国热值单位	16.1	40.3	13.1	12.5	13.0	-67.5	-4.7
天然气（美国）	美元/百万英国热值单位	3.9	6.4	2.5	3.3	4.0	-60.1	30.0
液化天然气（日本）	美元/百万英国热值单位	10.8	18.4	14.2	13.0	14.0	-22.8	-8.7
非能源初级产品								
农产品								
饮品								
可可	美元/千克	2.4	2.4	3.3	2.9	2.9	37.1	-11.6
咖啡（阿拉比卡）	美元/千克	4.5	5.6	4.5	4.4	4.4	-19.4	-3.1
咖啡（罗巴斯塔）	美元/千克	2.0	2.3	2.6	2.4	2.4	15.0	-8.6
茶（平均）	美元/千克	2.7	3.1	2.7	2.8	2.8	-10.2	0.4
食品								
植物油及油品								
椰子油	美元/吨	1636.3	1634.6	1075.2	1100.0	1050.0	-34.2	2.3
花生油	美元/吨	2075.1	2202.6	2034.7	2150.0	2145.0	-7.6	5.7
棕榈油	美元/吨	1130.6	1276.0	886.5	900.0	850.0	-30.5	1.5
豆粕	美元/吨	481.0	547.9	541.4	520.0	521.0	-1.2	-4.0
豆油	美元/吨	1385.4	1666.8	1118.5	1105.0	1095.0	-32.9	-1.2

五　统计数据

1.04　续表1

商品	单位	2021年	2022年	2023年	2024年预测	2025年预测	2023年涨幅（%）	2024年涨幅（%）
大豆	美元/吨	583.3	675.4	597.9	585.0	560.0	-11.5	-2.2
谷物								
玉米	美元/吨	259.5	318.8	252.7	230.0	220.0	-20.7	-9.0
稻米（泰国，5%碎粒）	美元/吨	458.3	436.8	553.7	595.0	550.0	26.8	7.5
小麦（美国硬红冬小麦）	美元/吨	315.2	430.0	340.4	335.0	320.0	-20.8	-1.6
其他食品								
香蕉（美国）	美元/千克	1.2	1.5	1.6	1.7	1.6	7.2	3.3
牛肉	美元/千克	5.3	5.6	4.9	5.3	5.4	-12.8	8.1
鸡肉	美元/千克	2.0	1.7	1.5	3.2	3.1	-8.9	105.4
柑橘	美元/千克	0.7	0.9	1.6	1.4	1.4	71.2	-8.5
虾（墨西哥）	美元/千克	13.7	13.5	10.2	10.7	11.1	-24.6	5.0
糖（世界平均）	美元/千克	0.4	0.4	0.5	0.5	0.5	26.6	-5.1
原材料								
木材								
原木（非洲）	美元/立方米	414.2	368.9	378.6	390.0	394.0	2.6	3.0
原木（东南亚）	美元/立方米	271.4	228.0	212.4	225.0	231.0	-6.8	5.9
锯材（东南亚）	美元/立方米	750.0	674.5	677.7	689.0	699.0	0.5	1.7
其他原材料								
棉花	美元/千克	2.2	2.9	2.1	2.2	2.2	-26.9	5.0

1.04 续表2

商　品	单　位	2021年	2022年	2023年	2024年预测	2025年预测	2023年涨幅（%）	2024年涨幅（%）
橡胶	美元/千克	2.1	1.8	1.6	1.5	1.5	-12.9	-8.0
烟草	美元/吨	4154.7	4269.9	4836.5	4300.0	4291.0	13.3	-11.1
化肥								
磷酸二铵	美元/吨	601.0	772.2	550.0	450.0	400.0	-28.8	-18.2
磷酸盐矿石	美元/吨	123.2	266.2	321.7	290.0	250.0	20.9	-9.8
氯化钾	美元/吨	542.8	863.4	383.2	300.0	275.0	-55.6	-21.7
磷酸三钠	美元/吨	538.2	716.1	480.2	400.0	350.0	-32.9	-16.7
尿素（东欧）	美元/吨	483.2	700.0	358.0	315.0	300.0	-48.9	-12.0
金属和金属矿								
铝	美元/吨	2472.8	2705.0	2255.7	2200.0	2400.0	-16.6	-2.5
铜	美元/吨	9317.1	8822.4	8490.3	7800.0	8500.0	-3.8	-8.1
铁矿石	美元/千吨	161.7	121.3	120.6	105.0	100.0	-0.6	-12.9
铅	美元/吨	2200.4	2150.6	2135.8	2050.0	2100.0	-0.7	-4.0
镍	美元/吨	18465.0	25833.7	21521.1	20000.0	20500.0	-16.7	-7.1
锡	美元/吨	32384.1	31335.1	25938.1	25000.0	27000.0	-17.2	-3.6
锌	美元/吨	3002.5	3481.4	2652.6	2400.0	2500.0	-23.8	-9.5
贵金属								
金	美元/盎司	1799.6	1800.6	1942.7	1900.0	1700.0	7.9	-2.2
银	美元/盎司	25.2	21.8	23.4	23.7	22.5	7.4	1.3
铂金	美元/盎司	1091.1	961.7	966.4	1050.0	1150.0	0.5	8.7

资料来源：世界银行。

1.05 国际市场初级产品价格指数预测

(2010年=100)

商 品	2021年	2022年	2023年	2024年预测	2025年预测	2023年涨幅(%)	2024年涨幅(%)
按现价美元计算							
能源	95.4	152.6	106.9	103.7	103.0	-29.9	-3.0
非能源商品	112.1	122.1	110.1	108.0	107.8	-9.8	-1.9
农产品	107.7	119.3	110.7	112.2	109.7	-7.2	1.3
饮料	93.5	106.3	107.8	100.9	100.4	1.4	-6.4
食品	120.9	138.1	125.4	129.1	124.7	-9.2	2.9
植物油及油品	127.1	145.2	118.9	117.3	114.1	-18.1	-1.3
谷物	123.8	150.4	133.0	129.6	122.9	-11.5	-2.6
其他食品	110.2	117.7	127.2	144.1	140.3	8.1	13.3
原材料	82.9	80.3	76.5	76.9	78.1	-4.7	0.5
木材	90.4	80.1	79.1	81.2	82.5	-1.2	2.6
其他原材料	74.8	80.5	73.7	72.2	73.2	-8.4	-2.1
化肥	152.3	235.7	153.5	132.4	119.5	-34.9	-13.8
金属和金属矿	116.4	115.0	104.0	96.6	102.6	-9.6	-7.1
工业金属	117.7	122.4	109.0	102.3	110.5	-11.0	-6.1
贵金属	140.2	136.8	147.3	145.1	131.5	7.7	-1.5

资料来源：世界银行。

1.06　国际市场石油平均价格

单位：美元/桶

年份　月份	石油现货价格 OPEC 一揽子原油	石油现货价格 北海布伦特	石油期货价格 纽约期货市场轻质原油
2017 年	52.43	54.13	50.80
2018 年	69.78	71.34	64.81
2019 年	64.04	64.30	57.07
2020 年	41.47	41.96	39.32
2021 年	69.89	70.86	68.11
2022 年	100.08	100.93	94.33
1 月	85.24	86.51	82.98
2 月	93.95	97.13	91.63
3 月	113.48	117.25	108.26
4 月	105.64	104.58	101.64
5 月	113.87	113.34	109.26
6 月	117.72	122.71	114.34
7 月	108.55	111.93	99.39
8 月	101.90	100.45	91.48
9 月	95.32	89.76	83.8
10 月	93.62	93.33	87.03
11 月	89.73	91.42	84.39
12 月	79.68	80.92	76.52
2023 年	82.95	82.49	77.60
1 月	81.62	82.50	78.16
2 月	81.88	82.59	76.86
3 月	78.45	78.43	73.37
4 月	84.13	84.64	79.44
5 月	75.82	75.47	71.62
6 月	75.19	74.84	70.27
7 月	81.06	80.11	76.03
8 月	87.33	86.15	81.32
9 月	94.60	93.72	89.43
10 月	91.78	90.60	85.47
11 月	84.92	82.94	77.38
12 月	79.00	77.63	72.12

资料来源：OPEC 和美国能源部。

1.07 国际市场石油供应与需求

单位：百万桶/天

地区	年度 2021年	年度 2022年	年度 2023年	年度 2024年	季度 2023年 Q1	季度 2023年 Q2	季度 2023年 Q3	季度 2023年 Q4	季度 2024年 Q1	季度 2024年 Q2	季度 2024年 Q3	季度 2024年 Q4
国际市场石油需求												
世界[1]	97.5	99.5	101.7	102.8	100.2	101.7	102.8	102.2	101.4	102.4	103.4	103.9
经合组织成员国	44.8	45.7	45.8	45.5	45.4	45.7	46.0	45.9	45.3	45.3	45.5	45.9
美洲	24.3	24.8	25.0	24.9	24.5	25.2	25.4	25.1	24.5	24.9	25.1	24.9
欧洲	13.2	13.5	13.4	13.3	13.1	13.5	13.6	13.2	13.1	13.4	13.3	13.3
亚洲,大洋洲	7.3	7.4	7.4	7.4	7.8	7.0	7.1	7.7	7.7	7.0	7.1	7.7
非经合组织成员国	52.7	53.8	56.0	57.3	54.8	56.0	56.8	56.2	56.1	57.0	57.9	58.0
原苏联	4.9	4.9	4.9	4.9	1.9	4.9	5.0	4.9	4.8	4.8	5.0	5.0
欧洲	0.8	0.8	0.8	0.8	0.8	0.8	0.8	0.8	0.8	0.8	0.8	0.8
中国	15.1	14.7	16.4	17.2	15.6	16.6	16.9	16.7	16.7	17.0	17.5	17.5
亚洲其他国家	13.5	14.1	14.4	14.7	14.4	14.5	14.1	14.6	14.7	14.8	14.4	15.0
美洲	6.0	6.2	6.3	6.4	6.2	6.3	6.5	6.3	6.2	6.4	6.5	6.5
中东	8.3	8.8	8.9	9.0	8.7	8.8	9.3	8.6	8.6	9.0	9.4	8.8
非洲	4.0	4.3	4.2	4.3	4.3	4.2	4.2	4.2	4.3	4.3	4.3	4.5

1.07 续表

国际市场石油供应

项 目	年度 2021年	年度 2022年	年度 2023年	年度 2024年	季度 2023年 Q1	季度 2023年 Q2	季度 2023年 Q3	季度 2023年 Q4	季度 2024年 Q1	季度 2024年 Q2	季度 2024年 Q3	季度 2024年 Q4
世界[2]	**95.5**	**100.1**	—	—	101.9	101.9	102.0	—	—	—	—	—
欧佩克成员国	31.7	34.5	—	—	34.8	34.4	33.6	—	—	—	—	—
非欧佩克成员国	63.8	65.6	67.8	69.0	67.0	67.5	68.4	68.3	68.1	69.1	69.4	69.2
经合组织成员国	28.2	29.3	30.9	31.5	30.4	30.5	31.2	31.3	31.2	31.4	31.6	31.7
美洲	24.3	25.7	27.2	27.9	26.7	26.9	27.7	27.7	27.6	27.9	28.1	28.0
欧洲	3.4	3.2	3.2	3.1	3.3	3.2	3.0	3.1	3.2	3.1	3.0	3.1
亚洲,大洋洲	0.5	0.5	0.5	0.5	0.5	0.5	0.5	0.5	0.5	0.5	0.5	0.5
非经合组织成员国	30.5	31.0	31.4	31.8	31.6	31.3	31.2	31.4	31.7	31.8	31.8	31.9
加工损益[3]	2.2	2.3	2.4	2.4	2.3	2.3	2.4	2.4	2.4	2.4	2.4	2.4
生物燃料	2.8	2.9	3.2	3.3	2.7	3.3	3.6	3.2	2.8	3.4	3.7	3.3

资料来源:国际能源署。

注:1. 石油需求量指炼油厂和初级库存的交付量。包括国内运输燃料、国际运输燃料、炼油厂燃料、直接用于燃烧的原油、非常规来源的石油和其他供应来源。包括生物燃料。
2. 石油供应量包括原油、凝析原油、天然气凝析液(NGL)和非常规来源的石油等。
3. 指炼油过程和海上运输时的损益。

1.08 OECD 国家能源库存情况

单位：百万桶

能　源	年度 2020年	年度 2021年	年度 2022年	月度 2023年6月	月度 2023年7月	月度 2023年8月	月度 2023年9月	月度 2023年10月
OECD 国家合计	**3128.5**	**2762.4**	**2772.4**	**2792.4**	**2820.3**	**2823.1**	**2831.2**	**2812.2**
原油	1186.9	1031.0	1048.0	1087.2	1074.3	1031.4	1022.2	1030.4
车用汽油	378.9	357.0	349.4	352.9	355.8	355.0	367.3	359.1
照明灯油	630.9	526.3	483.4	489.4	506.1	520.0	522.9	506.4
残余燃油	119.1	110.6	121.6	119.2	114.9	113.1	117.2	114.6
石油产品	1620.9	1434.4	1415.3	1411.0	1445.4	1485.1	1506.7	1476.1
OECD 美洲	**1651.0**	**1531.1**	**1491.5**	**1513.1**	**1522.6**	**1514.2**	**1541.2**	**1533.8**
原油	645.5	608.5	594.6	605.4	590.6	570.2	568.1	586.0
车用汽油	257.0	243.1	237.7	247.4	247.6	244.8	256.4	248.1
照明灯油	223.7	202.8	174.6	183.4	191.8	189.1	192.1	178.8
残余燃油	38.0	35.6	35.8	36.4	34.2	31.9	34.0	34.3
石油产品	830.7	758.3	732.7	747.7	768.3	780.0	804.8	777.6
OECD 欧洲	**1063.6**	**875.7**	**915.4**	**920.5**	**930.1**	**940.9**	**924.5**	**919.3**
原油	371.4	311.9	331.5	347.7	343.0	339.0	331.1	329.5
车用汽油	95.9	85.9	86.9	80.4	84.8	86.2	86.4	86.2
照明灯油	333.9	250.9	239.9	245.9	253.2	262.6	259.9	254.9
残余燃油	64.9	58.6	66.9	65.5	63.0	62.4	64.4	62.1
石油产品	609.1	490.9	499.8	495.9	509.4	523.3	522.2	516.3
OECD 亚洲、大洋洲	**413.9**	**355.6**	**365.5**	**358.9**	**367.6**	**368.0**	**365.5**	**359.1**
原油	170.0	110.6	121.9	134.1	140.7	122.2	123.0	114.9
车用汽油	26.1	28.0	24.8	25.1	23.5	24.0	24.5	24.8
照明灯油	73.3	72.6	69.0	60.1	61.0	68.3	71.0	72.7
残余燃油	16.2	16.4	19.0	17.2	17.7	18.7	18.8	18.2
石油产品	181.1	185.2	182.7	167.5	167.6	181.8	179.6	182.1

资料来源：国际能源署。

注：均指期末库存。

1.09 全球主要股票指数

年份	月份	美国 道琼斯30种股票平均价格（美元）	美国 纳斯达克指数	欧元区 德国DAX股票指数	日本 日经225种股票平均价格（日元）
2017年		24719.22	6903.39	12917.64	22764.94
2018年		23327.46	6635.28	10558.96	20014.77
2019年		28538.44	8972.60	13249.01	23656.62
2020年		30606.48	12888.28	13718.78	27444.17
2021年		36338.30	15644.97	15884.86	28791.71
2022年		33147.25	10466.48	13923.59	26094.50
	1月	35131.86	14239.88	15471.20	27001.98
	2月	33892.60	13751.40	14461.02	26526.82
	3月	34678.35	14220.52	14414.75	27821.43
	4月	32977.21	12334.64	14097.88	26847.90
	5月	32990.12	12081.39	14388.35	27279.80
	6月	30775.43	11028.74	12783.77	26393.04
	7月	32845.13	12390.69	13484.05	27801.64
	8月	31510.43	11816.20	12834.96	28091.53
	9月	28725.51	10575.62	12114.36	25937.21
	10月	32732.95	10988.15	13253.74	27587.46
	11月	34589.77	11468.00	14397.04	27968.99
	12月	33147.25	10466.48	13923.59	26094.50
2023年		37689.54	15011.35	16751.64	33464.17
	1月	34086.04	11584.55	15128.27	27327.11
	2月	32656.70	11455.54	15365.14	27445.56
	3月	33274.15	12221.91	15628.84	28041.48
	4月	34098.16	12226.58	15922.38	28856.44
	5月	32908.27	12935.29	15664.02	30887.88
	6月	34407.60	13787.92	16147.90	33189.04
	7月	35559.53	14346.02	16446.83	33172.22
	8月	34721.91	14034.97	15947.08	32619.34
	9月	33507.50	13219.32	15386.58	31857.62
	10月	33052.87	12851.24	14810.34	30858.85
	11月	35950.89	14226.22	16215.43	33486.89
	12月	37689.54	15011.35	16751.64	33464.17

资料来源：Wind。

1.10 全球主要汇率

年份　月份	期末汇率			实际有效汇率指数		
	欧元兑美元	美元兑日元	欧元兑日元	美元	欧元	日元
2017年	1.130	112.1	126.7	104.86	97.95	97.20
2018年	1.182	110.4	130.4	104.09	101.12	96.21
2019年	1.119	109.0	122.0	107.20	98.50	99.06
2020年	1.141	106.8	121.8	108.77	100.00	100.00
2021年	1.183	109.8	129.9	106.29	100.28	91.30
2022年	1.053	131.5	138.0	115.07	96.92	78.76
1月	1.121	115.2	128.8	109.71	97.58	86.66
2月	1.122	115.1	129.3	109.80	97.83	85.89
3月	1.109	121.4	135.2	111.07	98.61	83.97
4月	1.054	129.8	137.0	111.71	96.45	79.30
5月	1.073	128.5	137.4	114.28	96.56	79.44
6月	1.047	135.7	141.5	115.25	96.80	75.97
7月	1.020	133.3	136.4	117.23	94.75	75.70
8月	1.007	138.7	138.7	116.63	94.60	77.01
9月	0.978	144.7	141.0	119.49	95.46	74.55
10月	0.989	148.6	147.4	121.06	97.14	73.71
11月	1.032	139.3	144.3	118.60	98.19	75.20
12月	1.070	131.8	140.7	116.06	99.09	77.67
2023年	1.082	140.5	152.0	114.47	100.94	74.89
1月	1.086	130.2	141.3	113.98	98.25	78.94
2月	1.060	136.1	145.2	114.64	98.52	77.16
3月	1.087	132.8	144.8	114.86	99.46	77.49
4月	1.104	136.0	149.4	113.65	101.10	77.54
5月	1.065	139.8	149.1	113.96	100.72	76.04
6月	1.092	144.5	157.2	113.77	101.50	74.34
7月	1.102	142.2	156.7	112.42	102.59	74.37
8月	1.084	145.7	158.5	114.01	102.62	73.08
9月	1.058	149.4	158.1	115.73	102.03	72.34
10月	1.057	151.5	160.3	117.35	101.56	72.51
11月	1.091	147.9	161.2	115.49	101.61	71.45
12月	1.106	140.9	156.3	113.84	101.37	73.41

资料来源：美国联邦储备委员会和国际清算银行。

注：期末数据。实际有效汇率指数，美元以1973年3月为100，欧元和日元以2020年为100。年度数据为平均数。

2.1.01 美国国内生产总值及其构成增长率（环比折年率）

单位：%

指标	2022年	2023年	2022年 一季度	2022年 二季度	2022年 三季度	2022年 四季度	2023年 一季度	2023年 二季度	2023年 三季度	2023年 四季度
国内生产总值	1.9	2.5	-2.0	-0.6	2.7	2.6	2.2	2.1	4.9	3.2
个人消费支出	2.5	2.2	0.0	2.0	1.6	1.2	3.8	0.8	3.1	3.0
耐用消费品	-0.3	2.0	-1.2	-0.3	-0.7	-1.0	5.1	0.5	4.9	3.2
非耐用消费品	-0.6	4.2	1.5	-0.9	0.9	-0.5	14.0	-0.3	6.7	3.2
服务	3.7	0.9	-2.7	0.0	-1.6	1.8	0.5	0.9	3.9	3.3
私人投资总额	4.8	2.3	0.6	3.2	2.8	3.4	3.1	1.0	2.2	2.8
固定资产投资	1.3	-1.2	6.2	-10.6	-7.6	-5.4	-9.0	5.2	10.0	0.9
非住宅投资	5.2	0.6	7.2	5.3	-4.3	6.5	3.1	5.2	2.6	2.5
建筑	-2.1	2.4	10.7	-0.5	4.7	-5.0	5.7	7.4	1.4	2.4
设备	5.2	13.0	-1.2	4.9	-1.3	6.1	30.3	16.1	11.2	7.5
知识产权产品	9.1	-0.3	16.8	8.7	5.6	-24.9	-4.1	7.7	-4.4	-1.7
住宅投资	-9.0	4.4	11.4	-14.1	7.1	...	3.8	2.7	1.8	3.3
库存变动	...	-10.6	-1.8	...	-26.4	...	-5.3	-2.2	6.7	2.9
净出口	...	...	-4.6	10.6	16.2	-3.5	...	...	...	...
出口	7.0	2.7	-8.8	9.2	21.5	-6.3	6.8	-9.3	5.4	6.4
货物	5.8	2.6	5.4	13.9	4.9	3.1	12.0	-16.0	7.7	4.8
服务	9.6	3.0	14.7	4.1	-4.8	-4.3	-3.5	6.2	1.0	9.6
进口	8.6	-1.6	14.5	2.1	-7.3	-4.4	1.3	-7.6	4.2	2.7
货物	6.8	-1.6	15.6	14.2	8.1	-3.9	1.9	-6.5	-2.8	1.3
服务	17.5	-1.5	-2.9	-1.9	2.9	5.3	-1.2	-12.2	5.8	9.1
政府支出和投资	-0.9	4.0	-6.9	-3.9	1.2	9.8	4.8	3.3	7.1	4.2
联邦政府	-2.8	4.2	-6.9	0.9	-0.3	7.7	5.2	1.1	8.4	2.3
国防	-2.8	3.4	-6.9	-9.8	3.3	12.6	1.9	2.3	5.5	0.4
其他	-2.9	5.2	-6.9	-9.8	3.8	12.6	9.5	-0.4	5.5	4.7
州及地方政府	0.2	3.9	-0.4	-0.8	3.8	2.8	4.6	4.7	5.0	5.4
国内总收入	9.1	...	6.2	8.5	7.2	6.5	6.3	3.8	8.3	4.9

资料来源：美国商务部经济分析局。

注：季度数据为经季节调整后的环比增长速度折合为年率。

2.1.02 美国国内生产总值及其构成增长率（同比）

单位：%

指标	2022年	2023年	2022年一季度	2022年二季度	2022年三季度	2022年四季度	2023年一季度	2023年二季度	2023年三季度	2023年四季度
国内生产总值	**1.9**	**2.5**	**3.6**	**1.9**	**1.7**	**0.7**	**1.7**	**2.4**	**2.9**	**3.1**
个人消费支出	2.5	2.2	5.0	2.2	1.9	1.2	2.1	1.8	2.2	2.7
消费品	0.3	2.0	2.3	-1.2	0.8	-0.6	1.0	1.2	2.6	3.4
耐用消费品	-0.3	4.2	-0.2	-3.7	3.0	0.1	3.1	3.2	4.7	5.7
非耐用消费品	0.6	0.9	3.8	0.2	-0.5	-1.0	-0.2	0.1	2.0	2.1
服务	3.7	2.3	6.4	4.0	2.9	2.1	2.7	-2.2	2.1	2.3
私人投资总额	4.8	-1.2	10.5	9.0	1.1	-2.4	-6.1	-2.2	1.3	1.5
固定资产投资	1.3	0.6	3.3	1.8	5.8	-0.8	-1.8	-0.5	1.3	3.3
非住宅投资	5.2	4.4	5.3	4.3	-2.7	5.6	4.4	4.9	4.1	4.2
建筑	-2.1	13.0	-3.1	-3.4	7.2	0.8	8.1	12.3	15.7	16.0
设备	5.2	-0.3	4.9	3.5	-11.4	5.3	0.2	0.9	-1.6	-0.8
知识产权产品	9.1	4.4	10.3	9.0	8.3	-17.4	6.4	4.9	3.6	2.9
住宅投资	-9.0	-10.6	-2.4	-5.0	-11.4	-17.4	-18.1	-15.4	-7.2	0.4
库存变动	...	...	...	...	...	...	...	...	...	...
净出口	...	...	...	...	...	...	...	...	...	...
出口	7.0	2.7	5.2	7.4	11.1	4.3	7.3	2.1	-0.4	2.1
货物	5.8	2.6	3.1	5.6	11.3	3.2	8.6	1.7	-1.3	1.5
服务	9.6	3.0	9.9	11.5	10.5	6.7	4.4	2.6	1.6	3.2
进口	8.6	-1.6	12.7	11.8	8.2	2.1	-1.0	-3.9	-1.7	0.0
货物	6.8	-1.6	10.1	9.6	7.1	0.9	-2.0	-4.1	-0.9	0.5
服务	17.5	-1.5	27.2	23.4	13.6	8.2	4.1	-2.6	-5.2	-2.1
政府消费支出和投资	-0.9	4.0	-2.3	-1.6	-0.6	0.8	2.7	4.1	4.8	4.5
联邦政府	-2.8	3.4	-5.2	-3.5	-1.9	-0.1	3.0	4.3	5.7	3.9
国防	-2.8	4.2	-4.9	-4.5	-2.8	-0.2	2.5	2.9	5.0	3.2
其他	-2.9	5.2	-5.6	-4.5	-0.8	-0.6	3.5	6.1	6.7	4.7
州及地方政府	0.2	3.9	-0.4	-0.2	0.2	1.3	2.6	4.0	4.3	4.9
备注										
国内总收入	9.1	6.3	3.1	1.9	1.8	0.7	1.7	2.2	2.8	—

资料来源：美国商务部经济分析局。

2.1.03 美国国内生产总值构成对经济增长的拉动

单位：百分点

指标	2022年	2023年	2022年一季度	2022年二季度	2022年三季度	2022年四季度	2023年一季度	2023年二季度	2023年三季度	2023年四季度
国内生产总值	1.9	2.5	-2.0	-0.6	2.7	2.6	2.2	2.1	4.9	3.2
个人消费支出	1.72	1.49	-0.03	1.32	1.05	0.79	2.54	0.55	2.11	2.00
耐用消费品	0.07	0.46	-0.30	-0.09	-0.18	-0.01	1.14	0.11	1.09	0.72
非耐用消费品	-0.02	0.34	0.12	-0.08	0.08	-0.08	1.07	-0.03	0.53	0.25
服务	0.09	0.12	-0.42	-0.01	-0.26	0.07	0.07	0.14	0.56	0.47
私人投资总额	1.65	1.03	0.27	1.41	1.23	0.80	1.40	0.44	1.02	1.28
固定资产投资	0.86	-0.23	1.16	-2.10	-1.45	0.62	-1.69	0.90	1.74	0.17
非住宅投资	0.24	0.10	1.23	-0.05	-0.79	-0.99	0.53	0.90	0.46	0.43
建筑	0.68	0.59	1.32	0.68	0.62	0.24	0.76	0.98	0.21	0.32
设备	-0.06	0.36	-0.03	-0.01	-0.03	0.17	0.77	0.46	0.33	0.23
知识产权产品	0.26	-0.02	0.77	0.25	0.28	-0.26	-0.21	0.38	-0.22	-0.08
住宅投资	0.48	0.24	0.58	0.45	0.37	0.32	-0.20	0.15	0.10	0.18
库存变动	-0.44	-0.48	-0.09	-0.73	-1.41	-1.23	-0.22	-0.09	0.26	0.11
净出口	-0.62	-0.33	-0.07	-2.05	-0.66	1.61	-2.22	0.00	1.27	-0.27
出口	-0.48	0.57	-2.59	0.56	2.58	0.26	0.58	0.04	0.03	0.32
货物	0.76	0.32	-0.50	1.19	1.80	-0.41	0.76	-1.09	0.59	0.69
服务	0.44	0.22	-0.69	0.73	1.63	-0.52	0.89	-1.31	0.55	0.35
进口	0.33	0.11	0.18	0.46	0.17	0.11	-0.13	0.22	0.04	0.34
货物	-1.24	0.25	-2.08	-0.63	0.77	0.66	-0.18	1.13	-0.56	-0.37
服务	-0.82	0.21	-1.72	-0.28	0.98	0.55	-0.22	0.78	-0.64	-0.15
政府消费支出和投资	-0.42	0.04	-0.36	-0.35	-0.21	0.11	0.04	0.35	0.08	-0.22
联邦政府	-0.16	0.69	-0.52	-0.34	0.49	0.90	0.82	0.57	0.99	0.73
国防	-0.19	0.27	-0.47	-0.26	0.07	0.59	0.33	0.07	0.45	0.15
其他	-0.11	0.12	-0.26	0.03	-0.01	0.27	0.07	0.08	0.30	0.02
州及地方政府	-0.08	0.14	-0.21	-0.29	0.08	0.32	0.26	-0.01	0.15	0.13
	0.03	0.43	-0.04	-0.08	0.41	0.31	0.49	0.50	0.53	0.58

资料来源：美国商务部经济分析局。

注：季度数据为经季节调整后折合年率的环比增长速度。

2.1.04 美国工业生产指数和工业生产能力利用率

年份 月份	工业生产指数（2017年=100）	制造业	工业生产能力利用率（%）	制造业
2017年	**100.0**	**100.0**	**76.6**	**76.5**
2018年	**103.2**	**101.4**	**79.7**	**78.5**
2019年	**102.4**	**99.5**	**78.6**	**77.3**
2020年	**95.1**	**93.0**	**72.8**	**72.6**
2021年	**99.2**	**97.7**	**77.6**	**77.1**
2022年	**102.6**	**100.5**	**80.3**	**79.2**
1月	101.3	97.6	79.4	78.4
2月	102.1	100.3	79.9	79.3
3月	103.1	102.4	80.5	79.9
4月	100.9	100.5	80.7	80.0
5月	101.8	101.2	80.6	79.7
6月	103.9	102.2	80.5	79.3
7月	103.1	99.3	80.7	79.4
8月	104.8	101.8	80.7	79.5
9月	103.4	101.2	80.8	79.6
10月	103.1	102.1	80.6	79.6
11月	102.4	100.1	80.3	78.9
12月	101.4	97.0	78.9	77.1
2023年	**102.8**	**99.9**	**79.3**	**77.7**
1月	102.6	98.4	79.6	78.3
2月	102.9	100.4	79.5	78.4
3月	103.3	100.8	79.5	77.7
4月	101.8	100.7	79.8	78.4
5月	101.8	100.5	79.5	78.2
6月	103.6	101.3	78.9	77.6
7月	103.1	98.2	79.5	77.8
8月	105.0	100.8	79.4	77.6
9月	103.1	100.1	79.4	77.6
10月	102.0	100.0	78.6	76.8
11月	102.0	99.4	78.8	77.1
12月	102.5	98.4	78.7	77.1

资料来源：美国联邦储备委员会。

2.1.05 美国劳动生产率变化

(2012年=100)

年度	季度	非农产业 劳动生产率	非农产业 单位工作产出	制造业 劳动生产率	制造业 单位工作产出	商业 劳动生产率	商业 单位工作产出
2015年		**98.0**	**98.7**	**101.3**	**101.4**	**98.0**	**98.7**
2016年		**98.6**	**98.8**	**101.0**	**101.0**	**98.6**	**98.8**
2017年		**100.1**	**100.0**	**100.0**	**100.0**	**100.1**	**100.0**
2018年		**101.5**	**101.6**	**100.2**	**100.3**	**101.6**	**101.7**
2019年		**104.0**	**103.3**	**98.2**	**97.3**	**104.0**	**103.3**
2020年		**109.8**	**107.5**	**98.8**	**95.4**	**109.7**	**107.4**
	1季度	105.3	103.5	98.0	96.0	105.2	103.4
	2季度	111.1	106.8	96.8	90.2	110.8	106.5
	3季度	111.9	110.1	100.4	97.6	111.9	110.0
	4季度	110.8	109.7	100.0	97.7	110.7	109.6
2021年		**111.2**	**110.5**	**100.3**	**98.5**	**111.3**	**110.5**
	1季度	111.5	110.5	99.7	97.8	111.4	110.4
	2季度	111.4	110.9	100.9	99.3	111.4	110.8
	3季度	110.7	110.0	100.5	98.6	110.8	110.0
	4季度	111.4	110.7	100.1	98.3	111.5	110.7
2022年		**109.1**	**107.8**	**99.1**	**97.3**	**109.1**	**107.8**
	1季度	109.8	108.6	99.5	97.9	109.8	108.6
	2季度	108.7	107.5	99.7	98.0	108.7	107.4
	3季度	108.7	107.4	98.9	97.4	108.7	107.3
	4季度	109.3	107.8	98.2	95.8	109.4	107.7
2023年		**110.6**	**108.5**	**98.4**	**95.7**	**110.7**	**108.6**
	1季度	109.1	107.6	97.8	95.7	109.3	107.7
	2季度	109.9	107.9	98.7	96.1	110.0	107.9
	3季度	111.2	109.1	98.4	95.7	111.3	109.1
	4季度	112.1	109.5	98.7	95.5	112.2	109.6

资料来源：美国劳工统计局。

2.1.06 美国就业率和失业率

年份	月份	就业率（%）	失业率（%）
2017 年		**60.1**	**4.4**
2018 年		**60.4**	**3.9**
2019 年		**60.8**	**3.7**
2020 年		**56.8**	**8.1**
2021 年		**58.4**	**5.4**
2022 年		**60.0**	**3.6**
	1 月	59.7	4.0
	2 月	59.8	3.8
	3 月	60.1	3.6
	4 月	59.9	3.7
	5 月	60.0	3.6
	6 月	59.9	3.6
	7 月	60.0	3.5
	8 月	60.1	3.6
	9 月	60.1	3.5
	10 月	60.0	3.6
	11 月	59.9	3.6
	12 月	60.1	3.5
2023 年		**60.3**	**3.6**
	1 月	60.2	3.4
	2 月	60.2	3.6
	3 月	60.4	3.5
	4 月	60.4	3.4
	5 月	60.3	3.7
	6 月	60.3	3.6
	7 月	60.4	3.5
	8 月	60.4	3.8
	9 月	60.4	3.8
	10 月	60.3	3.8
	11 月	60.4	3.7
	12 月	60.1	3.7

资料来源：美国劳工统计局。

注：数据经季节调整。

2.1.07 美国价格涨跌率

单位:%

年份	月份	消费价格涨跌率 环比	消费价格涨跌率 同比	核心消费价格涨跌率① 环比	核心消费价格涨跌率① 同比	生产价格涨跌率 环比	生产价格涨跌率 同比
2017年			2.1		1.8		2.3
2018年			2.4		2.1		2.9
2019年			1.8		2.2		1.7
2020年			1.2		1.7		0.2
2021年			4.7		3.6		7.0
2022年			8.0		6.2		9.5
	1月	0.6	7.5	0.6	6.0	1.0	10.1
	2月	0.8	7.9	0.5	6.4	0.9	10.4
	3月	1.1	8.5	0.3	6.5	1.6	11.7
	4月	0.4	8.3	0.5	6.2	0.6	11.2
	5月	0.9	8.6	0.5	6.0	0.9	11.1
	6月	1.2	9.1	0.7	5.9	0.9	11.2
	7月	0.0	8.5	0.4	5.9	-0.3	9.7
	8月	0.1	8.3	0.5	6.3	-0.1	8.7
	9月	0.4	8.2	0.6	6.6	0.3	8.5
	10月	0.5	7.7	0.4	6.3	0.4	8.2
	11月	0.3	7.1	0.3	6.0	0.4	7.4
	12月	0.1	6.5	0.4	5.7	-0.3	6.4
2023年			4.1		4.8		2.0
	1月	0.5	6.4	0.4	5.6	0.4	5.7
	2月	0.4	6.0	0.5	5.5	0.0	4.7
	3月	0.1	5.0	0.3	5.6	-0.4	2.7
	4月	0.4	4.9	0.5	5.5	0.2	2.3
	5月	0.1	4.0	0.4	5.3	-0.2	1.1
	6月	0.2	3.0	0.2	4.8	0.0	0.3
	7月	0.2	3.2	0.2	4.7	0.6	1.1
	8月	0.5	3.7	0.2	4.3	0.6	1.9
	9月	0.4	3.7	0.3	4.1	0.2	1.8
	10月	0.1	3.2	0.2	4.0	-0.4	1.0
	11月	0.2	3.1	0.3	4.0	0.1	0.7
	12月	0.2	3.4	0.3	3.9	-0.1	1.0

资料来源:美国劳工统计局。

注:①为不包括食品和能源的消费者价格。

2.1.08 美国进出口贸易

单位:亿美元

年份	月份	进出口额	出口额	进口额	出口额减进口额
2017年		53198.5	23882.6	29315.9	-5433.3
2018年		55063.9	24564.2	30499.6	-5935.4
2019年		55554.6	24689.8	30864.8	-6175.0
2020年		49530.7	21448.2	28082.5	-6634.3
2021年		54955.5	22808.7	32146.7	-9338.0
2022年		59302.4	24396.1	34906.2	-10510.1
	1月	5479.9	2307.4	3172.5	-865.0
	2月	5567.6	2349.0	3218.6	-869.6
	3月	5939.0	2456.8	3482.2	-1025.4
	4月	5915.3	2527.6	3387.7	-860.2
	5月	5943.6	2551.4	3392.2	-840.8
	6月	5979.8	2585.7	3394.2	-808.5
	7月	5930.4	2606.8	3323.6	-716.7
	8月	5904.7	2615.8	3288.9	-673.2
	9月	5914.2	2598.5	3315.8	-717.3
	10月	5893.3	2555.0	3338.3	-783.3
	11月	5692.9	2527.4	3165.6	-638.2
	12月	5720.3	2503.2	3217.1	-713.9
2023年		59390.0	25058.9	34331.1	-9272.1
	1月	5867.4	2582.2	3285.2	-703.0
	2月	5755.1	2527.2	3227.9	-700.7
	3月	5749.6	2576.9	3172.7	-595.8
	4月	5714.6	2496.5	3218.2	-721.7
	5月	5630.6	2484.1	3146.6	-662.5
	6月	5598.9	2481.8	3117.1	-635.3
	7月	5683.9	2517.1	3166.8	-649.7
	8月	5697.8	2554.2	3143.6	-589.5
	9月	5840.0	2610.3	3229.7	-619.4
	10月	5809.8	2578.9	3231.0	-652.1
	11月	5707.6	2540.5	3167.1	-626.6
	12月	5778.9	2568.6	3210.3	-641.7

资料来源:美国商务部普查局。

注:包括货物和服务贸易。

2.1.09　美国外国直接投资

单位:亿美元

年份　　季度	流入	流出	流入减流出
2015 年	**4676.3**	**2643.6**	**2032.7**
2016 年	**4594.2**	**2844.7**	**1749.5**
2017 年	**3089.6**	**3277.8**	**−188.2**
2018 年	**2032.3**	**−1574.1**	**3606.4**
2019 年	**2425.2**	**318.6**	**2106.6**
1 季度	643.2	−302.3	945.5
2 季度	643.6	384.9	258.6
3 季度	502.3	−164.0	666.3
4 季度	636.2	400.1	236.1
2020 年	**958.7**	**2268.5**	**−1309.8**
1 季度	216.5	128.8	87.7
2 季度	160.7	1486.1	−1325.4
3 季度	298.0	571.5	−273.4
4 季度	283.6	82.2	201.4
2021 年	**3921.3**	**2764.8**	**1156.5**
1 季度	584.0	961.6	−377.5
2 季度	863.9	836.8	27.1
3 季度	1308.6	617.7	690.9
4 季度	1164.8	348.8	816.0
2022 年	**3451.4**	**3658.6**	**−207.2**
1 季度	760.2	1051.5	−291.3
2 季度	893.1	1095.1	−202.0
3 季度	1118.8	727.2	391.7
4 季度	679.3	784.8	−105.6
2023 年			
1 季度	1043.8	1182.6	−138.9
2 季度	784.5	537.1	247.4
3 季度	731.1	1316.9	−585.9
4 季度	661.9	1012.1	−350.2

资料来源:美国商务部经济分析局。

2.1.10 美国预警指标和景气指标

年份	月份	先行指标	消费者信心指数	制造业采购经理人指数	服务业采购经理人指数
2020年					
	1月	112.0	130.4	51.9	53.4
	2月	111.8	132.6	50.7	49.4
	3月	103.1	120.0	48.5	39.8
	4月	96.8	85.7	36.1	26.7
	5月	100.0	85.9	39.8	37.5
	6月	102.0	98.3	49.8	47.9
	7月	105.2	91.7	50.9	50.0
	8月	106.8	86.3	53.1	55.0
	9月	107.5	101.8	53.2	54.6
	10月	108.2	101.4	53.4	56.9
	11月	109.1	92.9	56.7	58.4
	12月	109.5	87.1	57.1	54.8
2021年					
	1月	110.3	88.9	59.2	58.3
	2月	110.5	90.4	58.6	59.8
	3月	111.5	109.7	59.1	60.4
	4月	113.4	117.0	60.5	64.7
	5月	114.8	117.5	62.1	70.4
	6月	115.6	128.9	62.1	64.6
	7月	116.5	125.1	63.4	59.9
	8月	117.5	115.2	61.1	55.1
	9月	117.2	109.8	60.7	54.9
	10月	118.1	113.8	58.4	58.7
	11月	118.8	111.9	58.3	58.0
	12月	120.1	115.8	57.7	57.6
2022年					
	1月	118.7	111.1	55.5	51.2
	2月	119.4	105.7	57.3	56.5
	3月	117.6	107.6	58.8	58.0
	4月	116.9	108.6	59.2	55.6
	5月	115.9	103.2	57.0	53.4
	6月	115.1	98.4	52.7	52.7
	7月	114.4	95.3	52.2	47.3
	8月	114.0	103.6	51.5	43.7
	9月	113.5	107.8	52.0	49.3
	10月	112.6	102.2	50.4	47.8
	11月	111.5	101.4	47.7	46.2
	12月	111.0	109.0	46.2	44.7
2023年					
	1月	110.4	106.0	46.9	46.8
	2月	109.6	103.4	47.3	50.6
	3月	108.3	104.0	49.2	52.6
	4月	107.5	103.7	50.2	53.6
	5月	106.7	102.5	48.4	54.9
	6月	106.2	110.1	46.3	54.4
	7月	105.9	114.0	49.0	52.3
	8月	105.4	108.7	47.9	50.5
	9月	104.5	104.3	49.8	50.1
	10月	103.7	102.6	50.0	50.6
	11月	103.3	101.0	49.4	50.8
	12月	103.1	108.0	47.9	51.4

资料来源:世界大型企业联合会(Conference Board)和标普全球(S&P Global)。
注:2017年9月起,先行指标由2010年为100改为2016年为100。

2.1.11 美国财政指标

单位：亿美元

年份　　月份	收入 总额	收入 同比增长(%)	支出 总额	支出 同比增长(%)	收入减支出
2017 财年	33148.9	1.5	39807.2	3.3	−6658.3
2018 财年	33287.5	0.4	41077.4	3.2	−7790.0
2019 财年	34622.0	4.0	44465.8	8.2	−9843.9
2020 财年	34199.6	−1.2	65518.7	47.3	−31319.2
2021 财年	40459.8	18.3	68215.6	4.1	−27755.8
2022 财年	48961.2	21.0	62716.0	−8.1	−13754.8
10 月	2839.3	19.4	4489.8	−13.9	−1650.6
11 月	2812.1	28.1	4725.4	29.5	−1913.4
12 月	4867.2	40.6	5080.3	3.7	−213.0
1 月	4650.7	20.9	3463.8	−36.7	1187.0
2 月	2898.6	16.7	5064.5	−9.4	−2165.9
3 月	3151.7	17.8	5078.0	−45.2	−1926.3
4 月	8636.4	96.6	5554.3	−16.4	3082.2
5 月	3889.9	−16.1	4552.1	−23.6	−662.2
6 月	4607.6	2.6	5496.0	−11.8	−888.4
7 月	2693.9	2.8	4803.8	−14.8	−2110.5
8 月	3037.2	13.2	5233.2	19.2	−2196.0
9 月	4877.2	6.1	9174.9	74.9	−4297.7
2023 财年	44392.8	−9.3	61345.3	−2.2	−16952.4
10 月	3185.0	12.2	4063.7	−9.5	−878.7
11 月	2521.1	−10.3	5006.5	5.9	−2485.4
12 月	4549.4	−6.5	5399.4	6.3	−850.0
1 月	4472.9	−3.8	4860.7	40.3	−387.8
2 月	2621.1	−9.6	5245.5	3.6	−2624.3
3 月	3132.4	−0.6	6916.8	36.2	−3784.4
4 月	6385.2	−26.1	4623.4	−16.8	1761.8
5 月	3074.9	−21.0	5478.4	20.3	−2403.5
6 月	4183.2	−9.2	6460.9	17.6	−2277.7
7 月	2761.6	2.5	4969.4	3.4	−2207.8
8 月	2831.3	−6.8	1938.8	−63.0	892.6
9 月	4674.7	−4.2	6381.9	−30.4	−1707.2

资料来源：美国财政部。

注：美国财年是按上年10月至当年9月计算的，所列月份为日历月份。

2.1.12 美国联邦基金利率和贴现率

单位:%

年份	日期	联邦基金利率	贴现率
2015 年			
	12 月 17 日	0.25-0.50	1.00
2016 年			
	12 月 15 日	0.50-0.75	1.25
2017 年			
	3 月 16 日	0.75-1.00	1.50
	6 月 15 日	1.00-1.25	1.75
	12 月 14 日	1.25-1.50	2.00
2018 年			
	3 月 22 日	1.50-1.75	2.25
	6 月 14 日	1.75-2.00	2.50
	9 月 27 日	2.00-2.25	2.75
	12 月 20 日	2.25-2.50	3.00
2019 年			
	8 月 1 日	2.00-2.25	2.75
	9 月 19 日	1.75-2.00	2.50
	10 月 31 日	1.50-1.75	2.25
2020 年			
	3 月 3 日	1.00-1.25	1.75
	3 月 16 日	0.00-0.25	0.25
2022 年			
	3 月 17 日	0.25-0.50	0.50
	5 月 5 日	0.75-1.00	1.00
	6 月 16 日	1.50-1.75	1.75
	7 月 28 日	2.25-2.50	2.50
	9 月 22 日	3.00-3.25	3.25
	11 月 3 日	3.75-4.00	4.00
	12 月 15 日	4.25-4.50	4.50
2023 年			
	2 月 2 日	4.50-4.75	4.75
	3 月 23 日	4.75-5.00	5.00
	5 月 4 日	5.00-5.25	5.25
	7 月 27 日	5.25-5.50	5.50

资料来源:美国联邦储备委员会。

2.2.01 欧元区国内生产总值及其构成增长率（环比）

单位：%

指标	2022年	2023年	2022年 一季度	2022年 二季度	2022年 三季度	2022年 四季度	2023年 一季度	2023年 二季度	2023年 三季度	2023年 四季度
国内生产总值	3.4	0.4	0.6	0.8	0.5	0.0	0.0	0.1	-0.1	0.0
按需求构成分类										
国内需求										
私人消费支出	4.2	0.5	0.0	0.8	1.3	-0.8	0.1	0.1	0.3	0.1
政府消费支出	1.6	0.7	0.4	-0.1	-0.1	0.6	-0.4	0.4	0.6	0.6
固定资本形成	2.5	1.1	-0.8	0.5	1.3	0.0	0.3	0.2	0.0	1.0
国外需求										
出口	7.1	-1.1	1.5	1.9	1.3	-0.2	-0.5	-1.1	-1.2	0.0
进口	7.8	-1.6	0.1	1.9	2.4	-1.1	-1.6	-0.1	-1.4	0.6
按产业构成分类										
农业、林业、渔业	-2.3	0.4	-1.9	-0.6	0.1	0.3	0.9	-0.2	-1.2	0.8
工业（除建筑业）	1.2	-1.9	0.0	0.6	0.8	0.2	-1.5	-0.2	-1.0	-0.4
制造业	3.0	-1.0	1.0	0.8	1.4	0.7	-1.5	0.0	-0.8	-1.0
建筑业	1.1	0.6	0.6	0.0	-0.9	-0.1	1.9	-0.5	0.0	-0.2
贸易零售、交通、旅馆、餐饮	7.6	0.4	0.6	2.4	0.9	-0.8	0.1	0.1	0.0	-0.3
信息通信	6.0	4.2	0.1	1.8	2.0	0.4	0.9	1.4	0.8	0.2
金融及保险	0.6	0.5	0.0	0.2	0.2	0.5	-0.3	0.6	0.1	-0.4
房地产	1.8	1.3	0.3	0.4	0.2	0.2	0.9	-0.1	0.2	0.1
专业技术服务	4.9	1.4	1.4	0.9	0.6	0.3	0.1	0.5	0.0	0.4
公共管理和其他公共服务	1.8	1.1	0.7	0.5	0.5	0.2	0.3	0.1	0.1	0.6
艺术、娱乐及其他服务	12.1	3.9	3.0	3.9	1.8	-1.4	2.1	0.7	1.7	-1.4

资料来源：欧盟统计局。
注：为经季节调整数据。

2.2.02 欧元区国内生产总值及其构成增长率（同比）

单位：%

指标	2022年	2023年	2022年一季度	2022年二季度	2022年三季度	2022年四季度	2023年一季度	2023年二季度	2023年三季度	2023年四季度
国内生产总值	**3.4**	**0.4**	**5.4**	**4.1**	**2.5**	**1.9**	**1.3**	**0.6**	**0.1**	**0.1**
按需求构成分类										
国内需求										
私人消费支出	4.2	0.5	8.3	5.4	2.3	1.2	1.3	0.6	-0.3	0.6
政府消费支出	1.6	0.7	3.4	1.7	0.6	0.7	0.0	0.5	1.2	1.2
固定资本形成	2.5	1.1	3.2	1.9	4.4	0.9	2.0	1.7	0.4	1.4
国外需求										
出口	7.1	-1.1	8.9	8.1	7.8	4.6	2.6	-0.5	-3.0	-2.8
进口	7.8	-1.6	10.0	9.0	10.1	3.2	1.5	-0.4	-4.1	-2.5
按产业构成分类										
农业、林业、渔业	-2.3	0.4	-1.6	-2.8	-2.9	-2.1	0.7	1.0	-0.3	0.2
工业（除建筑业）	1.2	-1.9	1.2	1.2	1.6	1.6	0.1	-0.7	-2.5	-3.1
制造业	3.0	-1.0	2.6	2.8	3.5	3.9	1.4	0.6	-1.6	-3.2
建筑业	1.1	0.6	3.6	1.5	0.5	-0.4	0.9	0.3	1.2	1.2
贸易零售、交通、旅馆、餐饮	7.6	0.4	13.0	10.6	4.8	3.1	2.5	0.2	-0.6	-0.1
信息、通信	6.0	4.2	6.6	6.0	7.5	4.3	5.2	4.8	3.6	3.4
金融及保险	0.6	0.5	1.3	0.6	0.0	0.9	0.6	0.9	0.9	0.0
房地产	1.8	1.3	2.5	2.0	1.5	1.2	1.7	1.2	1.2	1.1
专业技术服务	4.9	1.4	6.8	5.6	4.1	3.2	2.0	1.6	1.1	1.1
公共管理和其他公共服务	1.8	1.1	2.2	2.0	1.3	1.9	1.6	1.1	0.8	1.2
艺术、娱乐及其他服务	12.1	3.9	18.0	16.7	7.3	7.5	6.6	3.3	3.1	3.1

资料来源：欧盟统计局。
注：为经季节调整数据。

2.2.03 欧元区国内生产总值及其构成对经济增长的拉动

单位：百分点

指标	2022年	2023年	2022年 一季度	2022年 二季度	2022年 三季度	2022年 四季度	2023年 一季度	2023年 二季度	2023年 三季度	2023年 四季度
国内生产总值	**3.38**	**0.42**	**0.60**	**0.82**	**0.47**	**-0.01**	**0.05**	**0.13**	**-0.06**	**-0.05**
按需求构成分类										
国内需求										
私人消费支出	2.13	0.26	-0.02	0.39	0.65	-0.41	0.06	0.04	0.16	0.03
政府消费支出	0.34	0.15	0.08	-0.03	-0.03	0.13	-0.08	0.08	0.14	0.13
固定资本形成	0.54	0.25	-0.18	0.12	0.27	-0.01	0.06	0.04	-0.01	0.22
国外需求										
出口	3.52	-0.61	0.79	0.99	0.67	-0.10	-0.23	-0.62	-0.67	0.02
进口	-3.55	0.88	-0.12	-0.87	-1.12	0.52	0.83	0.04	0.75	-0.32
按产业构成分类										
农业、林业、渔业	-0.03	0.01	-0.03	-0.01	0.00	0.00	0.01	0.00	-0.02	0.01
工业（除建筑业）	0.22	-0.34	0.00	0.10	0.14	0.04	-0.27	-0.04	-0.19	-0.08
制造业	0.45	-0.15	0.15	0.12	0.20	0.10	-0.22	0.00	-0.12	-0.15
建筑业	0.05	0.03	0.03	0.00	-0.04	-0.01	0.09	-0.03	0.00	-0.01
贸易零售、交通、旅馆、餐饮	1.23	0.06	0.11	0.39	0.15	-0.14	0.02	0.02	0.00	-0.05
信息、通信	0.29	0.20	0.00	0.09	0.10	0.02	0.04	0.07	0.04	0.01
金融及保险	0.03	0.02	0.00	0.01	0.01	0.02	-0.01	0.02	0.01	-0.02
房地产	0.18	0.12	0.04	0.04	0.02	0.02	0.09	-0.01	0.02	0.01
专业技术服务	0.51	0.14	0.15	0.10	0.06	0.04	0.01	0.06	0.00	0.04
公共管理和其他公共服务	0.32	0.19	0.12	0.09	0.08	0.04	0.05	0.01	0.02	0.10
艺术、娱乐及其他服务	0.33	0.11	0.08	0.11	0.05	-0.04	0.06	0.02	0.05	-0.04

资料来源：欧盟统计局。

注：季度数据为经季节调整后的环比增长率。

2.2.04 欧元区工业生产指标

单位:%

年份	月份	工业生产增长速度	制造业增长速度	制造业生产能力利用率
2017年		2.9	3.1	82.9
2018年		0.8	1.1	83.7
2019年		-1.0	-0.8	82.2
2020年		-7.7	-8.3	74.5
2021年		8.8	9.8	81.5
2022年		2.1	2.9	82.3
	1月	1.1	1.5	
	2月	3.0	3.6	
	3月	-0.1	0.3	82.5
	4月	-1.2	-1.0	
	5月	2.8	3.6	
	6月	3.7	4.2	82.7
	7月	-0.9	-0.9	
	8月	4.6	5.4	
	9月	6.5	7.6	82.4
	10月	4.0	5.5	
	11月	3.7	5.7	
	12月	-2.3	-1.5	81.5
2023年		-2.4	-1.9	80.6
	1月	1.0	2.4	
	2月	2.0	2.9	
	3月	-0.9	-0.2	81.1
	4月	0.1	1.2	
	5月	-2.2	-1.5	
	6月	-0.9	0.1	81.3
	7月	-2.5	-1.9	
	8月	-5.1	-4.7	
	9月	-6.9	-6.6	80.5
	10月	-6.3	-6.6	
	11月	-5.3	-5.9	
	12月	0.2	0.3	79.6

资料来源:欧盟统计局和欧洲央行统计月报。
注:工业生产、制造业生产增长速度均按同比计算。

2.2.05 欧元区劳动力市场

单位:%

年份	月份	失业率	男	女	劳动生产率增长率
2017 年		9.1	8.8	9.5	1.0
2018 年		8.2	7.9	8.6	0.1
2019 年		7.6	7.3	8.0	0.2
2020 年		8.0	7.7	8.3	-4.7
2021 年		7.7	7.4	8.1	4.4
2022 年		6.8	6.4	7.2	1.1
	1 月	6.9	6.5	7.3	
	2 月	6.8	6.4	7.3	
	3 月	6.8	6.4	7.3	2.5
	4 月	6.7	6.4	7.2	
	5 月	6.7	6.3	7.2	
	6 月	6.7	6.3	7.2	1.5
	7 月	6.7	6.3	7.1	
	8 月	6.7	6.3	7.2	
	9 月	6.7	6.3	7.1	0.7
	10 月	6.6	6.3	7.1	
	11 月	6.6	6.3	7.1	
	12 月	6.7	6.3	7.1	-0.1
2023 年		6.5	6.2	6.9	-1.0
	1 月	6.6	6.3	7.1	
	2 月	6.6	6.2	7.0	
	3 月	6.5	6.2	6.9	-0.1
	4 月	6.5	6.2	6.9	
	5 月	6.5	6.1	6.9	
	6 月	6.5	6.2	6.8	-1.1
	7 月	6.5	6.2	6.9	
	8 月	6.5	6.2	6.8	
	9 月	6.5	6.2	6.9	-1.5
	10 月	6.5	6.2	6.9	
	11 月	6.5	6.2	6.8	
	12 月	6.5	6.1	6.8	-1.3

资料来源:欧盟统计局。

注:除年度数据外,劳动生产率增长率为该月份所在季度数据的同比增长率。

2.2.06 欧元区价格涨跌率

单位:%

年度 月度	消费者价格涨跌率 环比	消费者价格涨跌率 同比	核心CPI① 环比	核心CPI① 同比	生产者价格涨跌率 环比	生产者价格涨跌率 同比
2017年		1.5		1.0		3.1
2018年		1.8		1.0		3.3
2019年		1.2		1.0		0.6
2020年		0.3		0.7		-2.6
2021年		2.6		1.5		12.3
2022年		8.4		3.9		34.3
1月	0.3	5.1	-0.9	2.3	5.5	30.9
2月	0.9	5.9	0.5	2.7	1.1	31.6
3月	2.4	7.4	1.2	3.0	5.2	37.0
4月	0.6	7.5	1.1	3.5	1.2	37.1
5月	0.8	8.1	0.5	3.8	0.7	36.3
6月	0.8	8.7	0.2	3.8	1.2	36.2
7月	0.1	8.9	-0.2	4.1	4.1	38.2
8月	0.6	9.2	0.5	4.3	4.8	43.2
9月	1.2	9.9	1.0	4.8	1.7	42.0
10月	1.5	10.6	0.5	5.0	-2.8	30.8
11月	-0.1	10.1	0.0	5.0	-1.0	27.2
12月	-0.4	9.2	0.6	5.2	1.0	24.8
2023年		5.4		4.9		-3.2
1月	-0.2	8.7	-0.8	5.3	-3.1	14.6
2月	0.8	8.5	0.8	5.6	-0.7	12.6
3月	0.9	6.9	1.3	5.7	-1.3	5.6
4月	0.6	7.0	1.0	5.6	-3.3	1.0
5月	0.0	6.1	0.2	5.4	-1.9	-1.6
6月	0.3	5.5	0.4	5.5	-0.4	-3.2
7月	-0.1	5.3	-0.1	5.5	-0.5	-7.4
8月	0.5	5.2	0.3	5.3	0.6	-11.1
9月	0.3	4.3	0.2	4.5	0.5	-12.2
10月	0.1	2.9	0.2	4.2	0.2	-9.5
11月	-0.6	2.4	-0.6	3.6	-0.5	-9.0
12月	0.2	2.9	0.5	3.4	-0.9	-10.7

资料来源:欧盟统计局。

注:①不包括未加工食品和能源。

2.2.07 欧元区进出口贸易

单位:亿欧元

年度	月度	进出口额	进口额	出口额	出口额减进口额
2017年		41398	19535	21863	2328
2018年		43643	20922	22721	1798
2019年		44650	21275	23375	2100
2020年		40293	19025	21268	2243
2021年		47563	23258	24305	1048
2022年		60798	32074	28724	−3350
	1月	4606	2372	2234	−138
	2月	4642	2400	2242	−158
	3月	4754	2512	2242	−269
	4月	4978	2666	2312	−354
	5月	5112	2707	2405	−303
	6月	5167	2754	2413	−340
	7月	5147	2779	2368	−412
	8月	5374	2924	2449	−475
	9月	5361	2873	2488	−385
	10月	5231	2750	2480	−270
	11月	5157	2660	2497	−162
	12月	4966	2576	2390	−186
2023年		56194	27777	28417	640
	1月	4940	2545	2396	−149
	2月	4863	2444	2418	−26
	3月	4755	2341	2414	73
	4月	4745	2408	2336	−72
	5月	4763	2380	2383	3
	6月	4652	2286	2365	79
	7月	4614	2285	2328	43
	8月	4601	2242	2359	117
	9月	4574	2237	2337	100
	10月	4607	2251	2356	105
	11月	4577	2210	2366	156
	12月	4536	2197	2340	143

资料来源:欧盟统计局。

注:贸易额不包括欧元区各成员国相互之间的贸易额,月度为经季节调整数据。

2.2.08 欧元区外国直接投资

单位:亿欧元

年度 月度	流 入	流 出	流入减流出
2017年	3025	3339	-315
2018年	-4003	-3116	-886
2019年	-531	528	-1059
2020年	1396	-332	1728
2021年	-571	3419	-3990
2022年	-3133	-119	-3014
1月	492	515	-23
2月	94	548	-454
3月	-152	92	-243
4月	46	306	-260
5月	-71	1092	-1163
6月	-425	-346	-79
7月	516	395	122
8月	709	463	246
9月	-1517	-682	-835
10月	-188	-82	-106
11月	262	202	60
12月	-2897	-2620	-278
2023年	-2079	-1567	-512
1月	19	3	16
2月	17	339	-322
3月	129	164	-34
4月	-318	-478	160
5月	34	-525	559
6月	-883	-83	-799
7月	268	5	263
8月	46	165	-119
9月	-355	-105	-250
10月	-642	-479	-163
11月	279	154	125
12月	-673	-724	51

资料来源:欧洲央行统计月报。

注:外国直接投资额不包括欧元区各成员国相互之间的直接投资额。

2.2.09　欧元区预警指标和景气指标

年份	月份	先行指标	消费者信心指数	企业家信心指数	制造业采购经理人指数	服务业采购经理人指数
2022 年						
	1月	101.3	−9.5	13.2	58.7	51.1
	2月	100.9	−9.4	13.6	58.2	55.5
	3月	100.5	−22.0	8.1	56.5	55.6
	4月	100.1	−22.4	7.1	55.5	57.7
	5月	99.7	−21.5	6.1	54.6	56.1
	6月	99.4	−24.1	7.3	52.1	53.0
	7月	99.1	−27.4	3.8	49.8	51.2
	8月	98.9	−25.1	2.1	49.6	49.8
	9月	98.8	−28.6	0.5	48.4	48.8
	10月	98.7	−27.4	−0.3	46.4	48.6
	11月	98.8	−23.7	−1.1	47.1	48.5
	12月	98.9	−22.1	−0.6	47.8	49.8
2023 年						
	1月	99.1	−20.7	1.1	48.8	50.8
	2月	99.2	−19.0	0.3	48.5	52.7
	3月	99.3	−19.1	−0.5	47.3	55.0
	4月	99.4	−17.5	−2.7	45.8	56.2
	5月	99.4	−17.4	−5.0	44.8	55.1
	6月	99.4	−16.1	−6.9	43.4	52.0
	7月	99.4	−15.2	−8.9	42.7	50.9
	8月	99.5	−16.0	−9.5	43.5	47.9
	9月	99.5	−17.7	−8.4	43.4	48.7
	10月	99.5	−17.9	−8.9	43.1	47.8
	11月	99.6	−17.0	−9.2	44.2	48.7
	12月	99.7	−15.1	−9.0	44.4	48.8

资料来源：OECD、欧盟统计局和 S&P Global。

注：先行指标因 OECD 欧元区经济领先指标停止编制，以欧洲四国（德国、法国、意大利、西班牙）经济领先指标反映欧元区经济未来趋势，长期趋势为 100。

2.2.10 欧元区货币供应量增长速度

单位:%

年度	月度	M_1	M_2	M_3
2017年		8.5	4.9	4.7
2018年		7.2	4.3	3.8
2019年		7.7	5.6	5.2
2020年		12.0	8.8	8.7
2021年		11.8	8.5	8.6
2022年		6.5	6.1	5.9
	1月	9.1	6.8	6.5
	2月	9.0	6.7	6.3
	3月	9.1	6.8	6.5
	4月	8.8	6.7	6.5
	5月	8.2	6.3	6.1
	6月	7.5	6.1	6.0
	7月	7.0	6.1	5.8
	8月	6.7	6.2	6.1
	9月	5.2	5.9	6.0
	10月	3.2	4.8	4.7
	11月	2.1	4.4	4.6
	12月	0.4	3.6	4.0
2023年		-7.2	-0.3	0.5
	1月	-1.3	2.6	3.1
	2月	-3.1	1.7	2.6
	3月	-4.7	1.1	2.1
	4月	-5.7	0.5	1.4
	5月	-7.1	-0.2	0.9
	6月	-8.0	-0.6	0.4
	7月	-9.4	-1.6	-0.5
	8月	-10.4	-2.4	-1.3
	9月	-9.7	-2.1	-1.0
	10月	-9.9	-2.1	-0.9
	11月	-9.5	-1.9	-0.9
	12月	-8.4	-0.9	0.1

资料来源:欧洲央行。

注:M_1、M_2 和 M_3 的增长速度均按同比计算。

2.2.11 欧洲央行利率

单位:%

年份　　日期	隔夜存款利率	央行基准利率	隔夜贷款利率
2012 年			
7 月 11 日	0.00	0.75	1.50
2013 年			
5 月 8 日	0.00	0.50	1.00
11 月 13 日	0.00	0.25	0.75
2014 年			
6 月 11 日	-0.10	0.15	0.40
9 月 10 日	-0.20	0.05	0.30
2015 年			
12 月 3 日	-0.30	0.05	0.30
2016 年			
3 月 10 日	-0.40	0.00	0.25
2019 年			
9 月 12 日	-0.50	0.00	0.25
2022 年			
7 月 21 日	0.00	0.50	0.75
9 月 8 日	0.75	1.25	1.50
10 月 27 日	1.50	2.00	2.25
12 月 15 日	2.00	2.50	2.75
2023 年			
2 月 2 日	2.50	3.00	3.25
3 月 16 日			
5 月 4 日	3.75	3.25	4.00
6 月 15 日	4.00	3.50	4.25
7 月 27 日	4.25	3.75	4.50
9 月 14 日	4.50	4.00	4.75

资料来源:欧洲央行统计月报。

2.3.01 日本国内生产总值及其构成增长率（环比）

单位：%

指标	2022年	2023年	2022年一季度	2022年二季度	2022年三季度	2022年四季度	2023年一季度	2023年二季度	2023年三季度	2023年四季度
国内生产总值	**1.0**	**1.9**	**-0.7**	**1.2**	**-0.2**	**0.4**	**1.0**	**1.0**	**-0.8**	**0.1**
国内需求	1.5	0.9	-0.2	1.0	0.4	0.0	1.3	-0.6	-0.8	-0.1
个人需求	2.2	0.8	-0.2	1.3	0.5	-0.3	1.6	-0.9	-1.0	0.0
个人消费	2.2	0.6	-1.2	2.0	0.0	0.2	0.8	-0.7	-0.3	-0.3
家庭消费	2.3	0.7	-1.2	2.1	0.1	0.2	0.8	-0.7	-0.3	-0.3
扣除估算租金	2.8	0.8	-1.4	2.5	0.1	0.2	0.9	-0.8	-0.4	-0.3
个人住宅投资	-3.5	1.1	-1.3	-2.5	0.4	-1.3	0.3	1.8	-0.6	-1.0
个人企业设备投资	1.9	2.1	0.1	2.2	2.0	0.9	2.0	-1.4	-0.1	2.0
政府需求	-0.6	1.2	-0.3	0.1	0.1	0.7	0.4	0.2	0.0	-0.3
政府消费	1.7	0.9	0.7	0.6	0.1	0.7	0.1	-0.1	0.3	-0.2
政府投资	-9.6	2.8	-4.5	-2.1	1.1	0.1	2.0	2.2	-1.0	-0.8
国外需求										
出口	5.3	3.0	1.6	2.2	2.1	1.4	-3.5	3.8	0.9	2.6
进口	7.9	-1.3	4.3	1.4	4.8	-0.8	-1.6	-3.6	1.0	1.7
备注										
国民收入	-1.3	2.9	-1.1	0.2	-0.9	0.8	1.6	1.7	-0.5	0.1
收入	24.6	9.7	7.9	0.9	7.6	10.4	-8.7	8.0	1.5	1.8
支付	23.7	37.7	1.2	9.0	5.1	11.3	14.3	3.9	7.7	0.1
国民收入	-0.1	2.6	-0.5	0.1	-0.4	1.4	0.3	2.1	-0.6	0.2
固定资本形成总额	-1.4	2.1	-1.1	0.6	1.6	-0.7	1.7	-0.2	-0.4	1.0

资料来源：日本内阁府。

2.3.02 日本国内生产总值及其构成增长率（同比）

单位：%

指标	2022年	2023年	2022年一季度	2022年二季度	2022年三季度	2022年四季度	2023年一季度	2023年二季度	2023年三季度	2023年四季度
国内生产总值	1.0	1.9	0.3	1.5	1.5	0.5	2.6	2.3	1.6	1.2
国内需求	1.5	0.9	0.9	1.6	2.4	1.0	2.9	1.0	-0.1	-0.2
个人需求	2.2	0.8	1.5	2.5	3.8	1.2	3.4	0.9	-0.7	-0.4
个人消费	2.2	0.6	1.1	2.8	3.9	1.0	3.1	0.2	-0.2	-0.5
家庭消费	2.3	0.7	1.3	2.9	4.1	1.1	3.3	0.3	-0.2	-0.5
扣除估算租金	2.8	0.8	1.5	3.4	4.9	1.3	3.9	0.3	-0.3	-0.7
个人住宅投资	-3.5	1.1	-1.5	-5.5	-4.2	-2.8	-1.3	3.2	2.1	0.4
个人企业设备投资	1.9	2.1	-0.1	1.1	4.2	2.9	5.1	1.4	-1.0	2.5
政府需求	-0.6	1.2	-0.7	-0.9	-1.5	0.6	1.5	1.4	1.5	0.4
政府消费	1.7	0.9	2.6	1.6	0.4	2.1	1.6	0.8	1.0	0.1
政府投资	-9.6	2.8	-12.3	-12.3	-8.2	-5.7	0.6	5.6	3.4	2.3
国外需求										
出口	5.3	3.0	4.2	3.1	6.1	7.5	2.0	3.7	2.9	3.5
进口	7.9	-1.3	7.5	3.2	10.7	10.2	3.8	-1.6	-5.0	-2.4
备注										
国民收入	-1.3	2.9	-1.7	-1.1	-1.1	-1.1	2.0	3.2	3.7	2.8
收入	24.6	9.7	33.3	13.6	23.8	29.9	9.4	16.9	10.2	2.3
支付	23.7	37.7	19.4	20.7	27.5	27.0	49.1	37.6	45.0	26.6
国民收入	-0.1	2.6	0.0	-0.6	0.2	0.2	1.7	3.3	3.4	2.0
固定资本形成总额	-1.4	2.1	-3.1	-2.6	0.3	0.1	3.3	2.4	0.3	2.1

资料来源：日本内阁府。

2.3.03 日本国内生产总值构成对经济增长的拉动

单位：百分点

指标	2022年	2023年	2022年一季度	2022年二季度	2022年三季度	2022年四季度	2023年一季度	2023年二季度	2023年三季度	2023年四季度
国内生产总值	**1.0**	**1.9**	**-0.7**	**1.2**	**-0.2**	**0.4**	**1.0**	**1.0**	**-0.8**	**0.1**
国内需求	1.5	0.9	-0.2	1.0	0.4	0.0	1.4	-0.7	-0.8	-0.1
个人需求	1.6	0.6	-0.1	1.0	0.3	-0.2	1.3	-0.7	-0.8	0.0
家庭消费	1.2	0.4	-0.6	1.1	0.0	0.1	0.4	-0.4	-0.2	-0.1
扣除估算租金	1.2	0.4	-0.6	1.1	0.0	0.1	0.4	-0.4	-0.2	-0.1
个人住宅投资	-0.1	0.0	0.0	-0.1	0.0	0.1	0.0	0.1	0.0	0.0
个人企业设备投资	0.3	0.4	0.0	0.4	0.3	-0.2	0.3	-0.2	0.0	0.3
个人存货变化	0.3	-0.1	0.5	-0.3	0.0	-0.1	0.5	-0.1	-0.6	-0.1
政府需求	-0.2	0.3	-0.1	0.1	0.2	0.2	0.1	0.1	0.0	-0.1
政府消费	0.4	0.2	0.1	0.0	0.1	0.0	0.1	0.0	0.1	0.0
政府投资	-0.5	0.1	-0.2	-0.1	0.1	0.0	0.1	0.1	-0.1	0.0
政府存货变化	0.0	0.0	0.0	0.0	-0.1	0.1	0.0	0.0	0.0	0.0
国外需求	-0.5	1.0	-0.5	0.1	-0.6	0.4	-0.4	1.7	0.0	0.2
净出口	1.0	0.7	0.3	0.4	0.4	0.3	-0.8	0.8	0.2	0.6
进口	-1.5	0.3	-0.8	-0.3	-0.9	0.2	0.4	0.9	-0.2	-0.4
备注										
贸易收益/损失	-2.1	0.9	-0.3	-0.9	-0.6	0.3	0.6	0.6	0.0	0.0
国内收入	-1.3	2.9	-1.1	0.2	-0.9	0.8	1.6	1.7	-0.5	0.1
国外净收入	1.1	-0.2	0.5	-0.1	0.5	0.6	-1.2	0.5	-0.1	0.2
收入	1.6	0.8	0.6	-0.2	0.6	0.9	-0.8	0.7	0.1	0.2
支付	-0.5	-1.0	0.0	-0.2	-0.1	-0.3	-0.4	-0.1	-0.3	0.0
国民收入	-0.1	2.6	-0.5	0.1	-0.4	1.4	0.3	2.1	-0.6	0.2
固定资本形成总额	-0.4	0.5	-0.3	0.2	0.4	-0.2	0.5	-0.1	-0.1	0.3

资料来源：日本内阁府。
注：环比贡献。

287

2.3.04 日本工业生产指标

单位:%

年份　月份	工业生产增长率	制造业增长率	制造业产能利用率指数（2020年=100）	服务业活动指数（2015年=100）
2017年	3.1	3.1	100.9	101.5
2018年	0.6	0.6	100.7	102.8
2019年	-2.6	-2.7	100.5	103.1
2020年	-10.4	-10.4	100.0	96.0
2021年	5.4	5.4	99.1	97.4
2022年	-0.1	-0.1	98.4	99.0
1月	-0.7	-0.7	98.8	94.0
2月	0.0	0.0	98.7	91.0
3月	-1.6	-1.7	98.8	108.8
4月	-4.7	-4.7	98.3	96.6
5月	-2.7	-2.7	98.3	95.4
6月	-3.0	-3.0	98.3	99.4
7月	-1.8	-1.8	98.1	98.7
8月	5.7	5.7	98.2	97.9
9月	8.7	8.8	98.4	100.3
10月	3.1	3.1	98.3	99.8
11月	-1.4	-1.3	98.3	99.8
12月	-2.2	-2.1	98.2	106.7
2023年	-1.1	-1.1	98.4	100.8
1月	-2.8	-2.8	98.4	95.5
2月	-0.6	-0.5	98.3	94.7
3月	-0.8	-0.8	98.4	110.7
4月	-0.7	-0.7	98.1	98.1
5月	4.2	4.3	98.3	97.2
6月	0.0	0.1	98.4	100.8
7月	-2.3	-2.3	98.4	101.2
8月	-4.4	-4.4	98.3	100.4
9月	-4.4	-4.4	98.4	102.2
10月	1.1	1.2	98.5	101.5
11月	-1.4	-1.4	98.5	100.0
12月	-1.0	-1.0	98.5	107.0

资料来源:日本经济产业省。

注:工业生产和制造业增长率均按同比计算。

2.3.05 日本就业人数和失业率

年份	月份	劳动力总数（万人）	就业人数（万人）	失业人数（万人）	失业率（%）
2017 年		6732	6542	190	2.8
2018 年		6849	6682	167	2.4
2019 年		6912	6750	162	2.4
2020 年		6902	6710	192	2.8
2021 年		6907	6713	195	2.8
2022 年		6902	6723	179	2.6
	1 月	6888	6696	192	2.8
	2 月	6895	6708	186	2.7
	3 月	6894	6716	177	2.6
	4 月	6910	6731	178	2.6
	5 月	6905	6724	180	2.6
	6 月	6909	6727	181	2.6
	7 月	6905	6729	176	2.5
	8 月	6901	6728	174	2.5
	9 月	6917	6736	182	2.6
	10 月	6913	6737	179	2.6
	11 月	6887	6715	173	2.5
	12 月	6900	6725	174	2.5
2023 年		6925	6747	178	2.6
	1 月	6912	6737	171	2.5
	2 月	6899	6720	179	2.6
	3 月	6923	6733	190	2.7
	4 月	6923	6743	180	2.6
	5 月	6916	6740	177	2.6
	6 月	6925	6751	174	2.5
	7 月	6926	6744	182	2.6
	8 月	6931	6749	183	2.6
	9 月	6932	6756	177	2.6
	10 月	6930	6755	176	2.5
	11 月	6949	6772	177	2.5
	12 月	6937	6764	172	2.5

资料来源：日本统计局。

注：月度为经过季节调整数据。

2.3.06 日本价格涨跌率

单位:%

年份	月份	消费价格涨跌率 环比	消费价格涨跌率 同比	生产者价格涨跌率 环比	生产者价格涨跌率 同比
2017 年			0.5		2.3
2018 年			1.0		2.6
2019 年			0.5		0.2
2020 年			0.0		−1.2
2021 年			−0.2		4.6
2022 年			2.5		9.8
	1 月	0.3	0.5	1.0	9.2
	2 月	0.4	0.9	0.8	9.5
	3 月	0.4	1.2	1.0	9.5
	4 月	0.4	2.5	1.8	10.2
	5 月	0.3	2.5	0.0	9.6
	6 月	0.0	2.4	0.9	9.8
	7 月	0.5	2.6	0.8	9.5
	8 月	0.4	3.0	0.4	9.8
	9 月	0.4	3.0	0.9	10.4
	10 月	0.6	3.7	1.0	9.7
	11 月	0.2	3.8	0.8	10.0
	12 月	0.2	4.0	0.6	10.6
2023 年			3.2		4.2
	1 月	0.5	4.3	0.0	9.5
	2 月	−0.6	3.3	−0.3	8.3
	3 月	0.4	3.2	0.1	7.4
	4 月	0.6	3.5	0.3	5.8
	5 月	0.1	3.2	−0.7	5.1
	6 月	0.1	3.3	−0.1	4.1
	7 月	0.5	3.3	0.3	3.6
	8 月	0.3	3.2	0.3	3.4
	9 月	0.3	3.0	−0.2	2.2
	10 月	0.9	3.3	−0.1	1.1
	11 月	−0.2	2.8	0.3	0.5
	12 月	−0.1	2.6	0.3	0.2

资料来源:日本统计局和日本央行。

2.3.07 日本进出口贸易和外国直接投资

单位:亿日元

年份	月份	进出口贸易 出口额	进出口贸易 进口额	进出口贸易 出口减进口	外国直接投资 流入	外国直接投资 流出	外国直接投资 流入减流出
2017 年		782865	753792	29072	21144	195262	-174118
2018 年		814788	827033	-12246	27949	177041	-149092
2019 年		769317	785995	-16678	43659	282251	-238592
2020 年		683991	680108	3883	67015	160912	-93897
2021 年		830914	848750	-17836	38337	230253	-191916
2022 年		981736	1185032	-203295	64629	226975	-162346
	1 月	79297	95617	-16319	6179	13968	-7789
	2 月	81791	94092	-12301	4084	15435	-11351
	3 月	80618	92452	-11834	8216	17200	-8984
	4 月	82522	92764	-10242	4090	15277	-11187
	5 月	80186	88323	-8137	5144	17296	-12152
	6 月	82815	88681	-5865	-1088	20815	-21903
	7 月	84483	90399	-5916	5485	16293	-10808
	8 月	83339	89246	-5907	3731	18031	-14300
	9 月	88663	93241	-4578	7310	23686	-16376
	10 月	87303	92849	-5546	3207	16683	-13476
	11 月	85994	89748	-3754	4047	21942	-17895
	12 月	90928	95328	-4401	14224	30349	-16125
2023 年		1008738	1101956	-93218	28868	251971	-223103
	1 月	76126	84411	-8285	-6544	12273	-18817
	2 月	76416	86844	-10429	-213	16317	-16530
	3 月	78089	87996	-9907	11651	15880	-4229
	4 月	77699	92960	-15260	-7941	13816	-21757
	5 月	80876	99591	-18715	769	20776	-20007
	6 月	82890	102896	-20006	6437	22533	-16096
	7 月	83750	106111	-22361	-1890	32861	-34751
	8 月	84237	107389	-23152	-754	30285	-31039
	9 月	85245	106009	-20764	15676	21497	-5821
	10 月	86036	109809	-23773	-2046	14233	-16279
	11 月	86627	103809	-17181	5635	21251	-15616
	12 月	81691	100474	-18783	8087	30249	-22162

资料来源:日本财务省。

注:月度贸易额为经季节调整数据。

2.3.08　日本预警指标和景气指标

年份	月份	先行指数	同步指数	滞后指数	消费者信心指数	企业家信心指数
2022年						
	1月	113.9	111.1	99.7	36.6	45.1
	2月	113.1	111.4	100.4	35.1	45.3
	3月	113.5	111.8	100.9	32.5	43.3
	4月	114.2	112.0	101.8	32.0	45.2
	5月	112.8	111.5	101.6	33.1	48.3
	6月	112.6	113.8	102.9	32.3	44.4
	7月	111.7	114.2	102.8	30.1	43.8
	8月	113.1	115.4	103.9	32.0	47.0
	9月	110.9	114.8	104.3	31.2	46.2
	10月	110.9	114.3	104.2	30.8	46.7
	11月	110.0	114.1	104.7	29.6	47.0
	12月	109.2	113.7	104.4	30.9	46.3
2023年						
	1月	108.2	112.2	105.3	31.0	48.6
	2月	109.1	114.7	105.2	30.9	48.7
	3月	108.6	114.7	105.5	34.0	51.7
	4月	108.3	115.0	105.9	35.0	52.8
	5月	109.1	115.6	107.2	36.2	53.7
	6月	109.3	116.4	107.0	36.8	53.9
	7月	108.8	115.3	106.3	37.1	53.2
	8月	109.8	115.8	106.3	36.1	50.1
	9月	109.7	115.9	106.8	35.6	49.6
	10月	109.1	115.9	107.1	35.9	49.7
	11月	108.7	114.7	107.1	35.8	48.8
	12月	110.5	116.0	107.5	36.9	49.2

资料来源：日本内阁府。

注：先行指数、同步指数和滞后指数以2020年为100。

消费者信心指数和企业家信心指数是50为基点的百分点差值。

2.3.09 日本利率

单位:%

年份　　月份	官方利率	基本贷款利率	隔夜拆借利率
2017年	0.30	1.475	−0.048
2018年	0.30	1.475	−0.060
2019年	0.30	1.475	−0.052
2020年	0.30	1.475	−0.035
2021年	0.30	1.475	−0.035
2022年	0.30	1.475	−0.031
1月	0.30	1.475	−0.020
2月	0.30	1.475	−0.018
3月	0.30	1.475	−0.008
4月	0.30	1.475	−0.012
5月	0.30	1.475	−0.018
6月	0.30	1.475	−0.038
7月	0.30	1.475	−0.012
8月	0.30	1.475	−0.018
9月	0.30	1.475	−0.049
10月	0.30	1.475	−0.050
11月	0.30	1.475	−0.067
12月	0.30	1.475	−0.066
2023年	0.30	1.475	−0.033
1月	0.30	1.475	−0.020
2月	0.30	1.475	−0.019
3月	0.30	1.475	−0.017
4月	0.30	1.475	−0.015
5月	0.30	1.475	−0.051
6月	0.30	1.475	−0.066
7月	0.30	1.475	−0.046
8月	0.30	1.475	−0.063
9月	0.30	1.475	−0.054
10月	0.30	1.475	−0.020
11月	0.30	1.475	−0.015
12月	0.30	1.475	−0.012

资料来源:日本央行统计月报。

2.4.01 其他主要国家和地区国内生产总值同比增长率

单位:%

年度	季度	加拿大	英国	南非	巴西	印度	俄罗斯	韩国	墨西哥	中国香港	中国台湾	越南	印度尼西亚
2017年		3.0	2.7	1.2	1.3	6.8	1.8	3.2	2.1	3.8	3.3	6.8	5.1
2018年		2.7	1.4	1.6	1.8	6.5	2.8	2.9	2.2	2.8	2.8	7.1	5.2
2019年		1.9	1.6	0.3	1.2	3.9	2.2	2.2	-0.2	-1.7	3.1	7.0	5.0
2020年		-5.0	-10.4	-6.0	-3.3	-5.8	-2.7	-0.7	-8.2	-6.1	3.4	2.9	-2.1
2021年		5.3	8.7	4.7	5.0	9.7	5.9	4.3	5.0	6.4	6.5	2.6	3.7
2022年		3.8	4.3	1.9	3.0	7.0	-1.2	2.6	3.9	-3.7	2.6	8.0	5.3
	1季度	3.9	11.4	2.5	1.5	4.0	3.0	3.1	3.2	-3.9	3.8	5.1	5.0
	2季度	5.2	3.9	0.2	3.5	12.8	-4.5	2.9	3.3	-1.2	3.5	7.8	5.5
	3季度	4.0	2.1	4.1	4.3	5.5	-3.5	3.2	4.8	-4.6	4.0	13.7	5.7
	4季度	2.2	0.6	0.8	2.7	4.3	-2.7	1.4	4.5	-4.1	-0.7	5.9	5.0
2023年	1季度	1.1	0.1	0.6	2.9	7.6	3.6	1.4	3.2	3.2	1.3	5.1	5.1
	2季度	1.8	0.3	0.2	4.2	6.1	-1.8	0.9	3.6	2.9	-3.5	3.4	5.0
	3季度	1.0	0.3	1.5	3.5	8.2	4.9	0.9	3.4	1.5	1.4	4.3	5.2
	4季度	0.5	0.2	-0.7	2.0	8.1	5.5	1.4	3.5	4.1	2.2	5.5	4.9
	4季度	0.9	-0.2	1.2	2.1	8.4		2.2	2.5	4.3	4.9	6.7	5.0

资料来源:各经济体官方统计网站。

注:印度为财政年度。2009—2011财年数据依据2004—2005年不变价,2012财年以后数据依据2011—2012年不变价。

2.4.02 其他主要国家和地区居民消费价格同比涨跌率

单位：%

年度 季度	加拿大	英国	南非	巴西	印度	俄罗斯	韩国	墨西哥	中国香港	中国台湾	越南	印度尼西亚
2017年	1.6	2.6	5.2	3.4	3.3	3.7	1.9	6.0	1.5	0.6	3.5	3.8
2018年	2.3	2.3	4.5	3.7	3.9	2.9	1.5	4.9	2.4	1.4	3.5	3.2
2019年	1.9	1.8	4.1	3.7	3.6	4.5	0.4	3.6	2.9	0.6	2.8	3.0
2020年	0.7	0.9	3.2	3.2	6.7	3.4	0.5	3.4	0.3	-0.2	3.2	1.9
2021年	3.4	2.6	4.6	8.3	5.1	6.7	2.5	5.7	1.6	2.0	1.8	1.6
2022年	6.8	9.1	6.9	9.3	6.7	13.8	5.1	7.9	1.9	3.0	3.2	4.2
2023年	3.9	7.4	5.9	4.6	5.7	6.0	3.6	5.6	2.1	2.5	3.3	3.7
1月	5.9	10.1	6.9	5.8	6.5	11.8	5.2	7.9	2.4	3.0	4.9	5.3
2月	5.2	10.4	7.0	5.6	6.4	11.0	4.8	7.6	1.7	2.4	4.3	5.5
3月	4.3	10.1	7.1	4.7	5.7	3.5	4.2	6.9	1.7	2.4	3.4	5.0
4月	4.4	8.7	6.8	4.2	4.7	2.3	3.7	6.3	2.1	2.3	2.8	4.3
5月	3.4	8.7	6.3	3.9	4.3	2.5	3.3	5.8	2.0	2.0	2.4	4.0
6月	2.8	7.9	5.4	3.2	4.9	3.3	2.7	5.1	1.9	1.8	2.0	3.5
7月	3.3	6.8	4.7	4.0	7.4	4.3	2.3	4.8	1.8	1.9	2.1	3.1
8月	4.0	6.7	4.8	4.6	6.8	5.2	3.4	4.6	1.8	2.5	3.0	3.3
9月	3.8	6.7	5.4	5.2	5.0	6.0	3.7	4.5	2.0	2.9	3.7	2.3
10月	3.1	4.6	5.9	4.8	4.9	6.7	3.8	4.3	2.7	3.0	3.6	2.6
11月	3.1	3.9	5.5	4.7	5.6	7.5	3.3	4.3	2.6	2.9	3.5	2.9
12月	3.4	4.0	5.1	4.6	5.7	7.4	3.2	4.7	2.4	2.7	3.6	2.6

资料来源：各经济体官方统计网站。

2.4.03 其他主要国家和地区失业率

单位:%

年度 月份	加拿大	英国	南非	巴西	印度	俄罗斯	韩国	墨西哥	中国香港	中国台湾	越南	印度尼西亚
2017年	6.3	4.5	27.0	12.8	5.4	5.2	3.7	3.4	3.1	3.8	2.2	3.9
2018年	5.8	4.2	26.9	12.3	5.3	4.8	3.8	3.3	2.8	3.7	2.2	4.4
2019年	5.7	3.9	28.5	11.9	5.3	4.5	3.8	3.5	2.9	3.7	2.2	3.6
2020年	9.5	4.6	29.2	13.7	8.0	5.6	4.0	4.4	5.8	3.9	2.5	4.3
2021年	7.5	4.7	34.3	13.4	7.8	4.8	3.7	3.3	5.5	4.0	3.2	4.4
2022年	5.3	3.9	33.5	9.5	7.6	3.9	2.9	3.3	4.3	3.7	2.3	5.8
2023年	5.4	4.0	32.4	8.0	8.2	3.2	2.7	2.8	3.0	3.5	2.3	5.4
1月	5.0	3.8		8.4	7.1	3.6	2.9	3.0	3.4	3.6		
2月	5.0	3.9		8.6	7.5	3.5	2.6	2.7	3.3	3.6		
3月	5.0	4.0	32.9	8.8	8.1	3.5	2.7	2.4	3.1	3.6	2.3	5.5
4月	5.0	3.9		8.5	8.5	3.3	2.6	2.8	3.0	3.6		
5月	5.2	4.0		8.3	7.6	3.2	2.5	2.9	3.0	3.5		
6月	5.4	4.2	32.6	8.0	8.5	3.1	2.6	2.7	2.9	3.5	2.3	
7月	5.5	4.3		7.9	7.9	3.0	2.8	3.1	2.8	3.4		
8月	5.5	4.2		7.8	8.1	3.0	2.4	3.0	2.8	3.4		
9月	5.5	4.1	31.9	7.7	7.1	3.0	2.6	2.9	2.8	3.4	2.3	5.3
10月	5.7	4.0		7.6	9.4	2.9	2.5	2.7	2.9	3.4		
11月	5.8	3.9		7.5	8.9	2.9	2.8	2.7	2.9	3.4		
12月	5.8	3.8	32.1	7.4	8.7	3.0	3.2	2.6	2.9	3.4	2.3	

资料来源:各经济体官方统计网站。

注:①南非失业率为季度失业率。
②英国和中国香港月度数据为截至当月的3个月移动平均失业率。
③加拿大、英国、韩国和中国香港为经季节因素调整后的失业率。

2.4.04 其他主要国家和地区进出口额

单位:亿美元

年份 月份	加拿大 出口额	加拿大 进口额	加拿大 出口减进口	英国 出口额	英国 进口额	英国 出口减进口	南非 出口额	南非 进口额	南非 出口减进口	巴西 出口额	巴西 进口额	巴西 出口减进口
2017年	4206.7	4436.5	-229.8	4410.0	6410.0	-2000.0	889.5	1015.8	-126.3	2149.9	1589.5	560.4
2018年	4523.1	4691.1	-167.9	4864.4	6724.5	-1860.1	939.7	1139.7	-200.0	2318.9	1853.2	465.7
2019年	4488.2	4629.9	-141.8	4600.3	6962.1	-2361.8	900.2	1075.4	-175.2	2211.3	1859.3	352.0
2020年	3907.6	4205.8	-298.2	3995.3	6382.5	-2387.2	858.3	840.6	17.7	2091.8	1587.9	503.9
2021年	5076.2	5039.9	36.3	4705.1	6946.4	-2241.3	1235.7	1139.9	95.8	2808.1	2194.1	614.1
2022年	5990.6	5819.4	171.2	5302.2	8239.4	-2937.1	1229.0	1362.1	-133.1	3341.4	2726.1	615.3
2023年	5692.6	5704.2	-11.6	5206.9	7913.0	-2706.1	1108.5	1070.9	37.6	3397.0	2407.9	989.0
1月	481.4	447.0	34.4	376.8	667.7	-290.9	81.3	94.9	-13.6	228.0	205.1	22.8
2月	433.6	430.8	2.8	418.1	636.8	-218.7	86.0	77.1	8.9	202.4	176.7	25.7
3月	499.4	495.9	3.4	462.4	703.8	-241.4	105.1	101.4	3.8	328.2	220.7	107.5
4月	463.3	459.1	4.2	402.9	627.9	-224.9	89.9	88.0	1.8	271.0	191.5	79.5
5月	485.5	506.0	-20.6	469.3	695.6	-226.3	96.7	91.4	5.3	326.7	216.9	109.8
6月	469.6	512.0	-42.4	435.5	664.7	-229.2	89.2	91.2	-2.0	296.0	195.2	100.8
7月	451.1	461.4	-10.3	445.6	679.5	-233.9	95.7	87.1	8.7	283.0	201.2	81.8
8月	483.7	504.2	-20.5	430.5	616.7	-186.2	96.4	89.4	7.0	311.0	214.7	96.3
9月	483.4	484.3	-0.8	436.7	602.5	-165.8	91.9	85.1	6.8	287.1	195.3	91.8
10月	500.5	483.1	17.3	502.9	684.7	-181.9	89.3	96.1	-6.8	296.8	205.0	91.8
11月	478.3	472.8	5.5	459.5	697.3	-237.8	99.9	88.9	11.0	278.9	191.0	87.9
12月	462.8	447.6	15.2	366.7	636.0	-269.3	87.2	80.4	6.8	287.9	194.6	93.2

资料来源:各经济体官方统计网站和世界贸易组织。

注:加拿大和英国为经季节调整数据。

2.4.04 续表1

单位:亿美元

年份 月份	印度 出口额	印度 进口额	印度 出口减进口	俄罗斯 出口额	俄罗斯 进口额	俄罗斯 出口减进口	韩国 出口额	韩国 进口额	韩国 出口减进口	墨西哥 出口额	墨西哥 进口额	墨西哥 出口减进口
2017年	2984.0	4498.0	-1513.9	3529.4	2383.8	1145.6	5736.9	4784.8	952.2	4094.3	4203.9	-109.6
2018年	3246.9	5136.9	-1890.0	4439.1	2488.6	1950.6	6048.6	5352.0	696.6	4507.1	4643.0	-135.9
2019年	3242.0	4859.2	-1617.3	4197.2	2538.8	1658.5	5422.3	5033.4	388.9	4606.0	4552.4	53.6
2020年	2764.7	3732.8	-968.2	3335.3	2400.9	934.4	5125.0	4676.3	448.7	4171.7	3829.9	341.8
2021年	3954.7	5731.7	-1777.0	4943.5	3040.1	1903.4	6444.0	6150.9	293.1	4949.5	5057.0	-107.5
2022年	4532.6	7202.0	-2669.4	5920.6	2765.1	3155.5	6835.8	7313.7	-477.8	5777.4	6046.1	-268.8
2023年	4317.7	6740.4	-2422.7	4239.3	3028.9	1210.4	6322.3	6425.7	-103.5	5930.1	5984.8	-54.6
1月	358.0	528.3	-170.3	336.1	240.7	95.3	463.4	590.4	-127.0	426.1	467.2	-41.1
2月	370.1	535.8	-165.7	306.5	225.0	81.5	499.9	553.7	-53.8	448.9	467.8	-18.9
3月	419.6	609.2	-189.6	409.6	279.5	130.1	548.8	596.4	-47.5	535.8	523.9	12.0
4月	346.4	490.6	-144.1	315.8	247.5	68.3	494.3	519.4	-25.1	462.2	477.3	-15.1
5月	349.6	574.8	-225.2	373.7	269.1	104.6	520.5	542.5	-22.0	528.6	529.3	-0.7
6月	343.4	534.7	-191.3	344.9	254.4	90.5	543.0	530.6	12.4	518.0	517.6	0.4
7月	345.1	534.8	-189.7	316.1	255.0	61.2	504.6	487.4	17.2	475.5	484.3	-8.8
8月	384.2	625.7	-241.5	369.4	254.4	115.0	519.9	510.1	9.8	523.6	537.4	-13.8
9月	344.3	544.7	-200.4	403.8	247.3	156.6	546.5	509.7	36.8	496.6	511.4	-14.8
10月	334.9	634.5	-299.6	341.8	235.5	106.3	549.9	534.4	15.5	519.7	522.3	-2.5
11月	338.1	544.8	-206.7	336.1	244.2	91.9	555.6	520.0	35.6	502.5	496.2	6.3
12月	383.9	582.5	-198.6	385.7	276.4	109.2	575.7	531.2	44.5	492.5	450.1	42.4

资料来源:各经济体官方统计网站。

2.4.04 续表2

单位:亿美元

年份 月份	中国香港 出口额	中国香港 进口额	中国香港 出口减进口	中国台湾 出口额	中国台湾 进口额	中国台湾 出口减进口	越南 出口额	越南 进口额	越南 出口减进口	印度尼西亚 出口额	印度尼西亚 进口额	印度尼西亚 出口减进口
2017年	5498.7	5889.1	-390.5	3154.9	2572.0	582.9	2146.7	2118.0	28.7	1688.3	1569.9	118.4
2018年	5684.6	6266.2	-581.6	3340.1	2847.9	492.2	2447.2	2375.1	72.1	1800.1	1887.1	-87.0
2019年	5348.9	5778.3	-429.5	3291.6	2856.5	435.1	2634.5	2535.1	99.4	1676.8	1712.8	-35.9
2020年	5487.7	5697.7	-210.0	3451.3	2861.5	589.8	2814.7	2624.1	190.6	1633.1	1415.7	217.4
2021年	6699.0	7123.6	-424.6	4463.7	3819.6	644.1	3362.5	3322.5	40.0	2315.2	1961.9	353.3
2022年	6099.3	6675.5	-576.3	4794.2	4280.8	513.3	3718.5	3606.5	112.0	2919.8	2374.5	545.3
2023年	5738.7	6537.0	-798.3	4324.3	3514.4	809.9	3555.0	3275.0	280.0	2588.0	2218.9	369.1
1月	389.3	438.8	-49.5	315.0	291.6	23.4	250.8	214.8	36.0	223.2	184.4	38.8
2月	408.3	476.2	-67.9	310.4	286.5	23.9	258.8	235.8	23.0	213.2	159.2	54.0
3月	505.0	582.7	-77.6	351.8	309.3	42.4	295.7	289.2	6.5	234.2	205.9	28.3
4月	469.2	514.0	-44.8	359.3	291.1	68.3	275.4	260.3	15.1	192.8	153.5	39.4
5月	459.0	495.1	-36.1	361.1	311.3	49.8	290.5	268.1	22.4	217.1	212.8	4.3
6月	462.7	541.6	-78.9	323.2	263.0	60.2	293.0	267.1	25.9	206.0	171.5	34.5
7月	464.6	513.3	-48.8	387.2	302.1	85.1	296.8	275.3	21.5	208.6	195.7	12.9
8月	492.7	536.8	-44.1	373.5	287.5	86.0	323.7	285.5	38.2	220.0	188.8	31.2
9月	515.7	624.9	-109.2	388.0	284.8	103.2	314.1	291.2	22.9	207.5	173.4	34.0
10月	502.4	575.5	-73.2	380.9	323.3	57.6	323.1	293.1	30.0	221.5	186.7	34.7
11月	530.6	583.7	-53.1	374.6	276.3	98.2	310.8	298.0	12.8	220.0	195.9	24.1
12月	539.2	654.5	-115.3	399.3	287.5	111.8	329.1	306.3	22.8	223.9	191.1	32.9

资料来源:各经济体官方统计网站和世界贸易组织。